目录

书信・上

目录

目录

目录

目录

书信

中國共產黨中央委
庆龄先生：
重庆违教，忽近四年。
仰望之诚，与日俱积。
兹者全国革命胜利在即，
建设大计，亟待商筹
颖超同志
诚欢迎
先生北上，敬希命驾莅
平，以便就近请教，至
祈勿却为盼！专此
敬颂
大安！
毛泽东
一九四九年六月十九日
國共產黨中央委員會

还书便笺

一九一五年二月二十四日

咏昌先生：

书十一本内《盛世危言》失布匣，《新民丛报》损去首叶，抱歉之至，尚希原谅。

泽东敬白

正月十一日

又国文教科〔书〕二本，信一封。

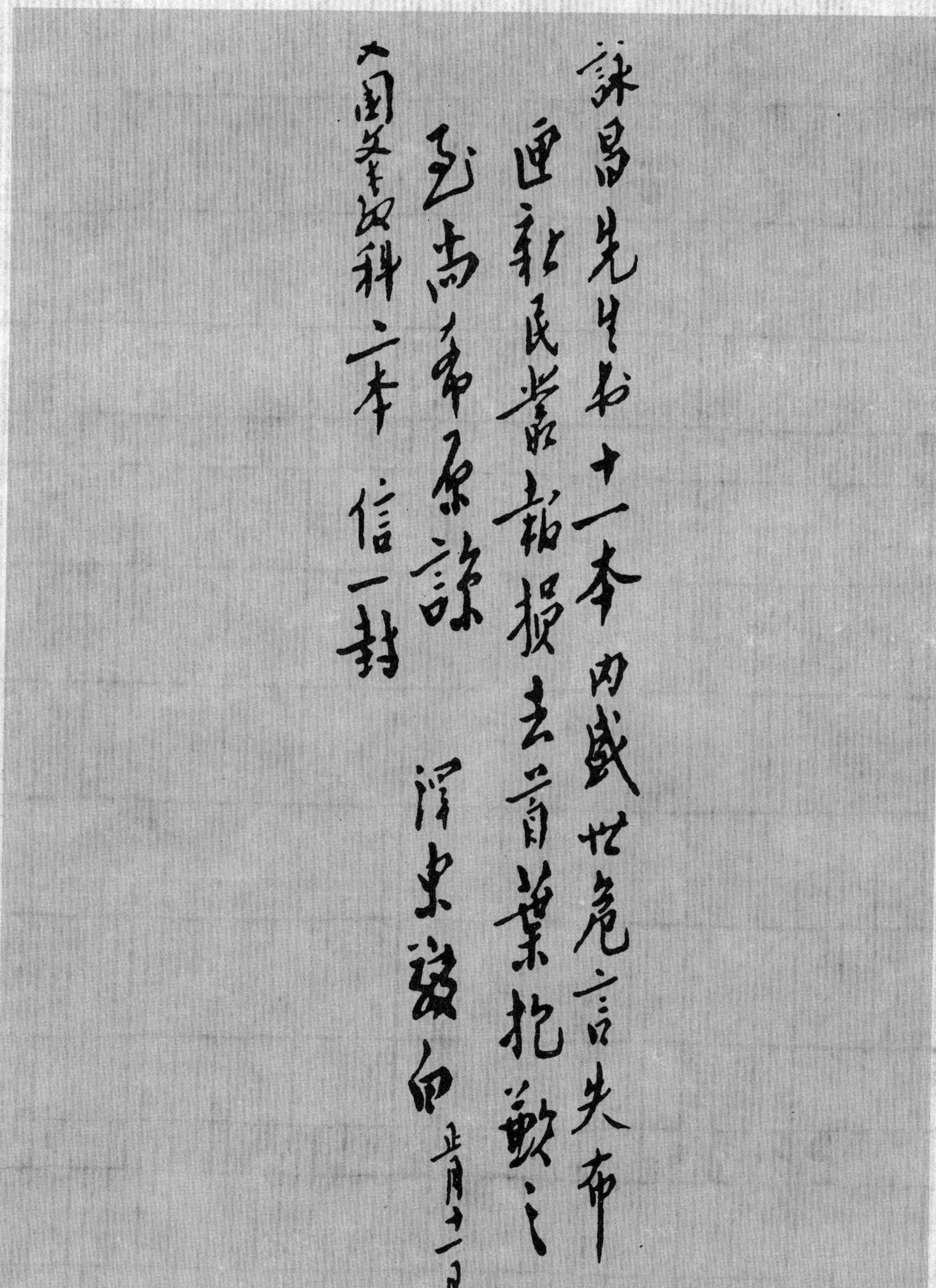
詠昌先生书十一本内盛世危言失布
匣新民叢報損去首葉抱歉之
至尚希原諒
又国文教科二本 信一封
泽东敬白 正月十一日

第一时期·书信

至黎锦熙

一九一五年十一月九日

邵西仁兄足下：

前月从熊君传来足下一书，教诲良多。兹有欲为足下言者方今恶声日高，正义蒙塞，士人丁此大厄，正当龙潜不见，以待有为，不可急图进取。如足下之事，乃至崇之业。然彼方以术愚人，今反进以智人之术，其可入口邪？收揽名士政策，日起日巧，有自欲用天下之志者，乃反为人反用欤！元凯臣舜，服善也；扬刘臣莽，附势也。辨夫今之为舜欤抑莽欤者，则所以自处明矣！北京如冶炉，所

北京内城二龍坑湘廬
黎錦熙先生
毛緘

过必化。弟闻人言，辄用心悖。来书言速归讲学，并言北京臭腐，不可久居，至今不见征轺返，又闻将有所为，于此久居不去。窃大惑不可解，故不敢不言，望察焉，急归无恋也。弟在学校，依兄所教言，孳孳不敢叛，然性不好束缚。终见此非读书之地，意志不自由，程度太低，侍侣太恶，有用之身，宝贵之时日，逐渐催落，以衰以逝，心中实大悲伤。昔朱子谓：『不能使船者嫌溪曲。』弟诚不能为古所为，宜为其所讥，然亦有『幽谷乔木』之训。如此等学校者，直下下之幽谷也。必欲弃去，就良图，立远志，渴望兄归，一商筹之。生平不见良师友，得吾兄恨晚，甚愿日日趋前请教。两年以来，求友之心甚炽，夏假后，乃作一启事，张之各校，应者亦五六人。近日心事稍快惟此耳。岁将晏，气候日寒，起居注意，道路珍摄。不复一一。

润之弟毛泽东顿首

十一月九日

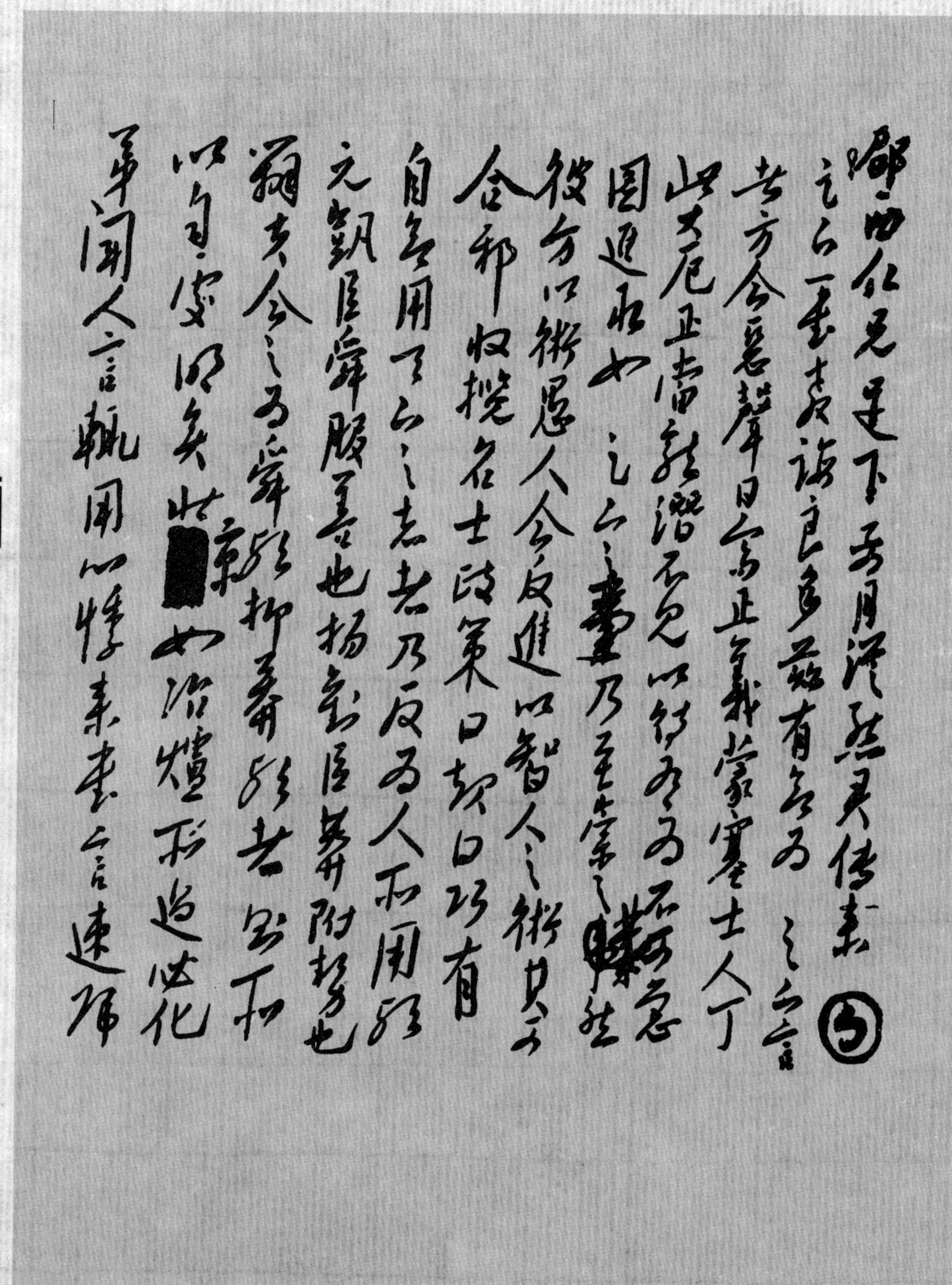

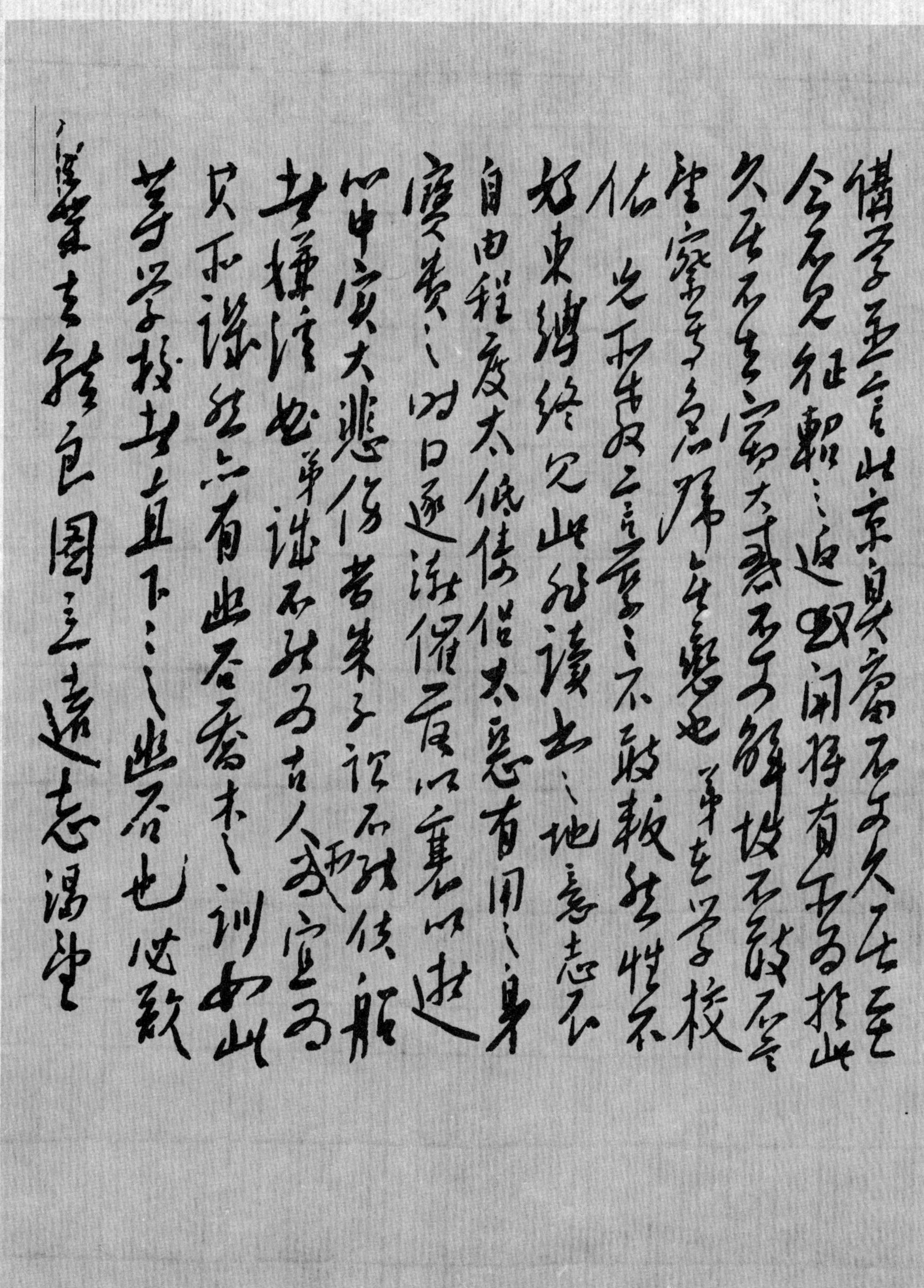

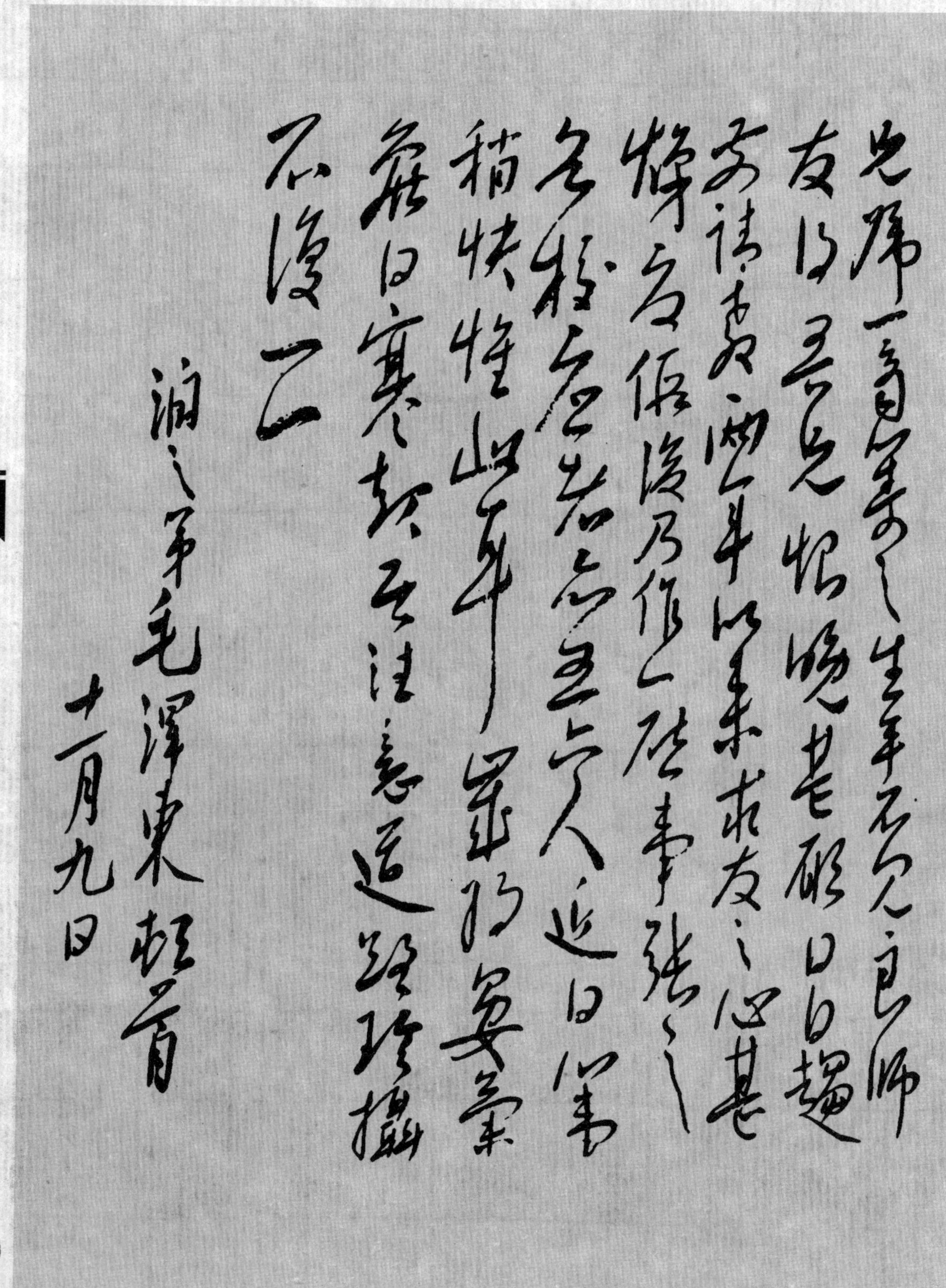

潤之弟毛澤東頓首

十月九日

致白浪滔天

一九一七年春

白浪滔天先生阁下：

久钦高谊，觌面无缘，远道闻风，令人兴起。先生之于黄公，生以精神助之，死以涕泪吊之，今将葬矣，波涛万里，又复临穴送棺。高谊贯于日月，精诚动乎鬼神，此天下所希闻，古今所未有也。植蕃、泽东，湘之学生，尝读诗书，颇立志气。今者愿一望见丰采，聆取宏教。惟先生实赐容接，幸甚，幸甚！

湖南省立第一师范学校学生　萧植蕃毛泽东上

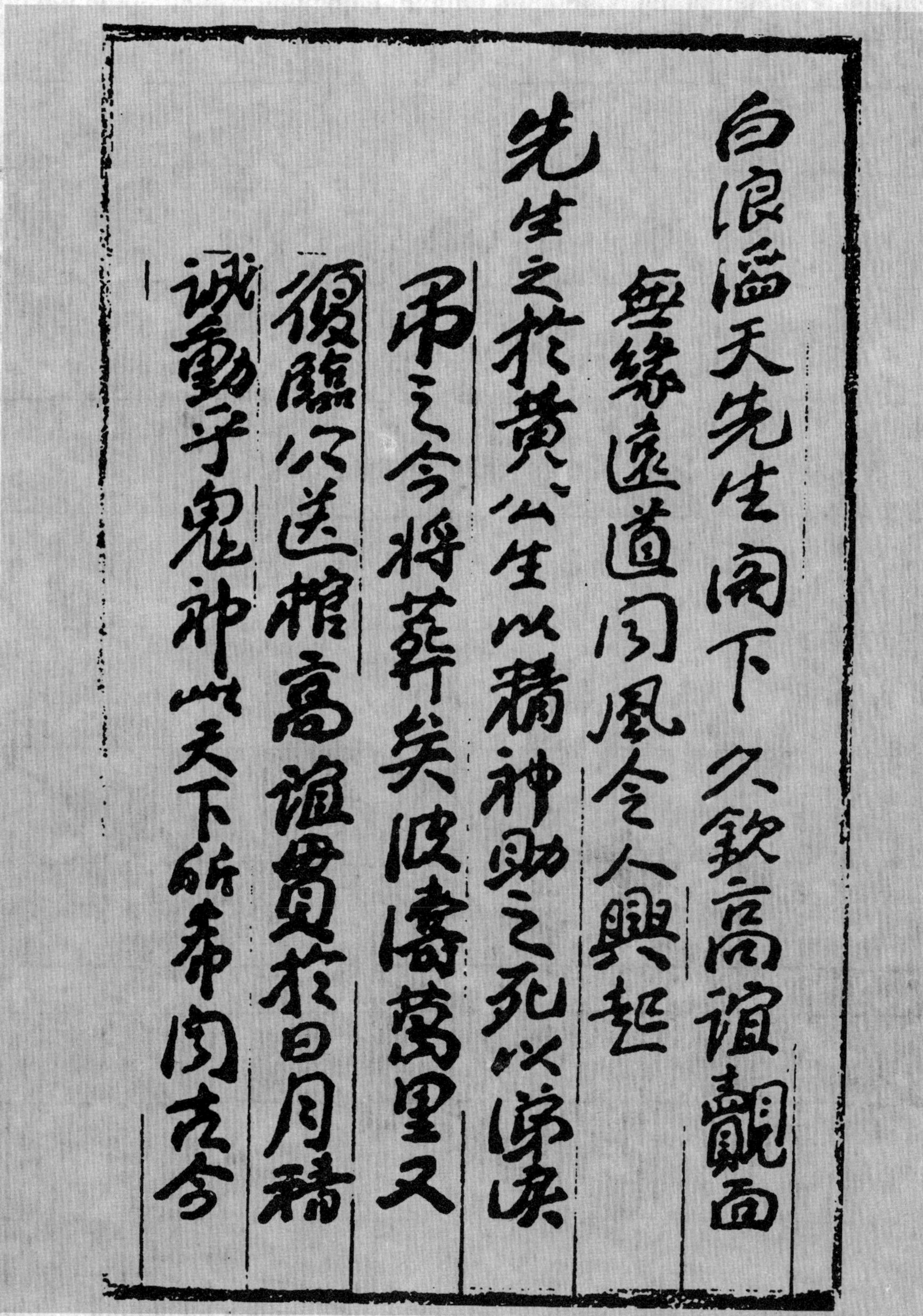

白浪滔天先生閣下　久欽高誼覿面無緣遠道聞風令人興起　先生之於黄公生以精神助之死以涕淚弔之今將葬矣波濤萬里又復臨穴送棺高誼貫於日月精誠動乎鬼神此天下所希聞古今

致罗学瓒

一九一八年八月十一日

荣熙学长鉴：

接蔡君信，知兄已发函复我到京。赴法二百元无能筹，旅保一百元无着是一问题。旅保费，俟弟至京与蔡商量筹借，或有着未可知，有着之时再函知兄前来可也。文凭须即寄来，由邮双挂号不误。

弟又有一言奉商者，兄于从事工艺似乎不甚相宜，而兄所宜乃在教育。弟与蔡君等往返商议，深以同人多数他往，无有几个从事小学教育之人，后路空虚，非计之得。近周世钊就修业主任之聘，弟十

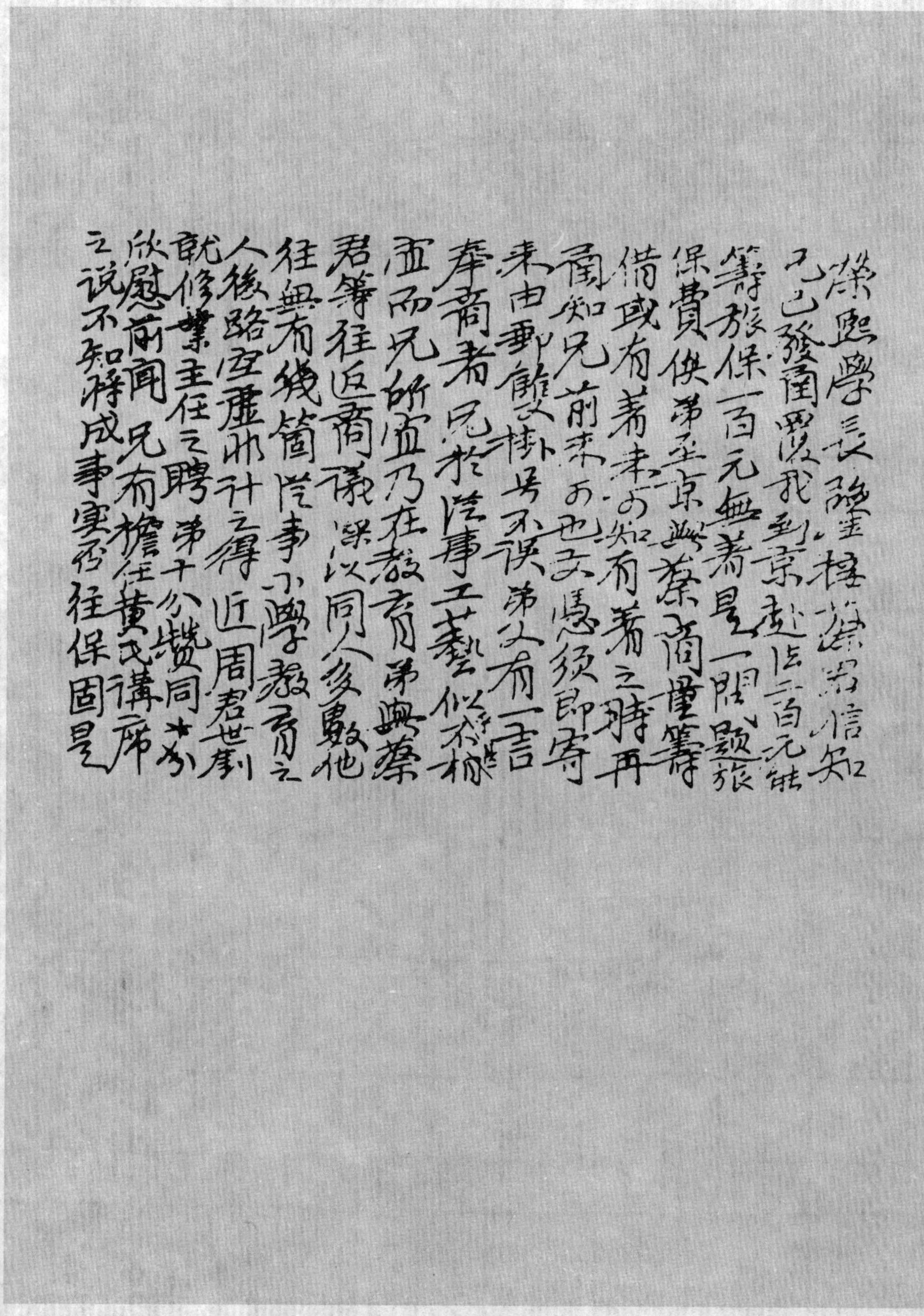

榮熙學長鑒：接蔡君信，知兄已發函覆我到京。赴法二百元無能籌，旅保一百元無着是一問題。旅保費，俟弟至京與蔡商量籌借，或有着未可知，有着之時再函知兄前來可也。文憑須即寄來，由郵雙挂号不誤。弟又有一言奉商者，兄於從事工藝似不相宜，而兄所宜乃在教育。弟與蔡君等往返商議，深以同人多數他往，無有幾箇從事小學教育之人，後路空虛，非計之得。近周君世釗就修業主任之聘，弟十分贊同，大為欣慰。前聞兄有擔任黃氏講席之說，不知得成事實否。往保固是

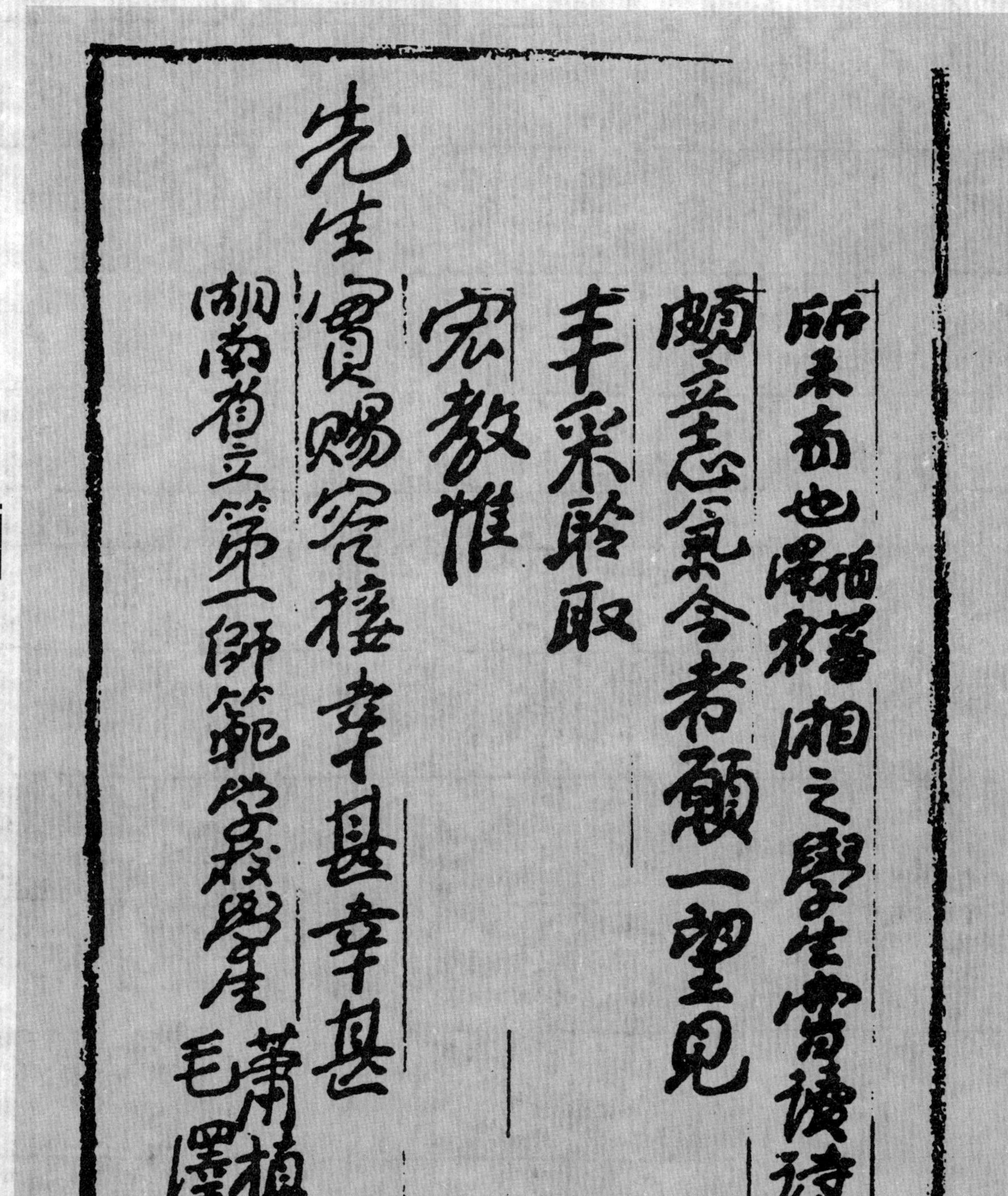

所未有也。蕭植蕃湘之學生，嘗讀詩書，頗立志氣，今者願一望見丰采，聆取宏教。惟先生賞賜容接，甚幸甚幸。

湖南省立第一師範學校學生 蕭植蕃 毛澤東 上

分赞同欣慰。前闻兄有担任黄氏讲席之说，不知将成事实否？往保固是一面，然不如从事教育之有大益。性质长，此一也；可便研究与性相近之学，如文科等，二也；育才作会务之后盾，三也。有此诸层，似宜斟酌于远近去住之间，而不宜冒然从事（一南洋亦系教育，暂息以候南信、亦是一法）。以后与兄商量之处尚多，此亦其一也。余不具。

弟泽东

八月十一号

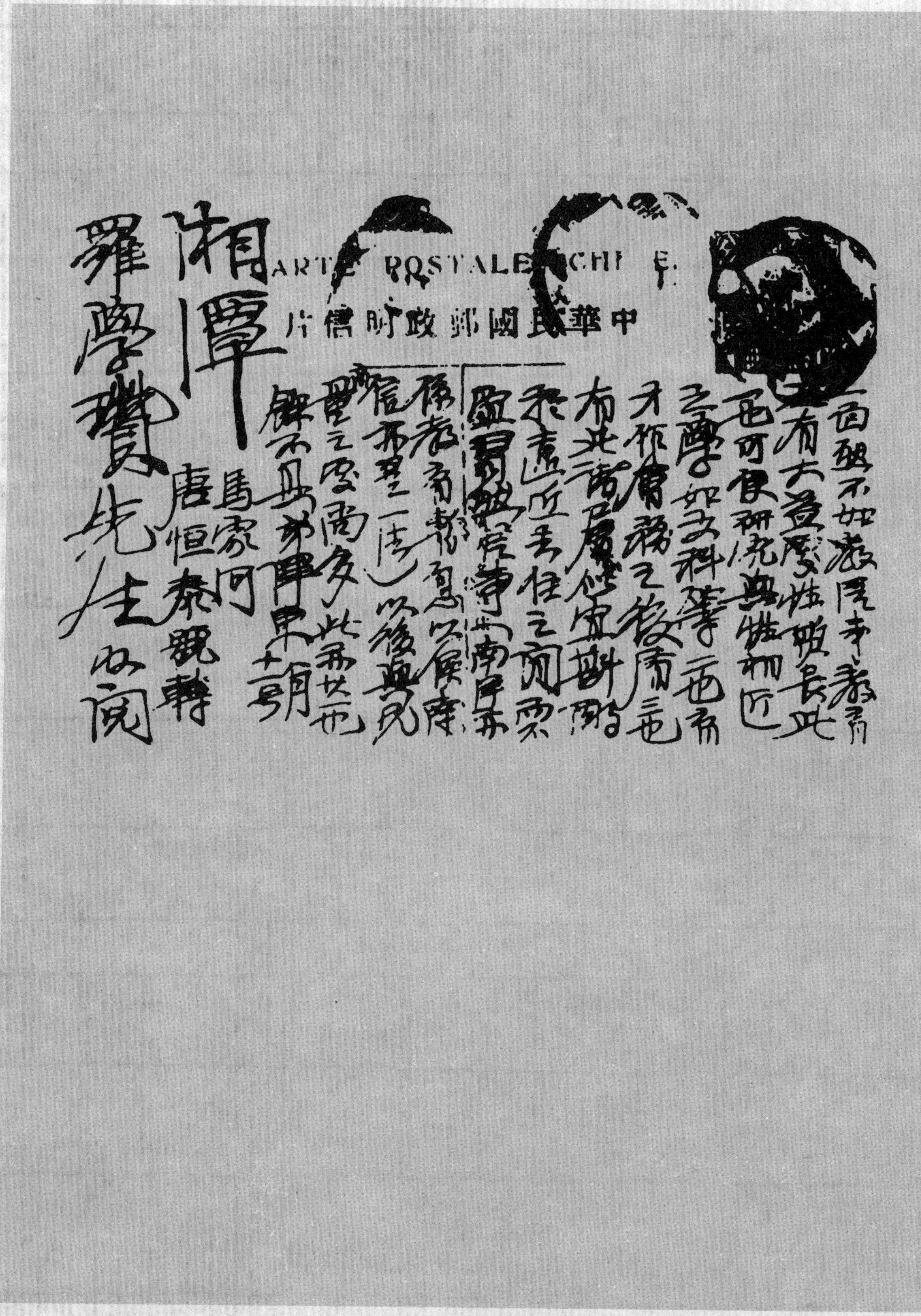

致文玉瑞、文玉卿

一九一九年四月二十八日

七、八两位舅父大人暨舅母大人尊鉴：

甥自去夏拜别，忽忽经年，中间曾有一信问安，知蒙洞鉴，辰维兴居万福，履瞩多亨，为颂为慰。家母久寓尊府，备蒙照拂，至深感激。病状现已有转机，喉蛾十愈七八，痨子尚未见效，来源本甚深远，固非多日不能奏效也。甥在京中北京大学担任职员一席，闻家母病势危重，不得不赶回服侍，于阳〔历〕三月十二号动身，十四号到上海，因事句留二十天，四月六号始由沪到

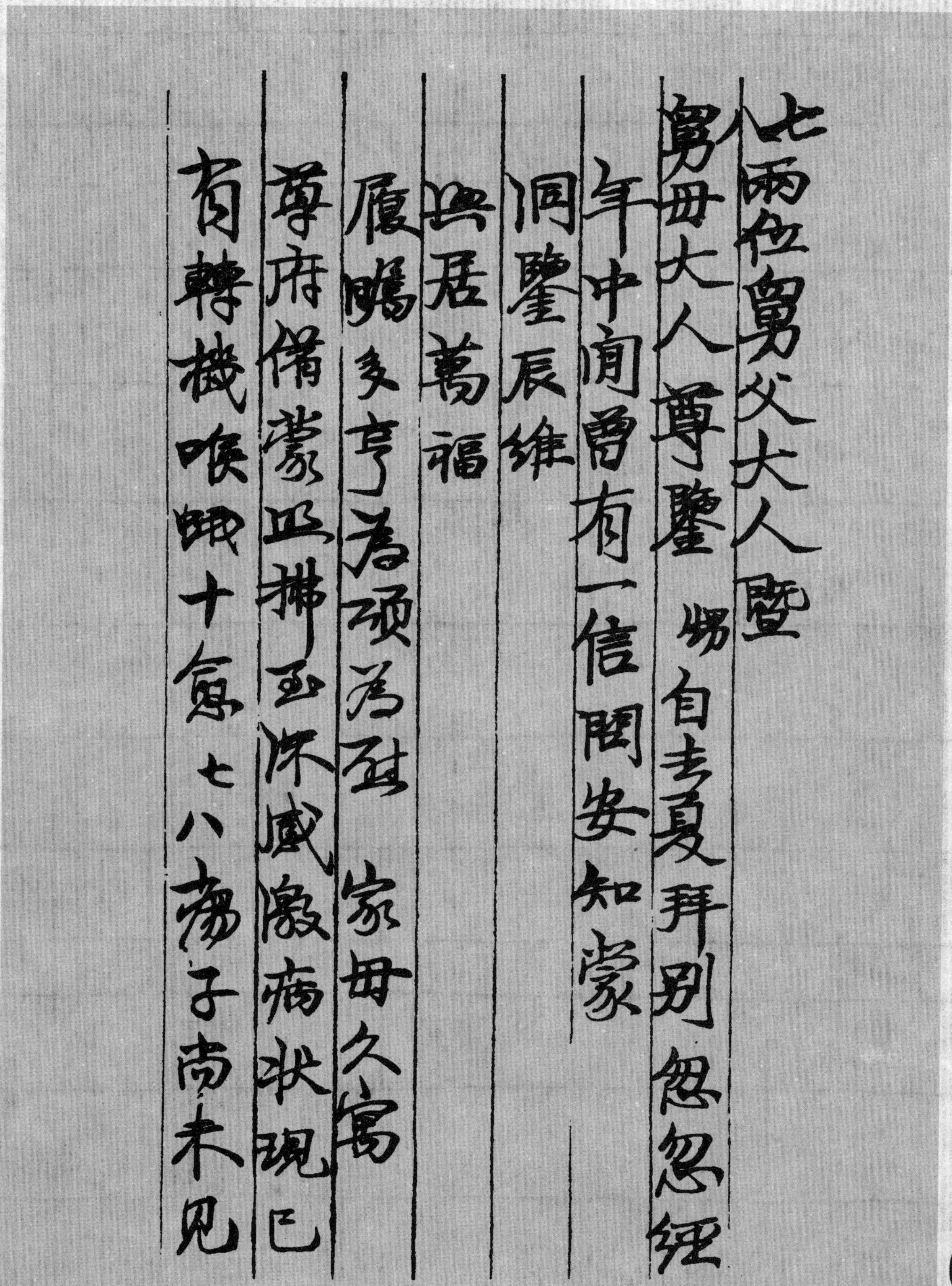
七八兩位舅父大人暨
舅母大人尊鑒 甥自去夏拜别忽忽經
年中间曾有一信問安知蒙
洞鑒辰維
興居萬福
履矚多亨為頌為慰 家母久寓
尊府備蒙照拂至深感激病狀現已
有轉機喉蛾十愈七八痨子尚未見

省，亲侍汤药，未尝废离足纡〔纾〕廑念。肃颂福安，各位表兄表嫂同此问候。

四、五、十舅父大人同此问安，未另。

愚甥 毛泽东 禀

四月二十八日

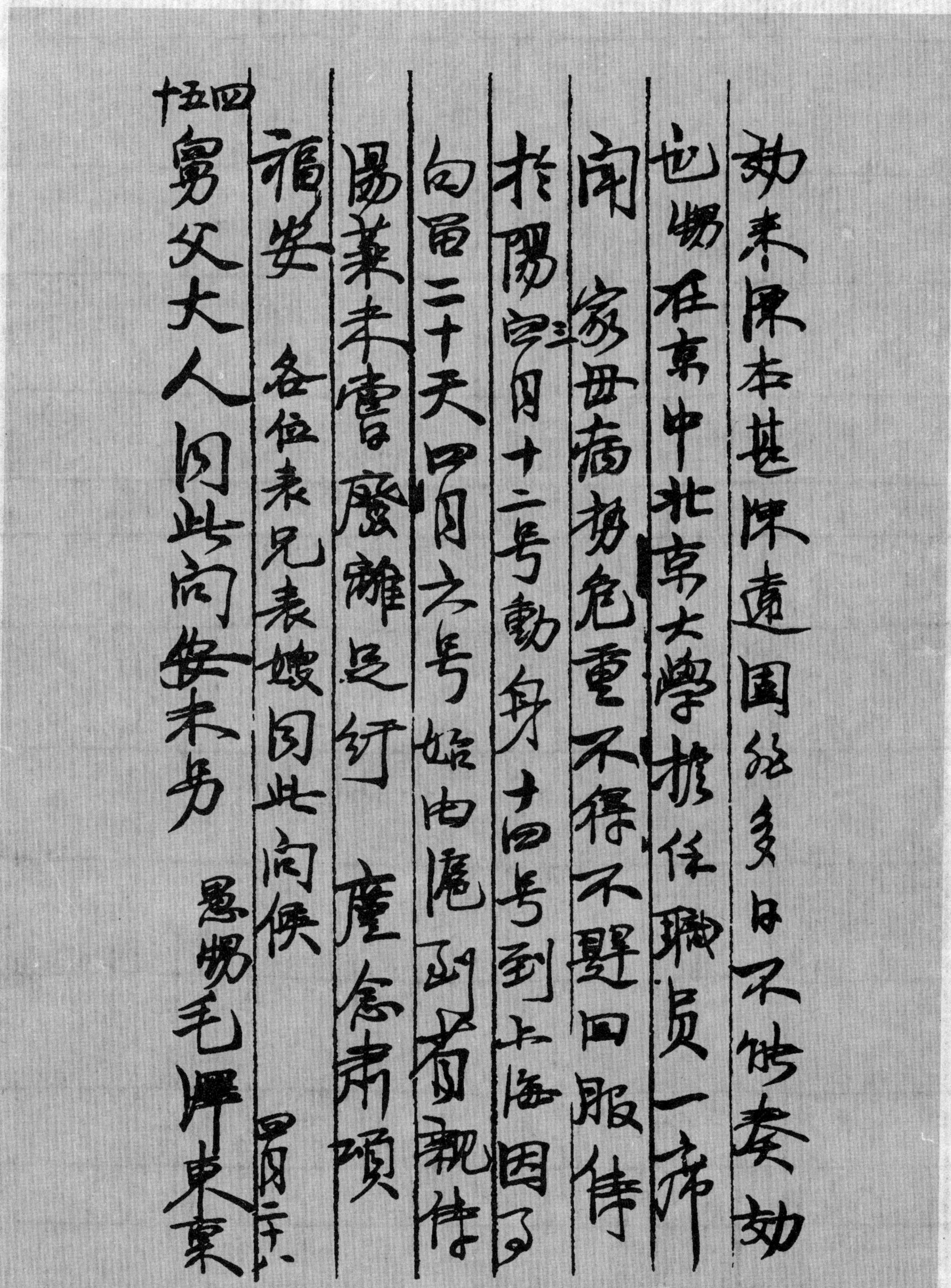

劝来京本甚惬适固然多日不能奏効也甥在京中北京大学担任职员一席闻家母病势危重不得不暂回服侍於阳历三月十二号动身十四号到上海因事勾留二十天四月六号始由沪到省亲侍汤药未尝废离足纡廑念肃颂福安 各位表兄表嫂同此问候

四五十舅父大人同此问安未另 愚甥毛泽东禀 四月二十八

致杨钟健

一九二一年九月二十九日

钟健先生：

前几天接到通告，知先生当选执行部主任。今日又接来示，嘱补填入会愿书，今已照填并粘附小照奉上。惟介绍人系王君光祈为我邀集五人，我现在只能记得三人，余二人要问王君才能知道。以后赐示，请寄长沙潮宗街文化书社为荷！

弟 泽东

廿九

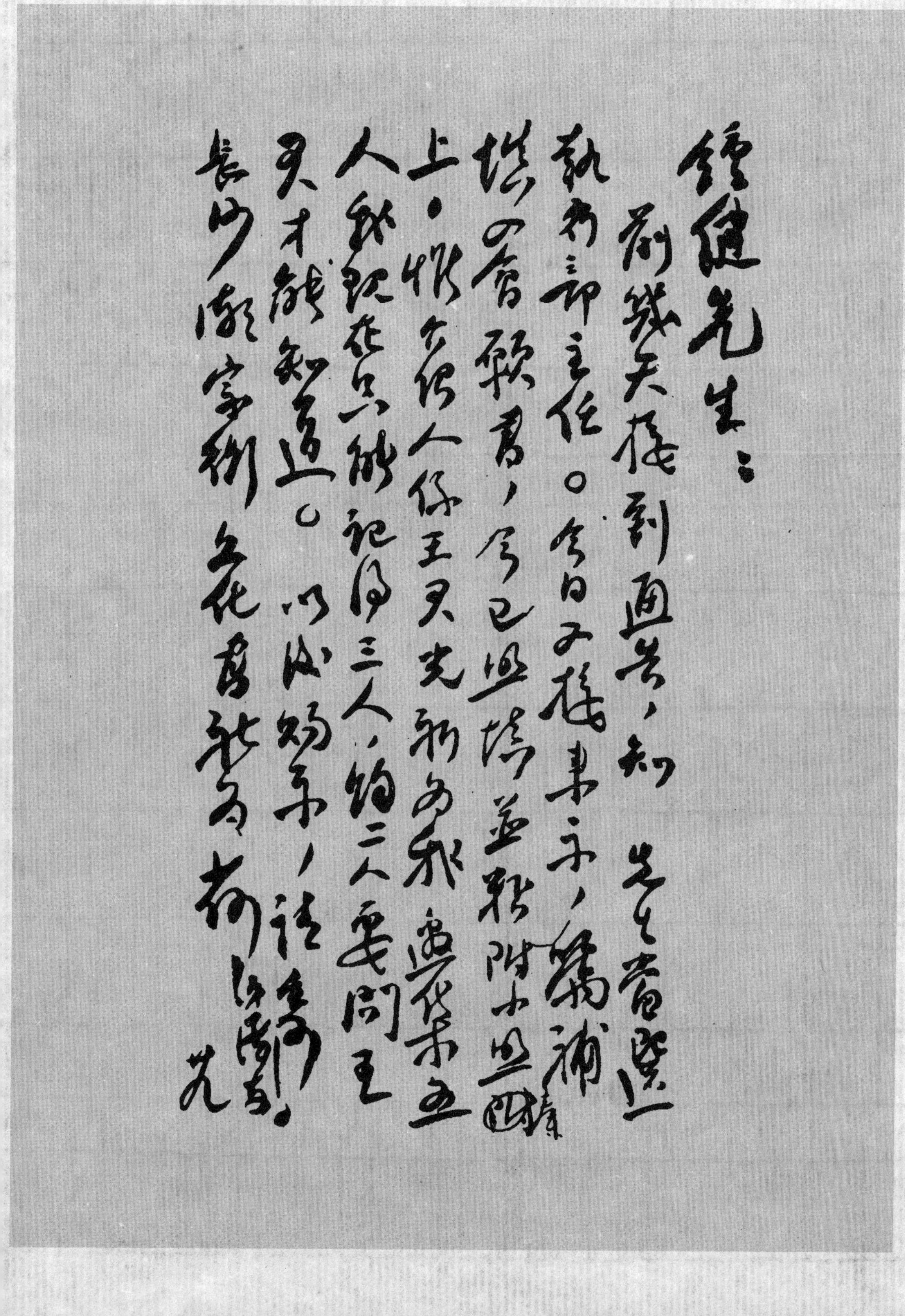

钟健先生：前几天接到通告，知先生当选执行部主任。今日又接来示，嘱补填入会愿书，今已照填并粘附小照奉上。惟介绍人系王君光祈为我邀集五人，我现在只能记得三人，余二人要问王君才能知道。以后赐示，请寄长沙潮宗街文化书社为荷！ 弟泽东 廿九

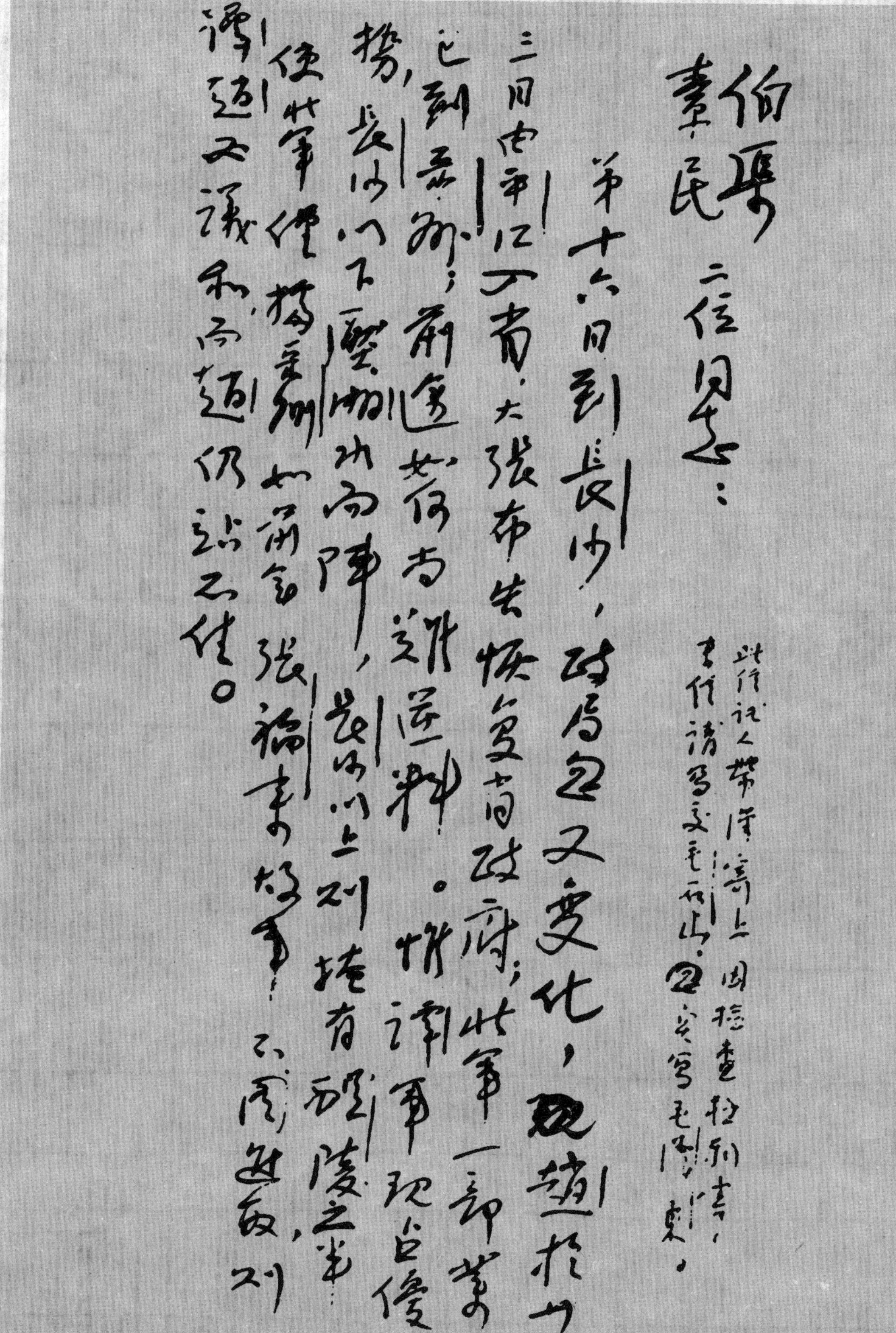
伯渠
素民 二位同志：

第十六日到長沙，政局又變化，趙於廿三日由平江下省，大張布告恢復省政府；北軍一部業已到岳州；前途如何尚難逆料。惟譚軍現占優勢，長沙以下無湘軍之陣，長沙以上則據有醴陵之半。使北軍侵據岳州，如前會張福來好事！不圖無效則譚趙之議和而趙仍認不佳。

此信託人帶往寄上，因恐查扣。來信請寫交毛石山，勿直寫毛澤東。

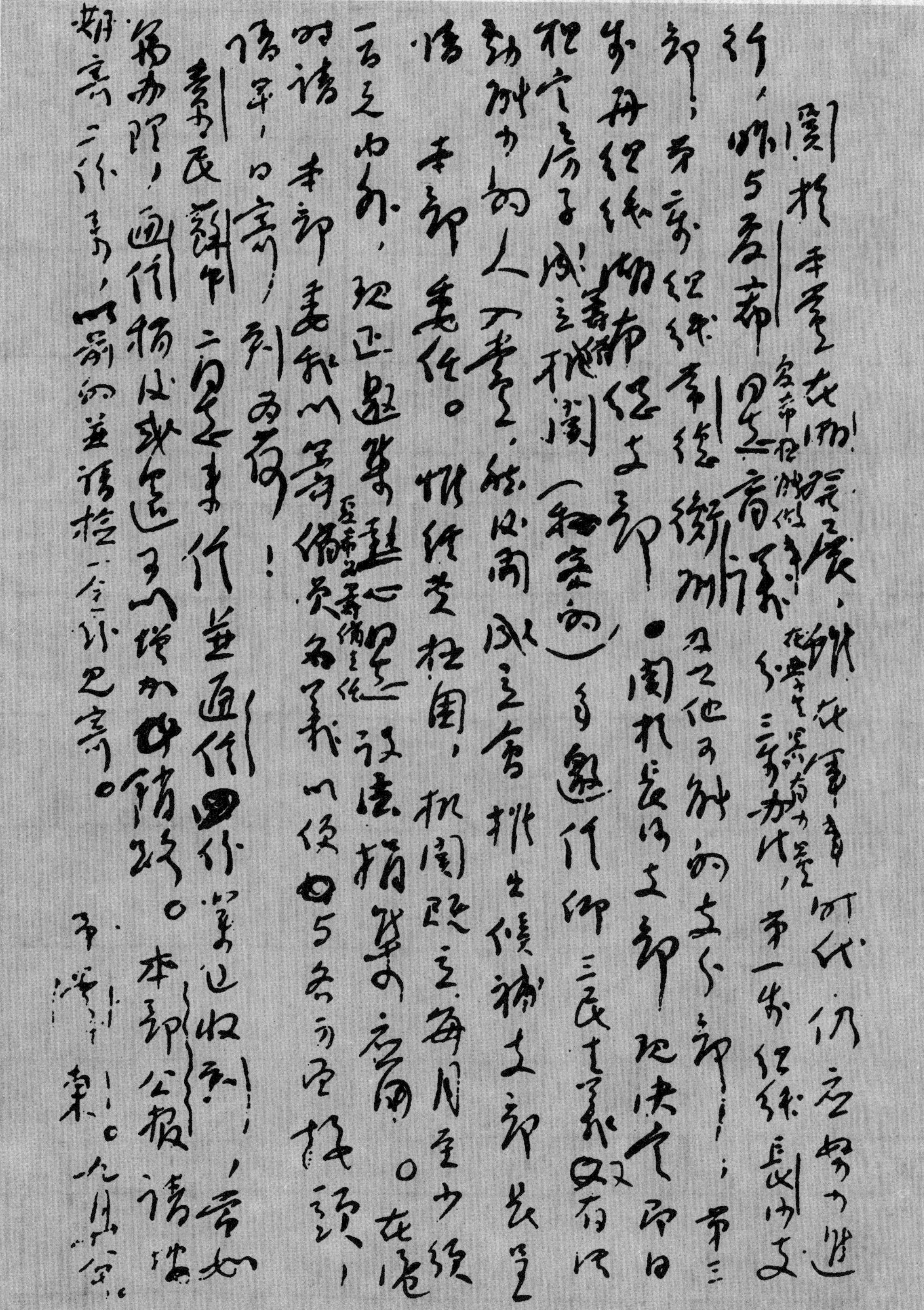
關於本黨在湖南發展，雖在軍事時代，仍應努力進行，擬分三步：第一步組織長沙支部；第二步組織常德、衡州及其他可能的支部；第三步再組織湖南總支部。●關於長沙支部現決定即日組織成立，籌備機關（秘密的）由[illegible]選任卿、三民書社又有勤勞力的人，不要書生，然後開成立會，推出候補支部長請本部委任。惟經費極困，機關既立，每月至少須一百元之內外，現正趕緊籌設法籌集；並在對請本部委我以籌備員名義，以便與各方面接頭，倍宜。日前寄到兩函！

素民兄二月之來信並附信四件，業已收到，一宜如籌辦。通信稿以我們從前到[illegible]借錯。本部公報請按期寄二份來，以前的並請檢一全份見寄。

弟澤東 九月廿八日

致林伯渠、彭素民

一九二三年九月二十八日

伯渠、素民二位同志：

第十六日到长沙，政局忽又变化。赵于廿三日由平江入省，大张布告恢复省政府；北军一部业已到岳州，前途如何尚难逆料。惟谭军现占优势，长沙以下压湘水而阵，长沙以上则掩有醴陵之半，使北军仅据岳州，如前年张福来故事，不图进取，则谭赵必议和，而赵仍站不住。

关于本党在湘发展，虽在军事时代应努力进行，昨与夏希同志（夏希极能做事，在学生界有力量）商议分三步办法：第一步组织长沙支部；第二步组织常德衡州及其他可能的支分部；第三步再组织湖南总支部。关于长沙支部，现决定即日租定房子成立筹备机关（秘密的），多邀信仰三民主义又有活动能力的人入党，然后开成立会推出候补支部长，呈请本部委任。惟经费极困，机关既立，每月至少须一百元内外，现正邀集热心同志设法捐集应用。在沪时请本部委我以筹备员名义（夏希为筹备主任）以便与各方面接头，请早日寄到为荷！

素民、苏中二同志来信并《通信》四份业已收到，当如嘱办理，《通信》稍后或还可以增加销路。《本部公报》请按期寄二份来，以前的并请检一全份见寄。

弟泽东

九月廿八号

此信托人带汉寄上，因检查极利害，来信请写交毛石山，莫写毛泽东。

致张学良

薄一九三六年十月五日

汉卿先生阁下：

中国共党建议全国各党各派各界各军的抗日民族统一战线已经一年多了，虽已得到全国人民的赞助，但中国国民党不但至今采取游移不决态度，而且当日寇正在准备新的大举进攻时，反令胡宗南军深入陕甘配合先生所指挥的部队扩大自相残杀的内战。我们正式宣言，为了迅速执行停止内战一致抗日主张，只要国民党军队不拦阻红军的抗日去路与侵犯红军的抗日后方，我们首先实行停止向国民党军队的攻击，以此作为我们停战

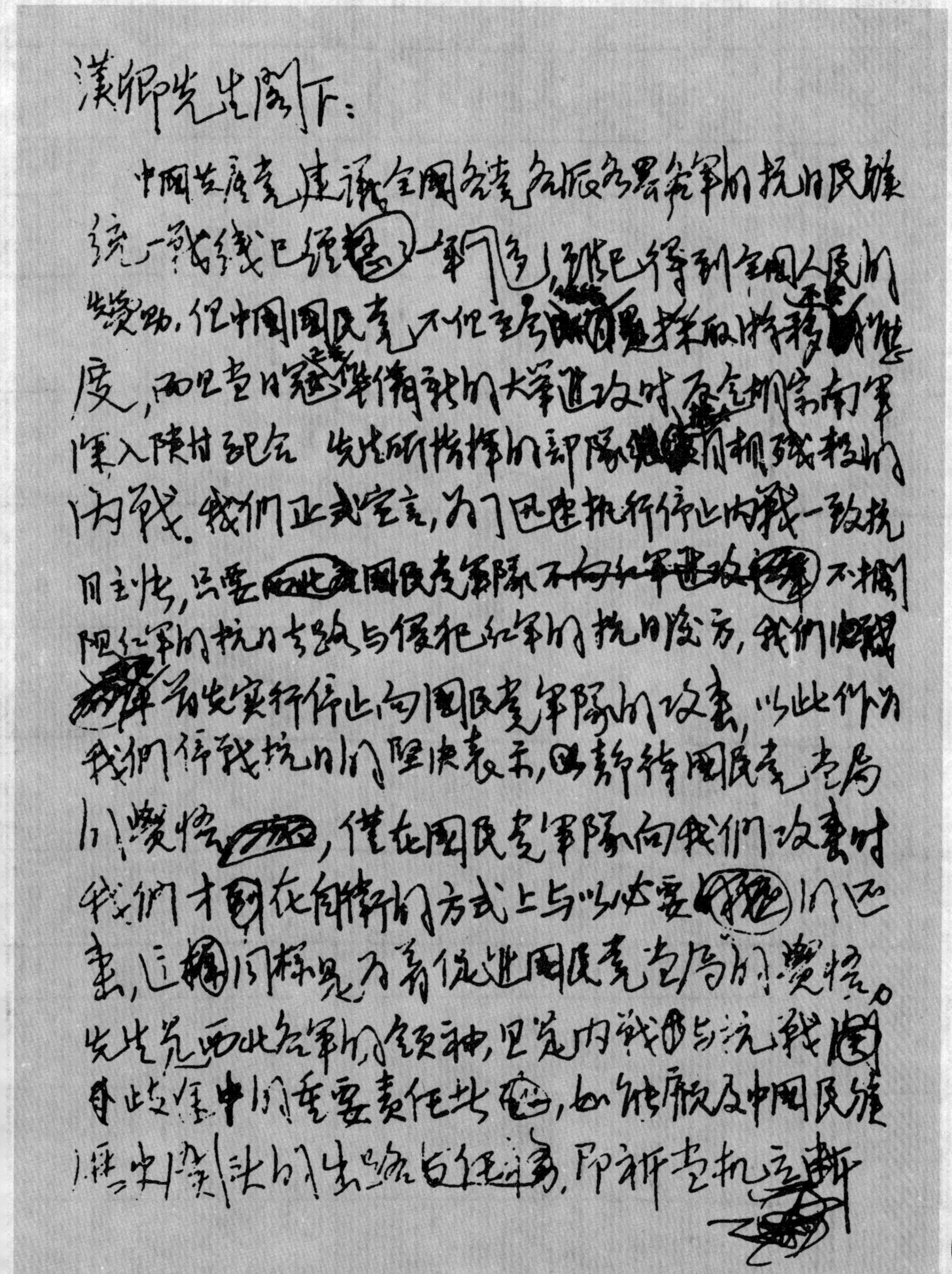

漢卿先生閣下：

中國共產黨建議全國各黨各派各界各軍的抗日民族統一戰線已經一年多了，雖已得到全國人民的贊助，但中國國民黨不但至今採取游移態度，而且當日寇準備新的大舉進攻時，反令胡宗南軍深入陝甘配合先生所指揮的部隊相殘殺的內戰。我們正式宣言，為了迅速執行停止內戰一致抗日主張，只要國民黨部隊不攔阻紅軍的抗日去路與侵犯紅軍的抗日後方，我們首先實行停止向國民黨軍隊的攻擊，以此作為我們停戰抗日的堅決表示，以靜待國民黨當局的覺悟，僅在國民黨軍隊向我們攻擊時我們才在自衛的方式上與以必要的回擊，這同樣是為着促進國民黨當局的覺悟。先生為西北各軍的領袖，且為內戰與抗戰中的重要責任者，如能顧及中國民族歷史[illegible]的生路自任之，即祈當機立斷

抗日的坚决表示，静待国民党当局的觉悟，仅在国民党军队向我们攻击时我们才在自卫的方式上与以必要的还击，这同样是为着促进国民党当局的觉悟。先生是西北各军的领袖，且是内战与抗战歧途中的重要责任者，如能顾及中国民族历史关头的出路，即祈当机立断，立即停止西北各军向红军的进攻，并祈将敝方意见转达蒋介石先生速即决策，互派正式代表谈判停战抗日的具体条件。拟具国共两党抗日救国协定草案，送呈卓览。寇深祸急，愿先生速起图之。

毛泽东 周恩来
十月五日

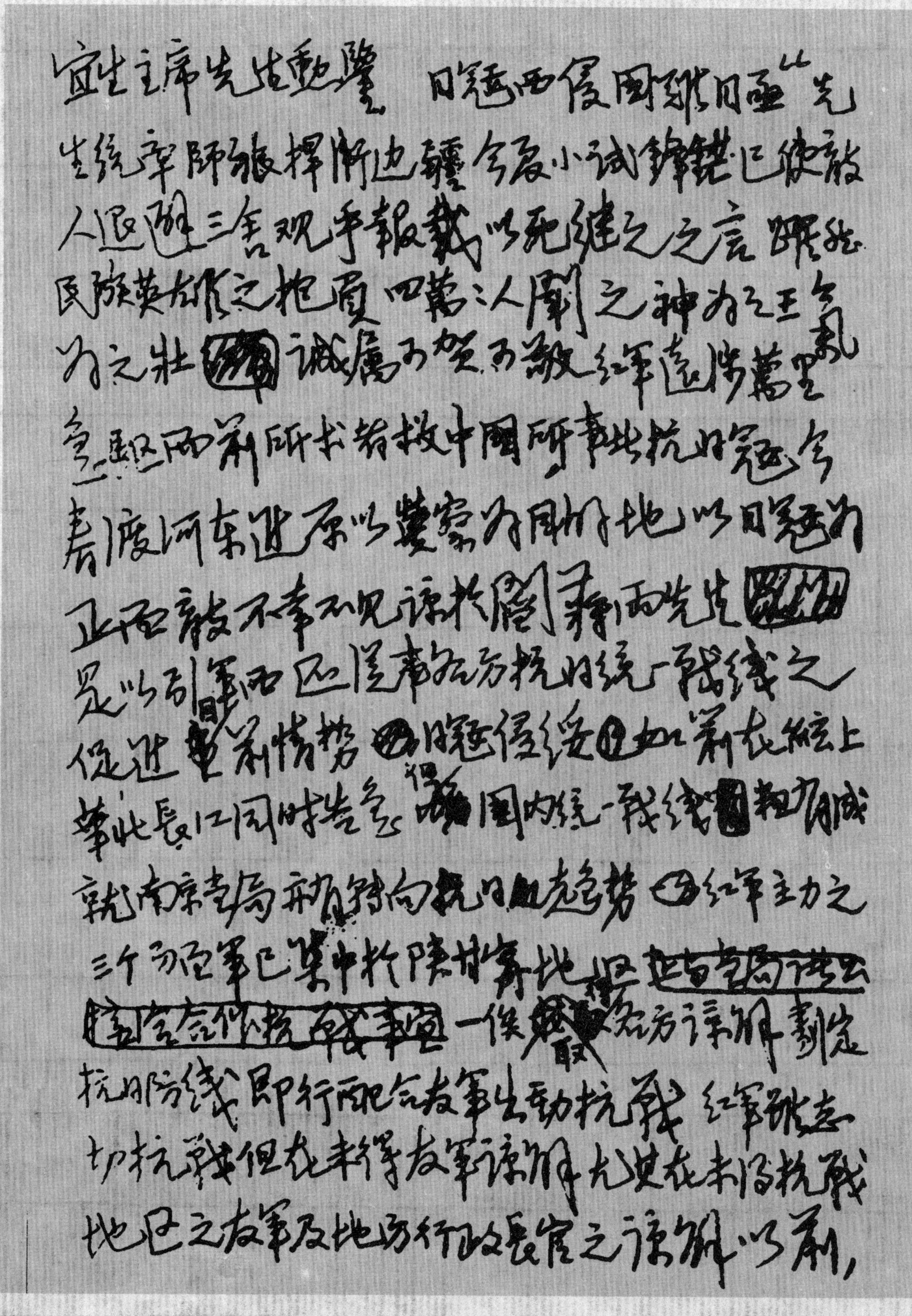

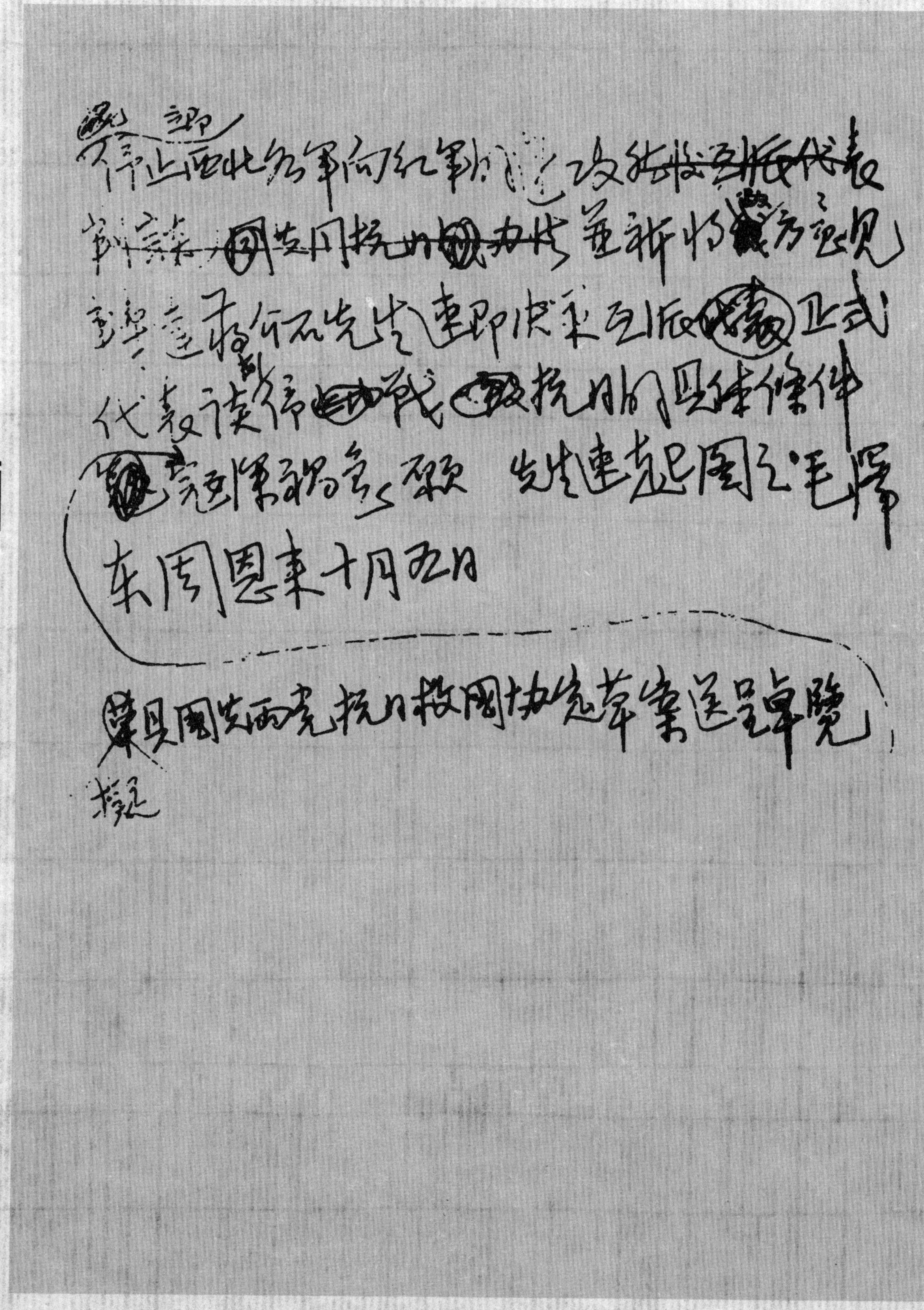

第二时期·书信

第二时期·书信

致傅作义

一九三六年十月二十五日

宜生主席先生勋鉴：

日寇西侵，国难日亟。先生统率师旅捍卫边疆，今夏小试锋芒，已使敌人退避三舍。观乎报载以死继之之言，跃然民族英雄之抱负，四万万人闻之，神为之王，气为之壮，诚属可贺可敬。红军远涉万里，急驱而前，所求者救中国，所事者抗日寇。今春渡河东进，原以冀察为目的地，以日寇为正面敌，不幸不见谅于阎蒋两先生，是以引军西还，从事各方统一战线之促进。目前情势，日寇侵绥如箭在弦上，华北长江同时告急。但国内统一战线粗有成就，南京当局亦有转向抗日趋势，红军主力之三个方面军已集中于陕甘宁地区，一俟取得各方谅解，划定抗日防线，即行配合友军出动抗战。红军虽志切抗战，但在未得友军谅解，尤其在未得抗战地区之友军及地方行政长官之谅解以前，决不冒然向抗战阵地开进。在已得正式谅解而向抗战阵地开进与实行抗战时，自当以其全力为友军之助，而绝不丝毫妨碍共同抗战之友军及其后方之安全与秩序。兹派彭雨峰同志来绥，与先生接洽一切，乞以先生之意见见教，并希建立直接通讯关系。百川先生处，今春曾数数致书，夏时又托韩团长将意，久未得复，祈先生再行转致鄙意。如有可能介绍彭同志赴晋一晤，实为公便。叨在比邻，愿同仇之共赋。倘承不吝赐教，幸甚幸甚。专此，即颂戎绥。

毛泽东

十月二十五日

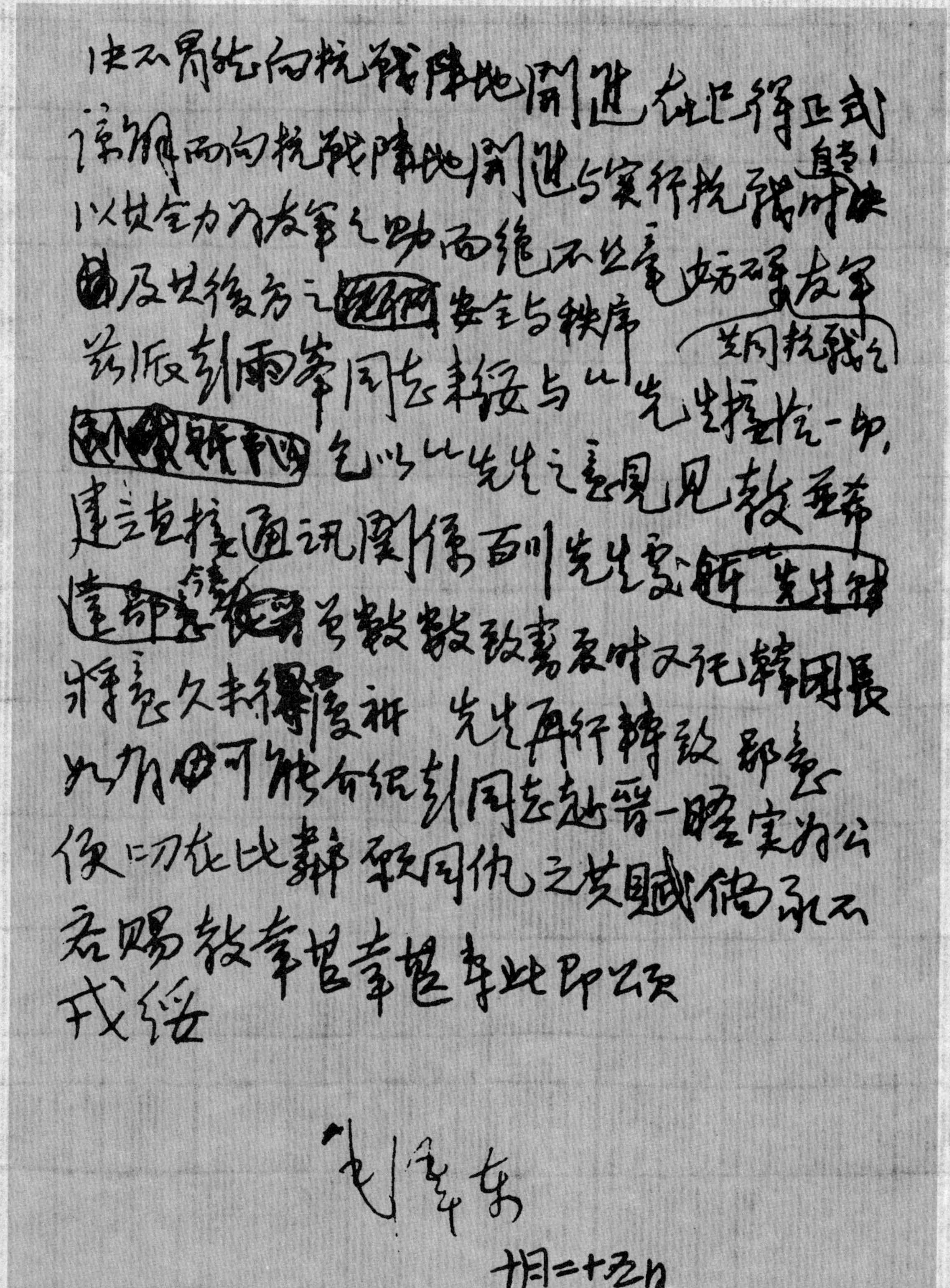
决不冒然向抗战阵地开进在已得正式
谅解而向抗战阵地开进与实行抗战时自当
以其全力为友军之助而绝不丝毫妨碍友军
及其后方之安全与秩序
兹派彭雨峰同志来绥与
先生接洽一切
乞以先生之意见见教并希
建立直接通讯关系百川先生处
今春曾数数致书夏时又托韩团长
将意久未得复祈先生再行转致鄙意
如有可能介绍彭同志赴晋一晤实为公
便叨在比邻愿同仇之共赋倘承不
吝赐教幸甚幸甚专此即颂
戎绥

毛泽东

十月二十五日

致许德珩等

一九三六年十一月二日

各位教授先生们：

收到惠赠各物（火腿、时表等），衷心感谢，不胜荣幸！我们与你们之间，精神上完全是一致的。我们的敌人只有一个，就是日本帝国主义，我们正准备一切迅速地进到团结全国出兵抗日，我们与你们见面之期已不远了。为驱逐日本帝国主义而奋斗，为中华民主共和国而奋斗，这是全国人民的旗帜，也就是我们与你们共同的旗帜！谨致民族革命的敬礼！

毛泽东

十一月二号

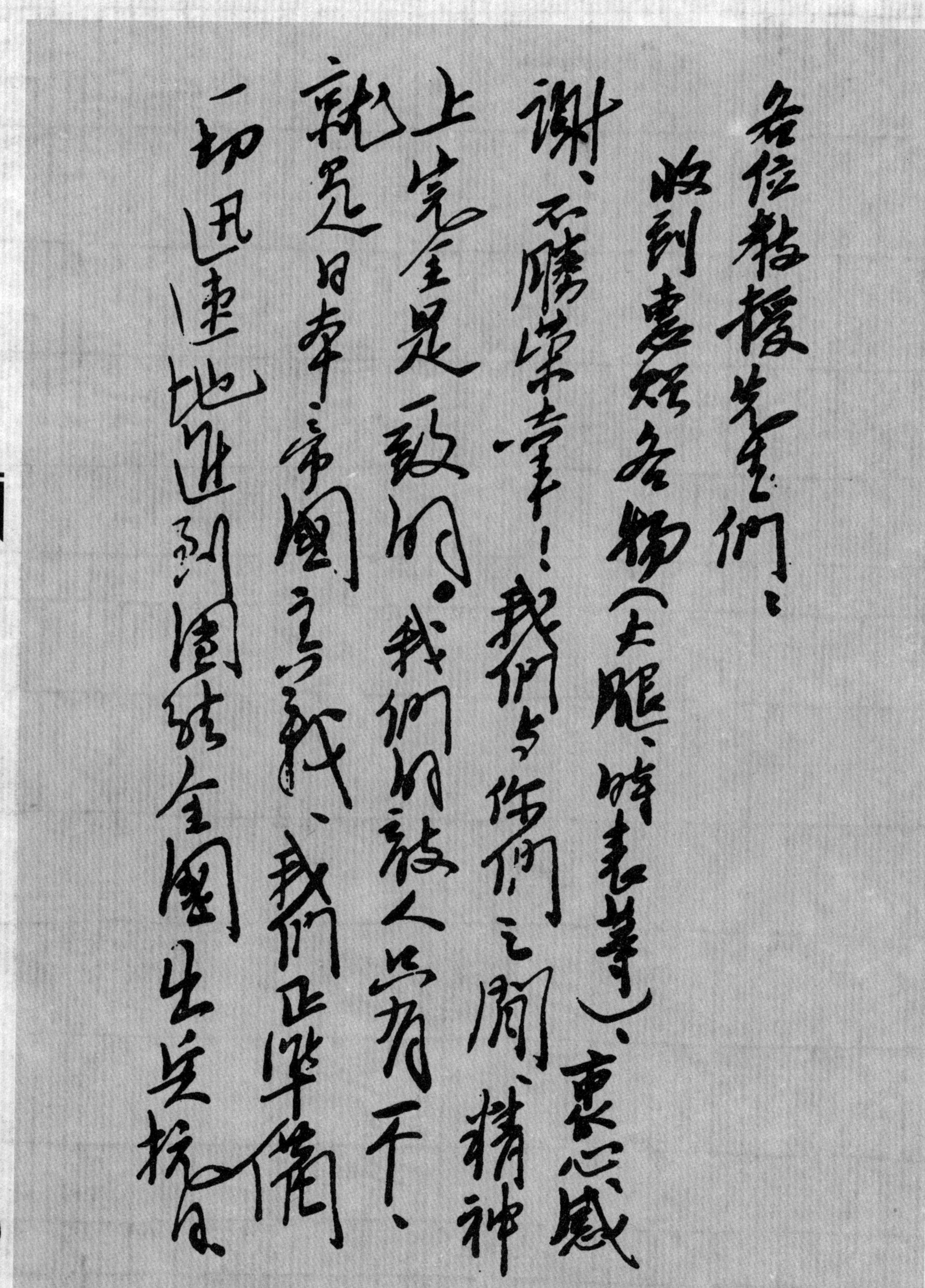
各位教授先生们：收到惠赠各物（火腿、时表等），衷心感谢，不胜荣幸！我们与你们之间，精神上完全是一致的。我们的敌人只有一个，就是日本帝国主义，我们正准备一切迅速地进到团结全国出兵抗日

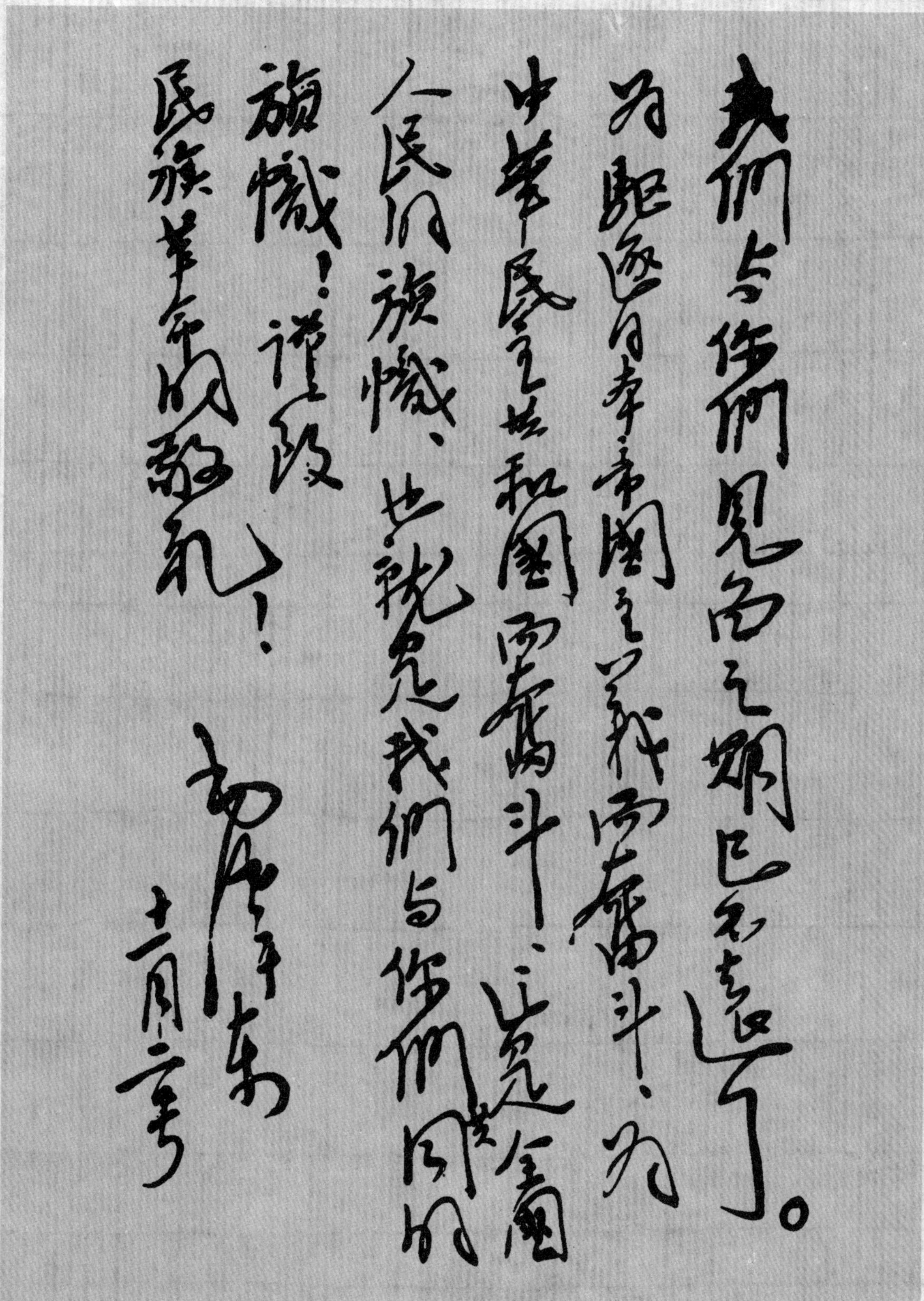
我们与你们见面之期已不远了。为驱逐日本帝国主义而奋斗，为中华民主共和国而奋斗，这是全国人民的旗帜，也就是我们与你们共同的旗帜！谨致民族革命的敬礼！毛泽东 十一月二号

致林彪

一九三六年

林彪同志：

你的信我完全同意。还有一点就是三科的文化教育（识字作文，看书报等能力的养成），是整个教育计划中最重要最根本的部分之一，如你所说的实际与理论并重，文化工具就是实际的一部分。如你所说的实际与理论联系，文化工具乃是能够而且必须用于去把二者联系起来的。如果学生一切课都学好了，但不能看书作文，那他们出校后的发展仍是很有限的。如果一切课学了许多，但不算很多也不算很精，但学会了看书作文，那他们出校后的发展就有了一种常常用得的基础工具了。如果你同意此意见，那我想应在二、三两科，在以后的四个月中，把文化课（识字）、看书、作文三（门）更增加些，我意把他增加到全学习时间（包括自修时间）的四分之一或三分之一，请你考虑这个问题。定期检查时文化应是重要的检查标准之一。

布礼！

毛泽东

廿六日十四时

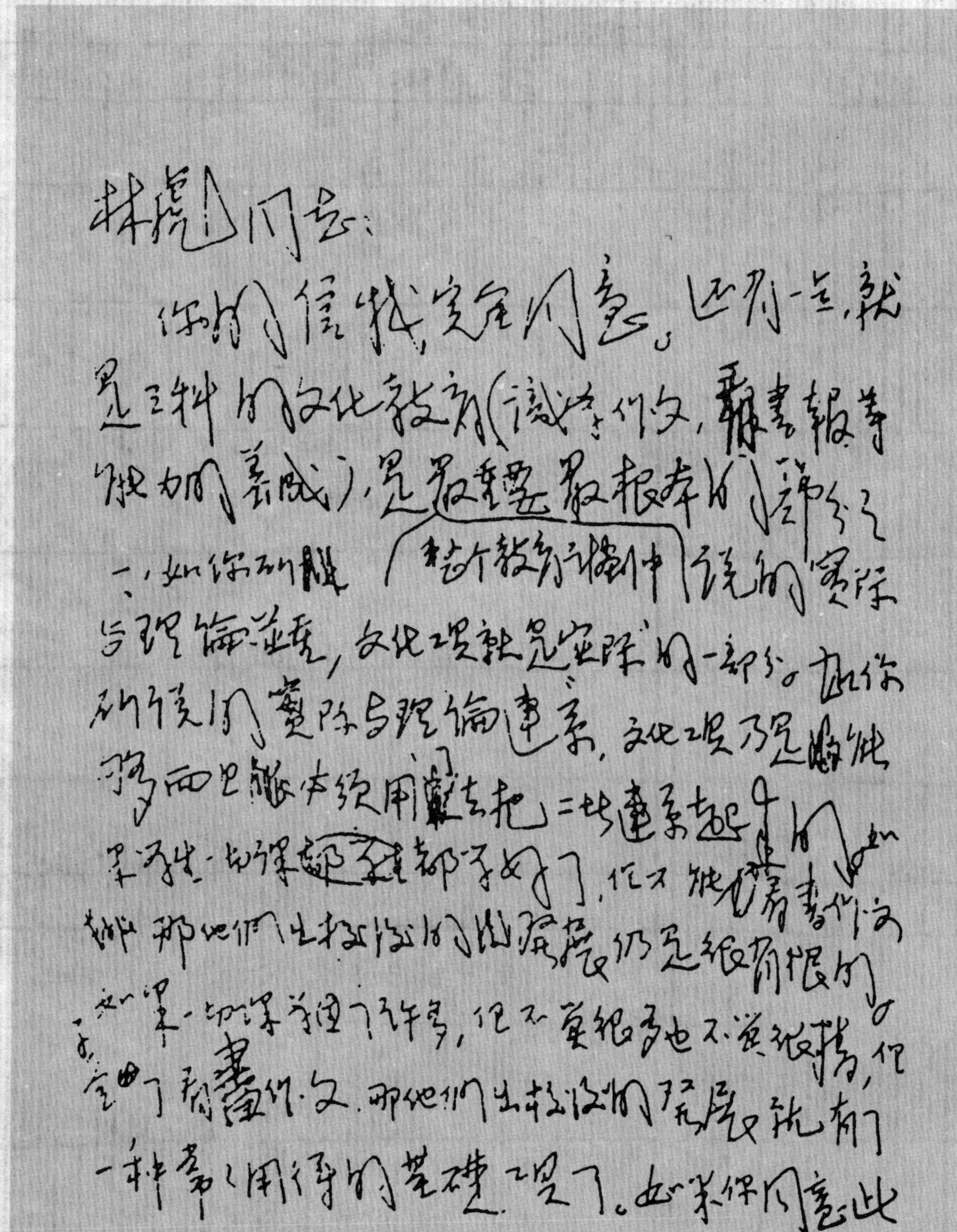

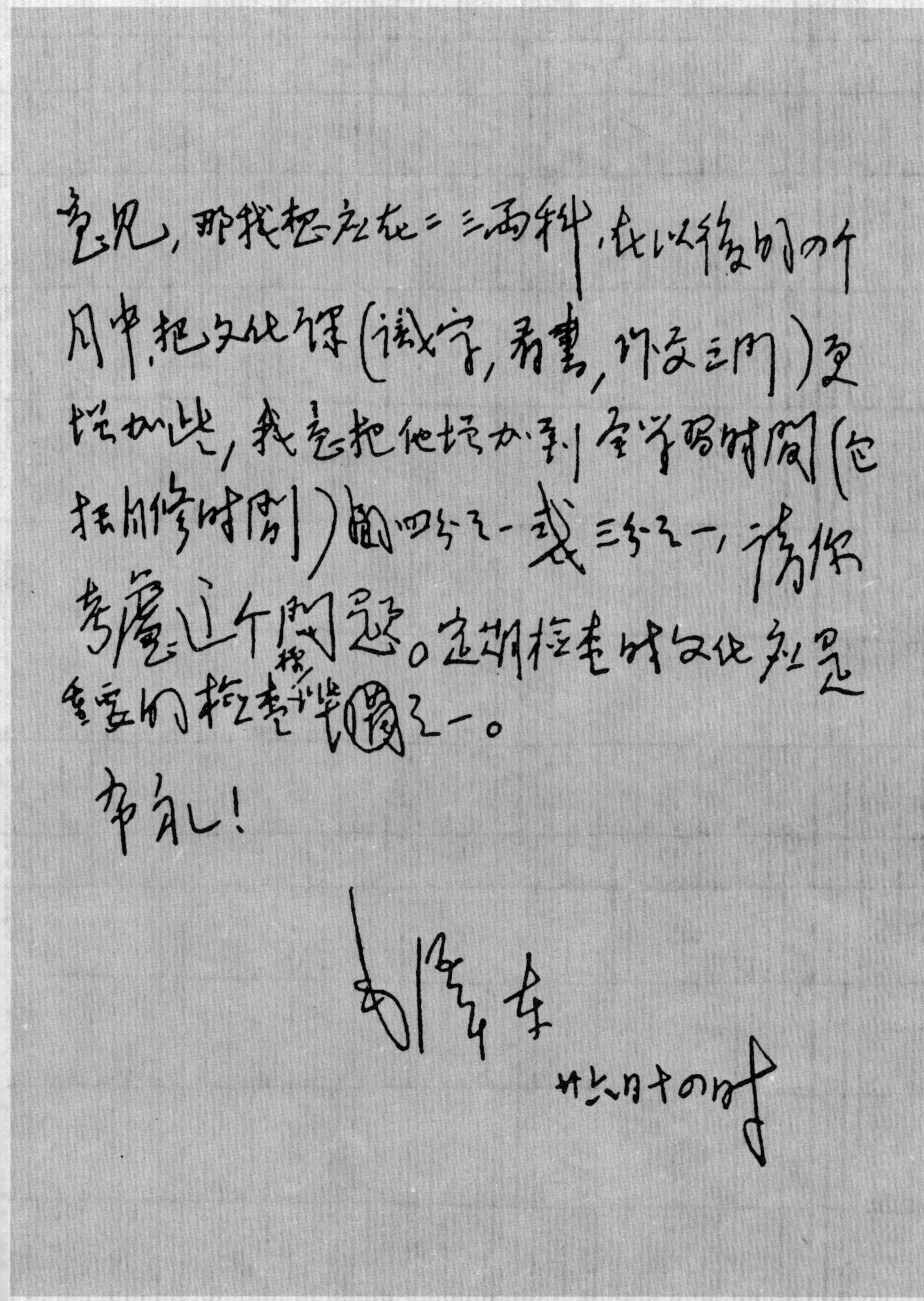

致徐特立

一九三七年一月三十日

徐老同志：

你是我二十年前的先生，你现在仍然是我的先生，你将来必定还是我的先生。当革命失败的时候，许多共产党员离开了共产党，有些甚至跑到敌人那边去了，你却在一九二七年秋天加入共产党，而且取的态度是十分积极的。从那时至今长期的艰苦斗争中，你比许多青年壮年党员还要积极，还要不怕困难，还要虚心学习新的东西。什么『老』，什么『身体精神不行』，什么『困难障碍』，在你面前都降服了；而在有些人面前呢？却做了畏葸不前的借口。你是懂得很多而时刻以为不足；而在有些人本来只有『半桶水』，却偏要『淌得很』。你是心里想的，就是口里说的与手里做的；而在有些人，他们心之某一角落，却不免藏着一些腌臜的东西。你是任何时候都是同群众在一块的；而在有些人却似乎以脱离群众为快乐，你是处处表现自己就是服从党的与革命的纪律之规模，而在有些人却似乎认为纪律只是束缚人家的，自己并不包括在内。你是革命第一，工作第一，他人第一；而在有〔些〕人却是出风头第一，休息第一，

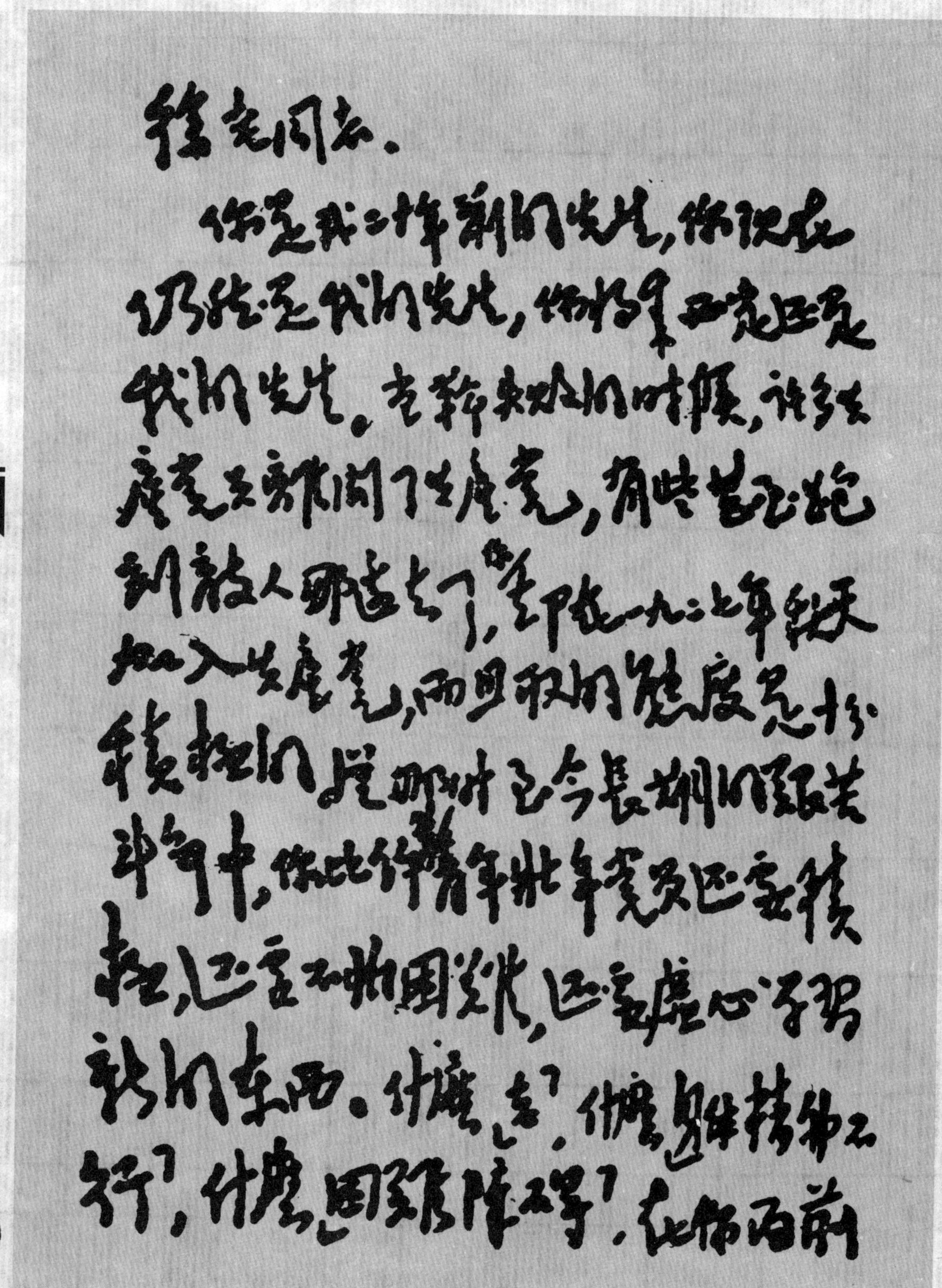

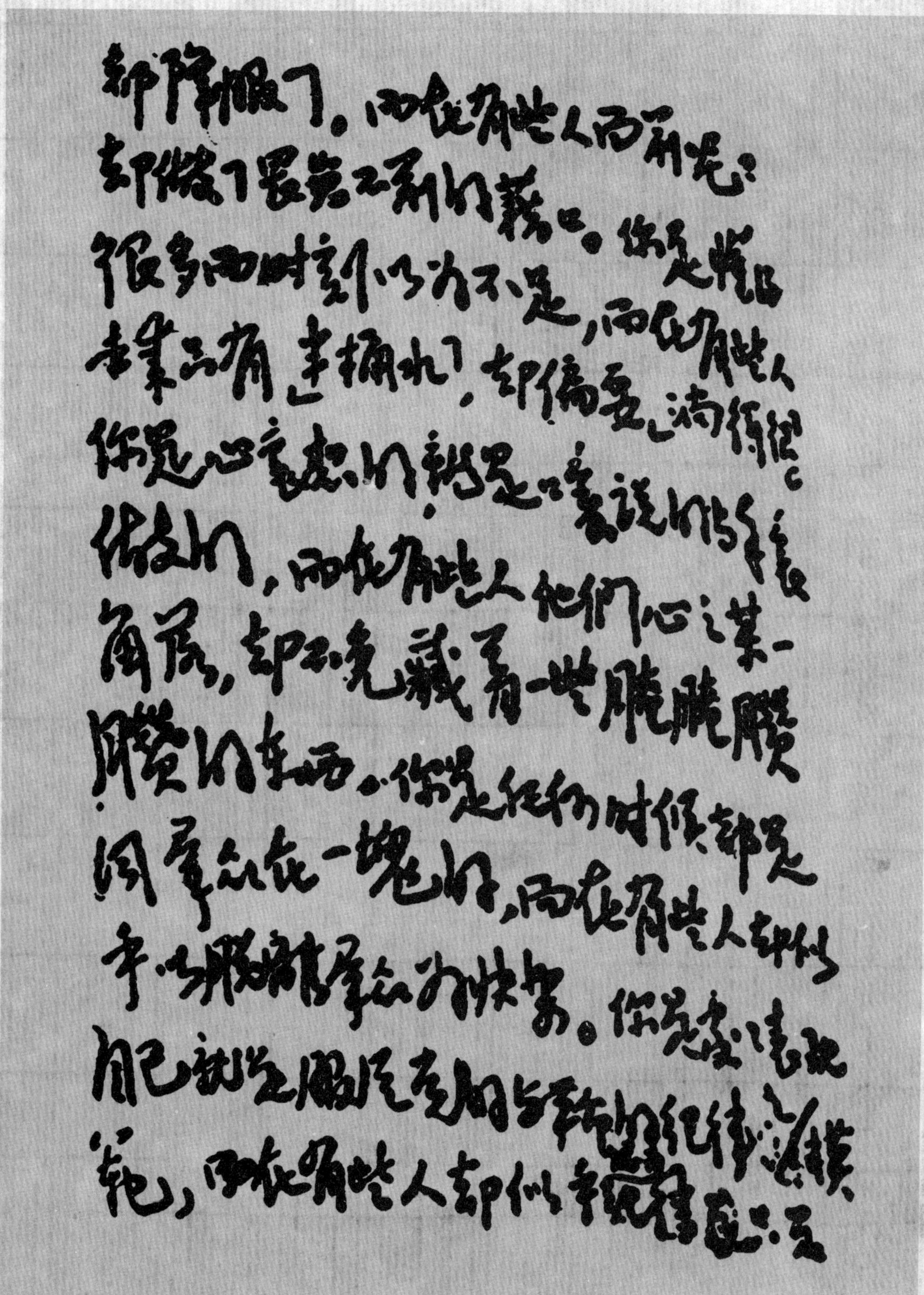

与自己第一。你总是拣难事做，从来也不躲避责任；而在有些人则只愿意拣轻松事做，遇到担当责任的关头就躲避了。所有这些方面我都是佩服你的，愿意继续地学习你的，也愿意全党同志学习你。当你六十岁生日的时候，写这封信祝贺你，愿你健康，愿你长寿，愿你成为一切革命党人与全体人民的模范。此致革命的敬礼！

毛泽东

一九三七年一月三十日于延安

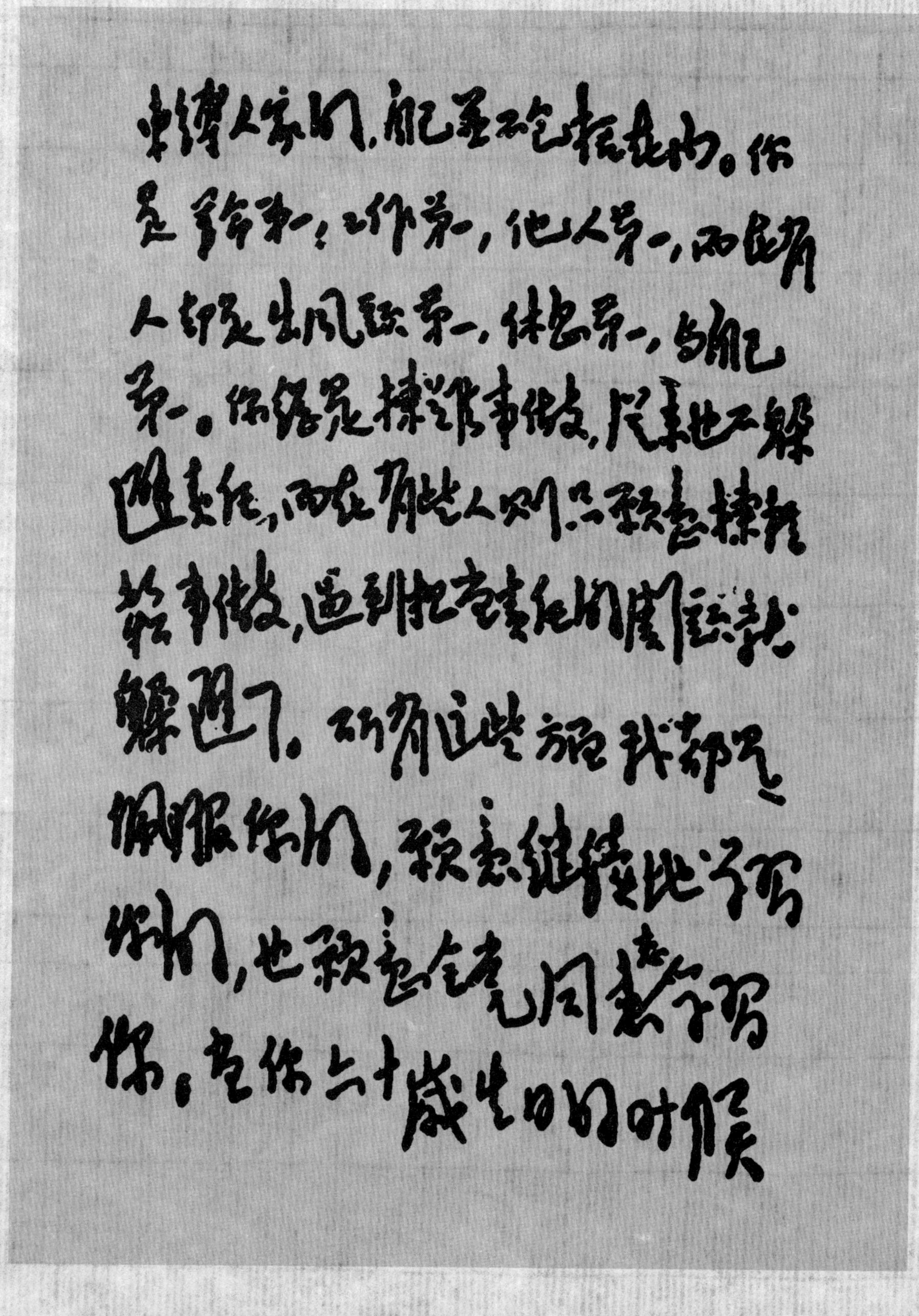

照顾人家们，自己是不会在内的。你是革命第一，工作第一，他人第一，而也有人却是出风头第一，休息第一，与自己第一。你总是拣难事做，从来也不躲避责任，而在有些人则只愿意拣轻松事做，遇到担当责任的关头就躲避了。所有这些方面我都是佩服你的，愿意继续地学习你的，也愿意全党同志学习你。当你六十岁生日的时候

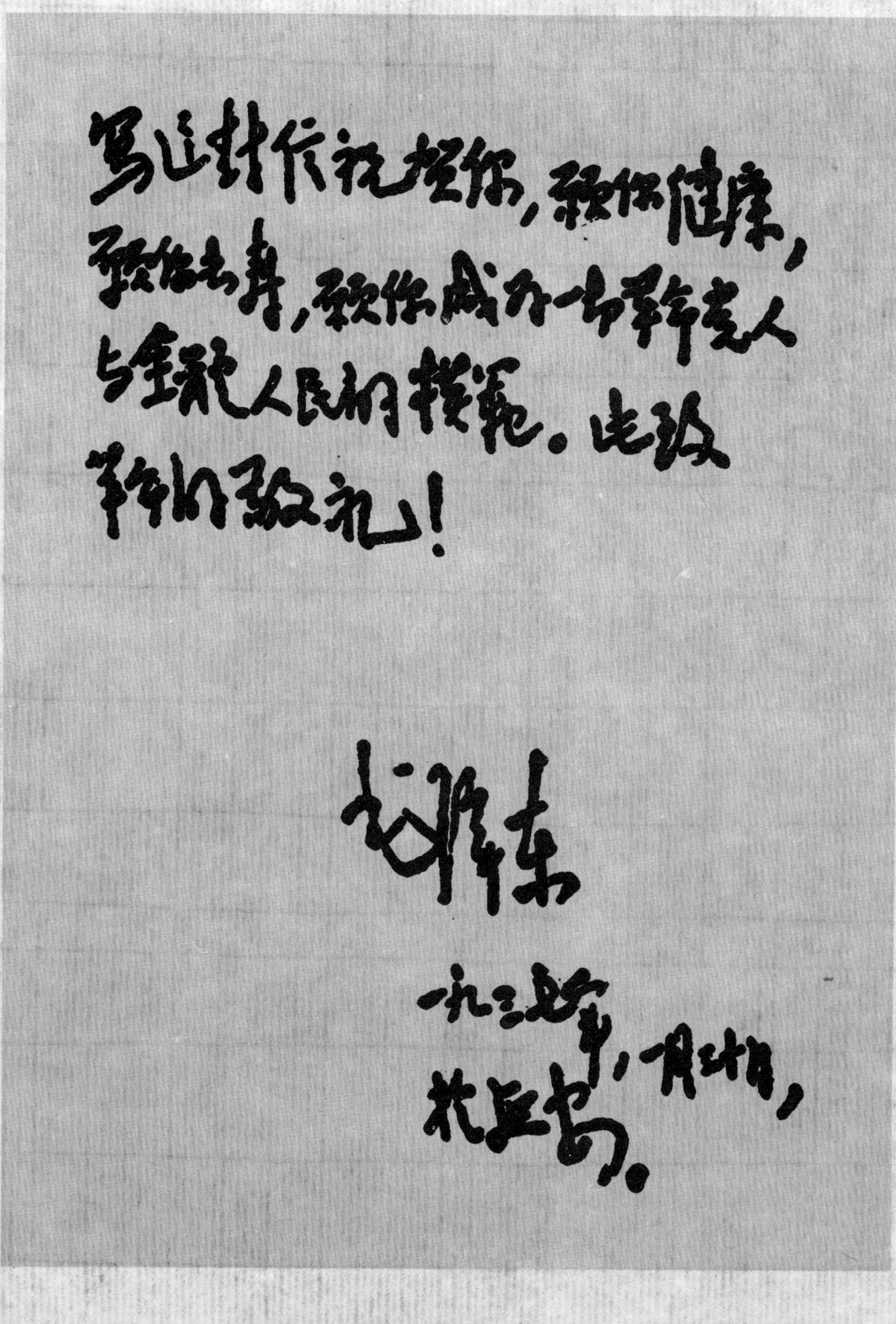

写这封信祝贺你，愿你健康，愿你长寿，愿你成为一切革命党人与全体人民的模范。此致革命的敬礼！

毛泽东

一九三七年一月卅日，于延安。

致埃德加·斯诺

一九三七年三月十日

斯洛〔诺〕先生：

自你别去后，时时念到你的，你现在谅好？

我同史沫得列谈话，表示了我们政策的若干新的步骤，今托便人寄上一份，请收阅，并为宣播。我们都感谢你的。

此问

健康！

毛泽东

三月十日于延安

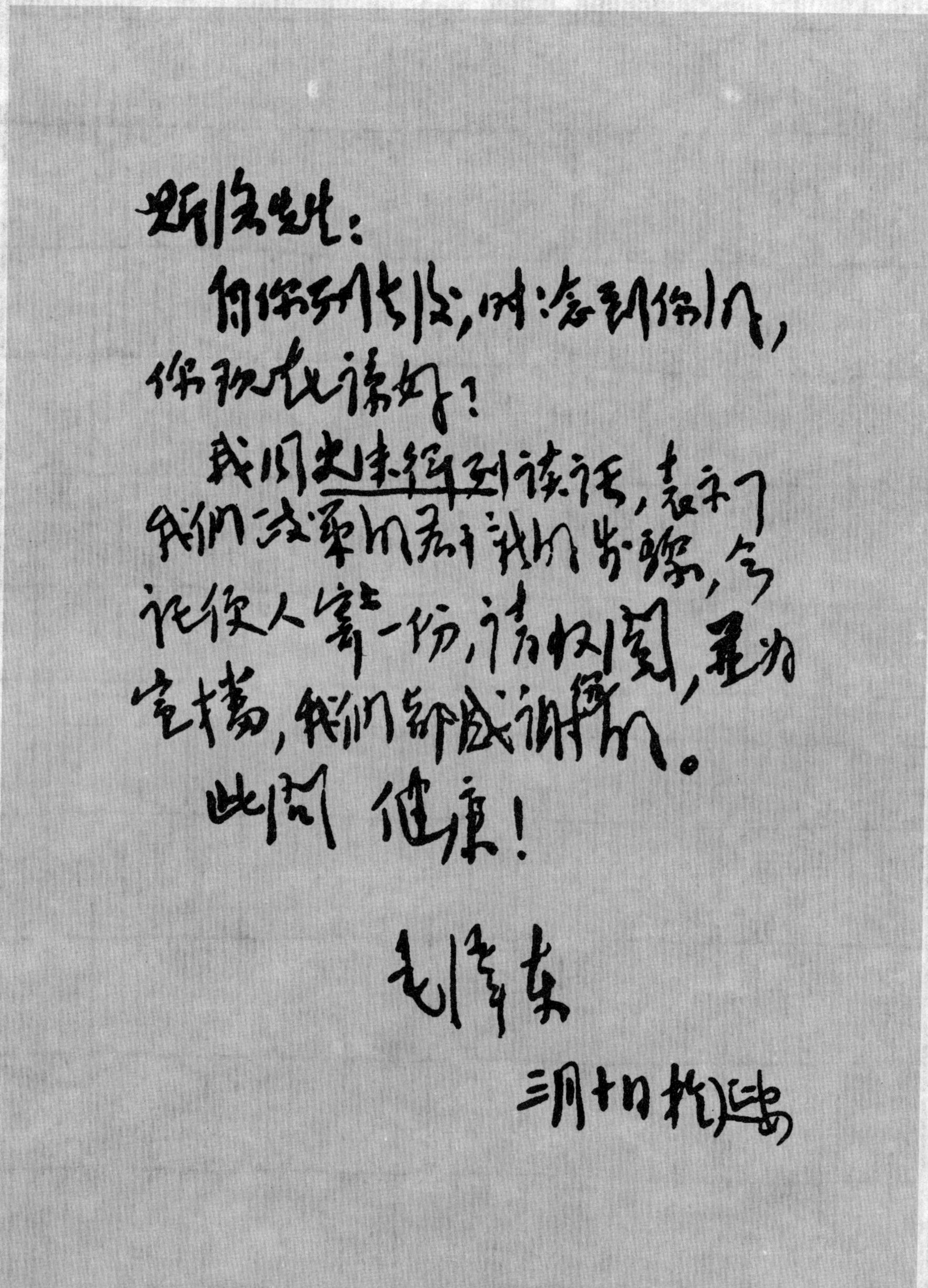

斯洛先生：

自你别去后，时念到你的，你现在谅好？

我同史沫得列谈话，表示了我们政策的若干新的步骤，今托便人寄上一份，请收阅，并为宣播，我们都感谢你的。

此问 健康！

毛泽东

三月十日于延安

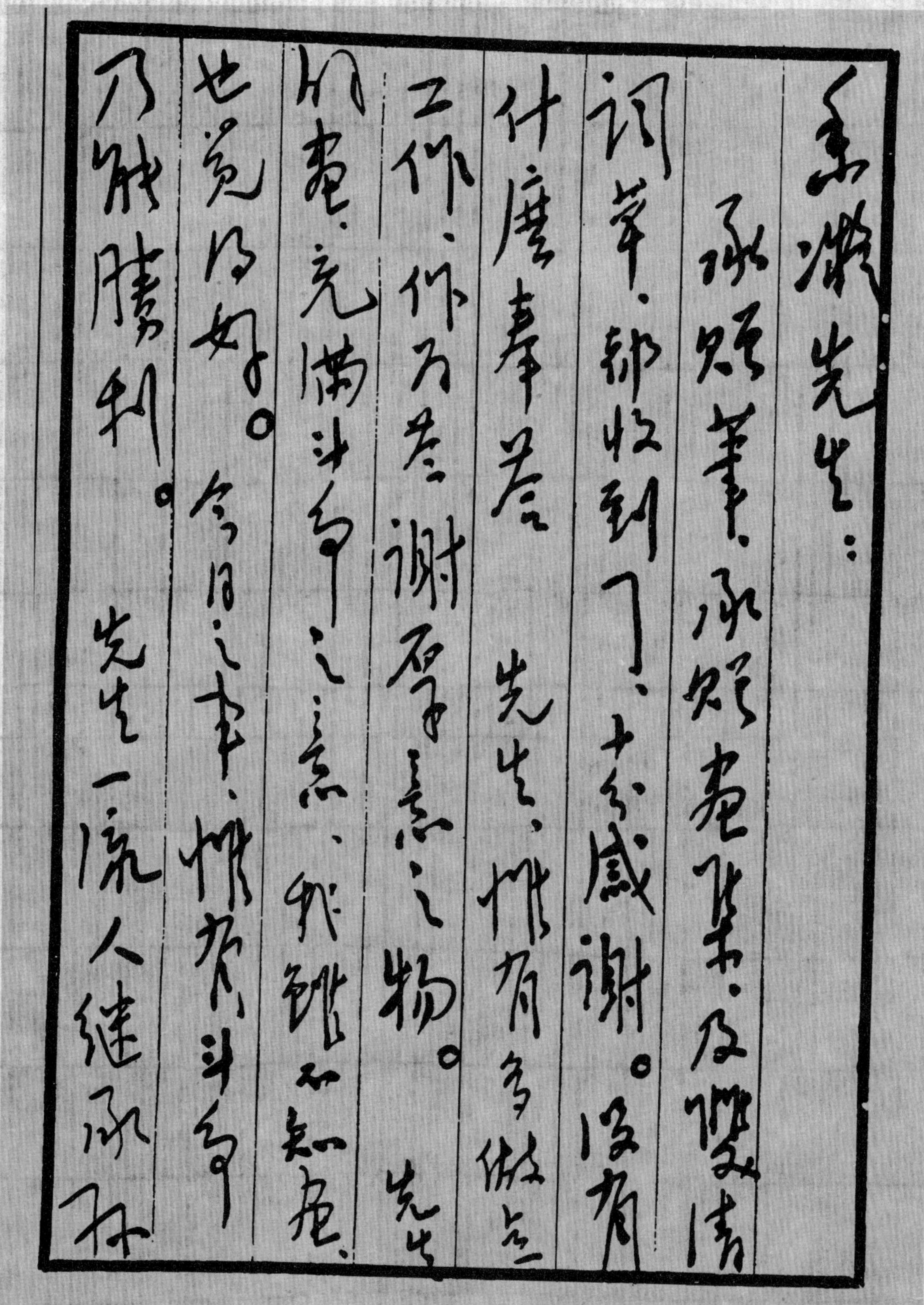

香凝先生：

承赐笔，承赐画，及惠清词，都收到了，十分感谢。没有什么奉答，先生，惟有多做点工作，作为答谢厚意之物。先生们的画，充满斗争之意，我虽不知画，也觉得好。今日之事，惟有斗争乃能胜利。先生一流人继承孙先生傳統，苦斗不屈，為中華民族樹立模範，景仰奮興者有全國民眾，不獨澤東等少數人而已。承志在此甚好，大家都覺得他好，比前進步。本年不見 先生，知比較老了些，我心則更年青，這大家覺得的。看了柳亞子先生。感想，如見其人，像時氣的路途。

像這樣有骨氣的舊文人，可惜太少了，得一二個拿筆的說話，呼做人中鱗鳳，豈知他現時的詩作意見如何？時事斷有轉機，想先生亦為之慰，但克服之域，尚須作大努力方能達到。敬祝

健康！

毛澤東上

六月廿五日

第二时期・书信

致何香凝

一九三七年六月二十五日

香凝先生：

承赠笔，承赠画集，及《双清词草》，都收到了，十分感谢。没有什么奉答先生，惟有多做点工作，作为答谢厚意之物。先生的画，充满斗争之意，我虽不知画，也觉得好。今日之事，惟有斗争乃能胜利。先生一流人继承孙先生传统，苦斗不屈，为中华民族树立模范，景仰奋兴者有全国民众，不独泽东等少数人而已。承志在此甚好，大家都觉得他好，望勿挂念。十年不见先生，知比较老了些，然心则更年青，这是大家觉得的。看了柳亚子先生题画，如见其人，便时乞为致意。像这样有骨气的旧文人，可惜太少，得一二个拿句老话说叫做人中麟凤，只不知他现时的政治意见如何？时事渐有转机，想先生亦为之慰，但光明之域，尚须作甚大努力方能达到。敬祝

健康！

毛泽东上

六月廿五日

致任弼时、邓小平

一九三七年八月十九日

弼时、小平同志：

斯洛〔诺〕夫人随军赴战地担任向外国通讯的工作，请你们给她以帮助，生活费等事请为解决。

敬礼！

毛泽东

八月十九日

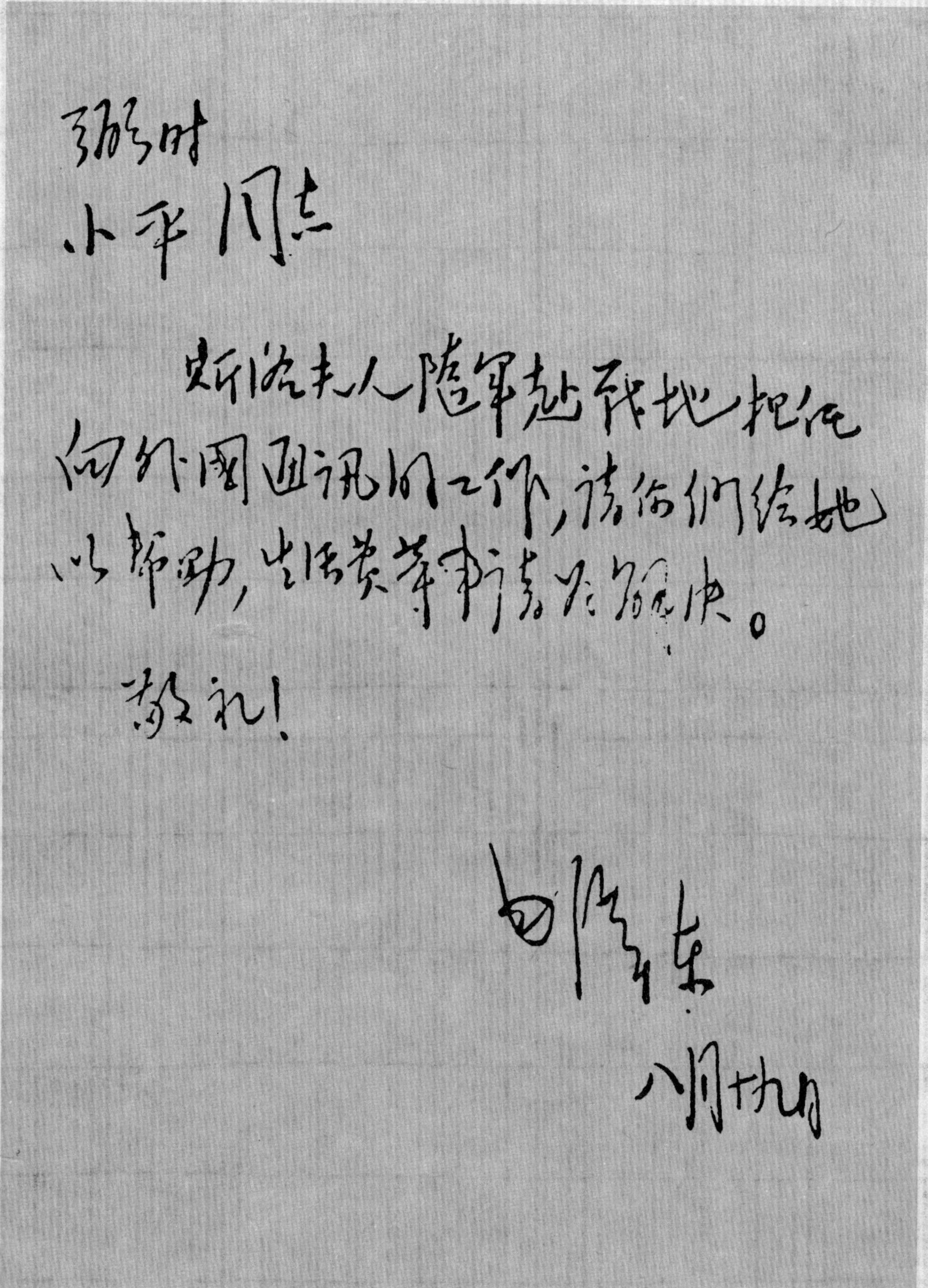

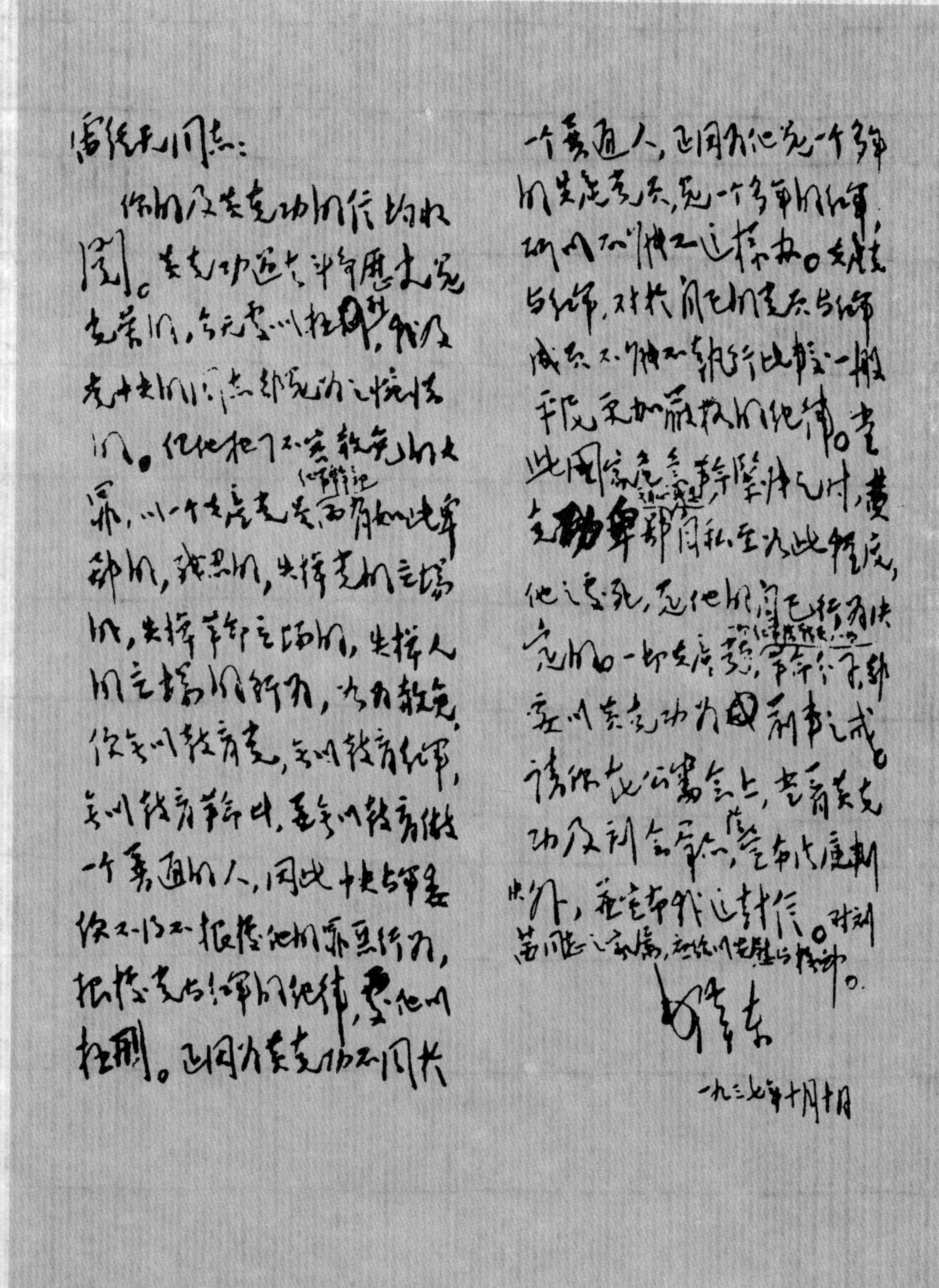

致雷经天

一九三七年十月十日

雷经天同志：

你的及黄克功的信均收阅。黄克功过去斗争历史是光荣的，今天处以极刑，我及党中央的同志都是为之惋惜的。但他犯了不容赦免的大罪，以一个共产党员、红军干部而有如此卑鄙的、残忍的、失掉党的立场的、失掉革命立场的、失掉人的立场的行为，如为赦免，便无以教育党，无以教育红军，无以教育革命者，并无以教育做一个普通的人。因此中央与军委使不得不根据他的罪恶行为，根据党与红军的纪律，处他以极刑。正因为黄克功不同于一个普通人，正因为他是一个多年的共产党员，是一个多年的红军，所以不能不这样办。共产党与红军，对于自己的党员与红军成员不能不执行比较一般平民更加严格的纪律。当此国家危急革命紧张之时，黄克功卑鄙无耻、残忍自私至如此程度，他之处死，是他的自己行为决定的。一切共产党员，一切红军指战员，一切革命分子，都要以黄克功为前车之戒。请你在公审会上，当着黄克功及到会群众，除宣布法庭判决外，并宣布我这封信。对刘茜同志之家属，应给以安慰与抚恤。

毛泽东

一九三七年十月十日

致艾思奇

一九三七年

思奇同志：

你的《哲学与生活》是你的著作中更深刻的书，我读了得益很多，抄录了一些，送请一看是否有抄错的。其中有一个问题略有疑点（不是基本的不同），请你再考虑一下，详情当面告诉。今日何时有暇，我来看你。

毛泽东

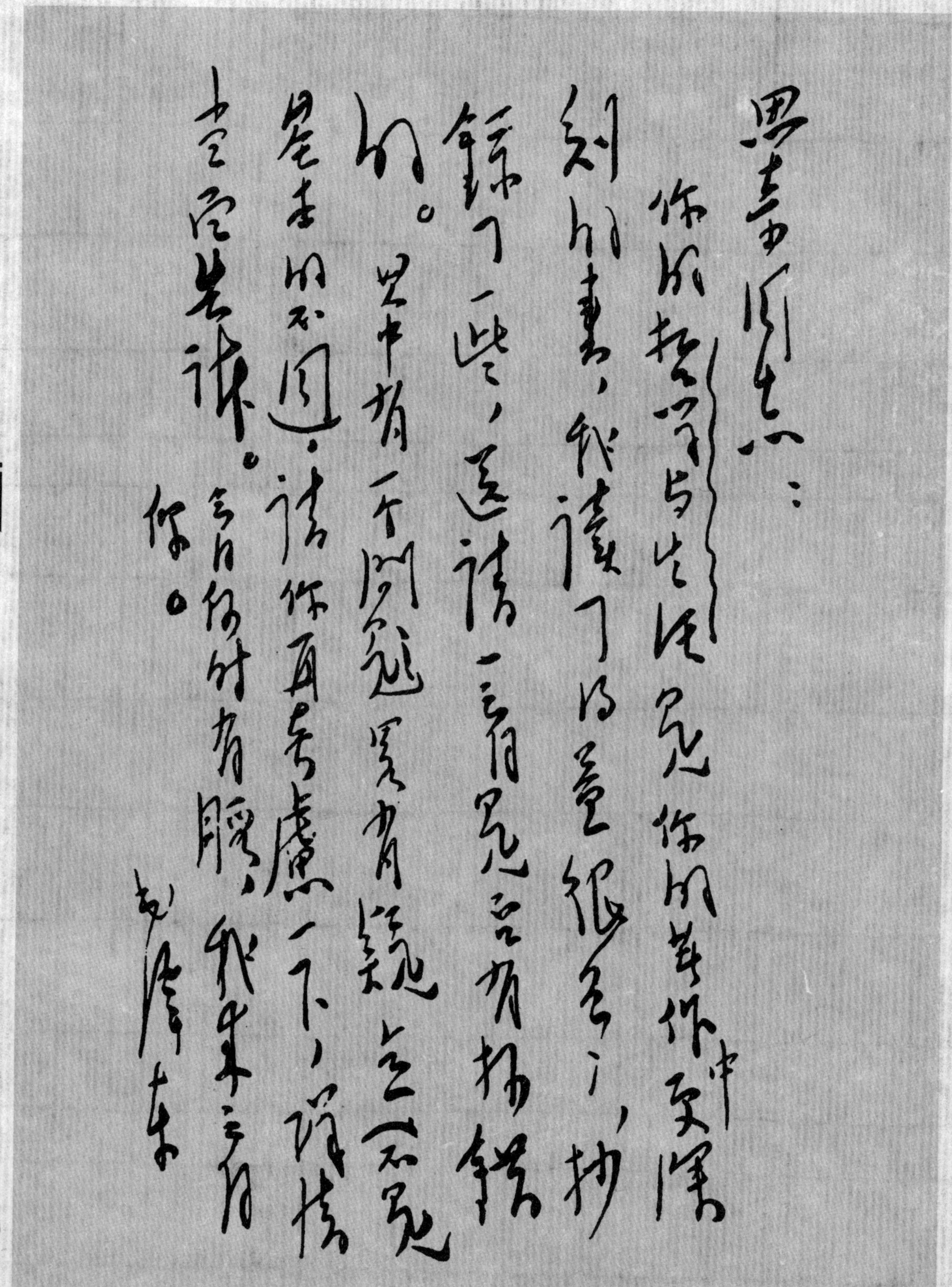

致文运昌

一九三七年十一月二十七日

运昌吾兄：

莫立本到，接获手书，本日又接十一月十六日详示，快慰莫名。八舅父母仙逝，至深痛惜。诸表兄嫂幸都健在，又是快事。家境艰难，此非一家一人情况，全国大多数人皆然，惟有合群奋斗，驱除日本帝国主义，才有生路。吾兄想来工作甚好，惟我们这里仅有衣穿饭吃，上自总司令下至火夫，待遇相同，因为我们的党专为国家民族劳苦民众做事，牺牲

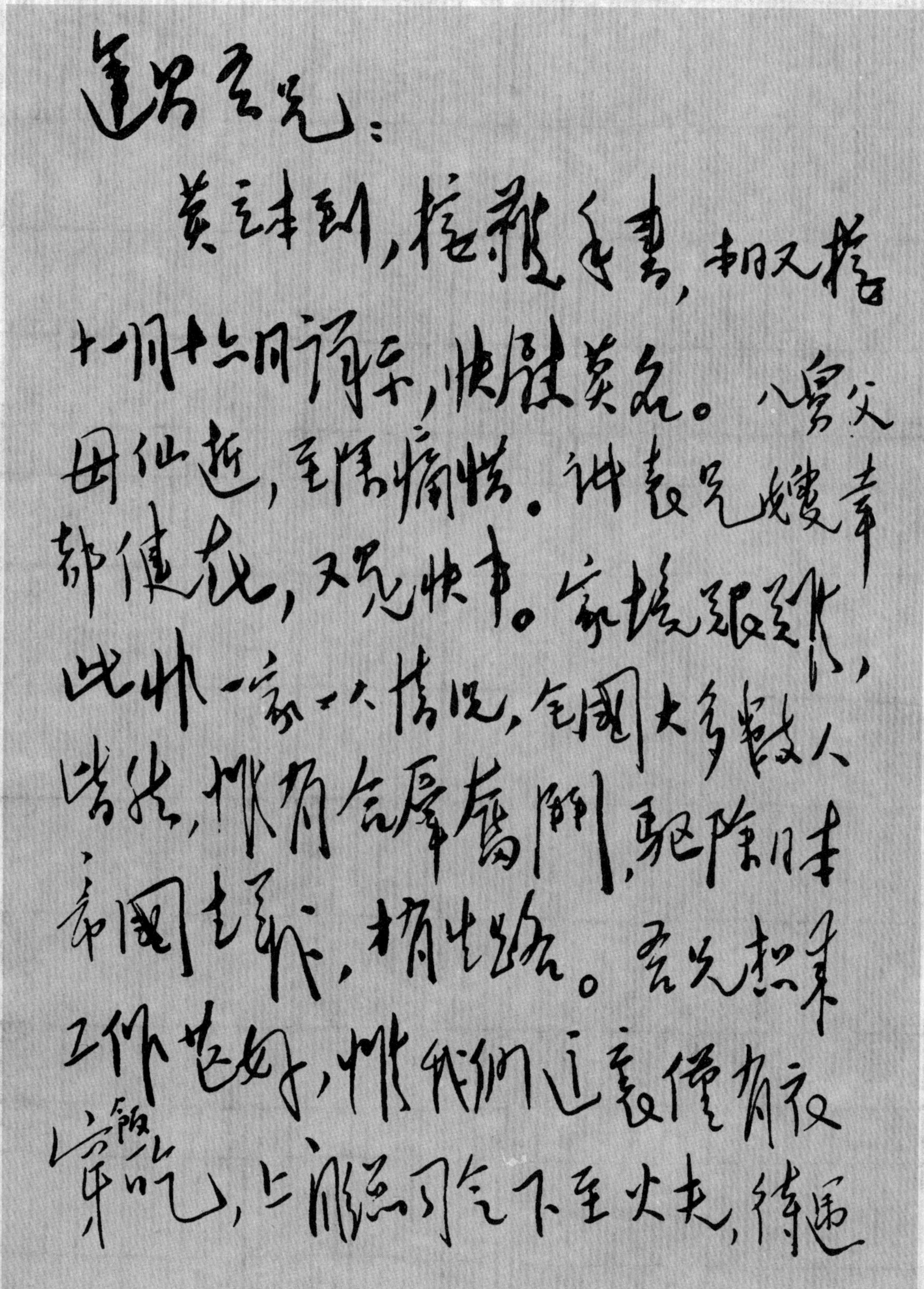

个人私利，故人人平等，并无薪水。如兄家累甚重，宜在外面谋一大小差事俾资接济，故不宜来此。道路甚远，我亦不能寄旅费。在湘开办军校，计划甚善，亦暂难实行，私心虽想助兄，事实难于做到。前由公家寄了二十元旅费给周润芳，因他系泽覃死难烈士（泽覃前年被杀于江西）之妻，故公家出此，亦非我私人的原故，敬祈谅之。我为全社会出一些力，是把我十分敬爱的外家及我家乡一切穷苦人包括在内的，我十分眷念我外家诸兄弟子侄，及一切穷苦同乡，但我只能用这种方法帮助你们，大概你们也是已经了解了的。

虽然如此，但我想和兄及诸表兄弟子侄们常通书信，我得你们片纸只字都是欢喜的。不知你知道韶山情形否？有便请通知我乡下亲友，如他们愿意和我通信，我是很欢喜的。但请转知他们不要来此谋事，因为此处并无薪水。

刘霖先生还健在吗？请搭信慰问他老先生。

日本帝国主义正在大举进攻，我们的工作是很紧张的，但我们都很快乐健康，我的身体

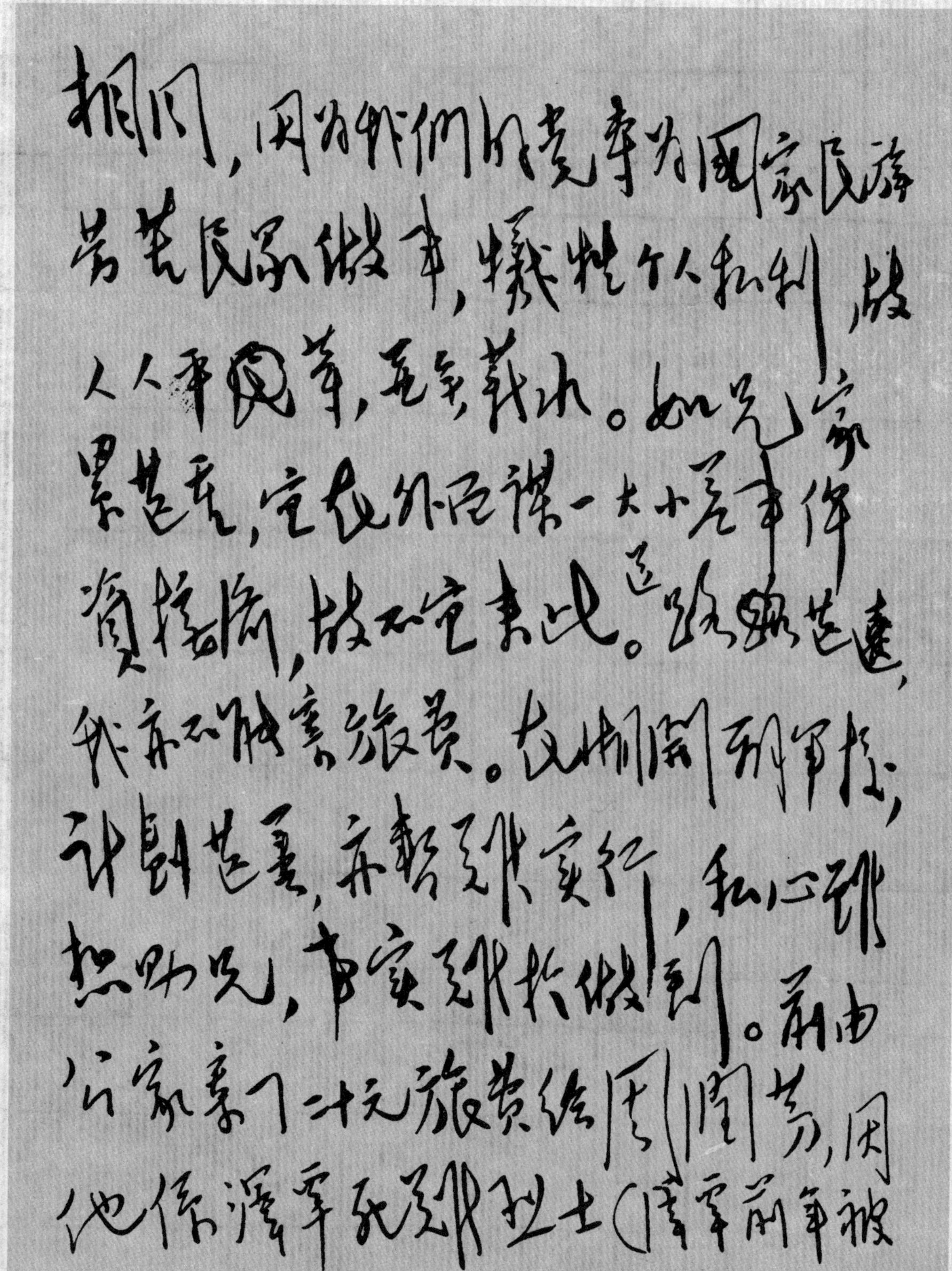

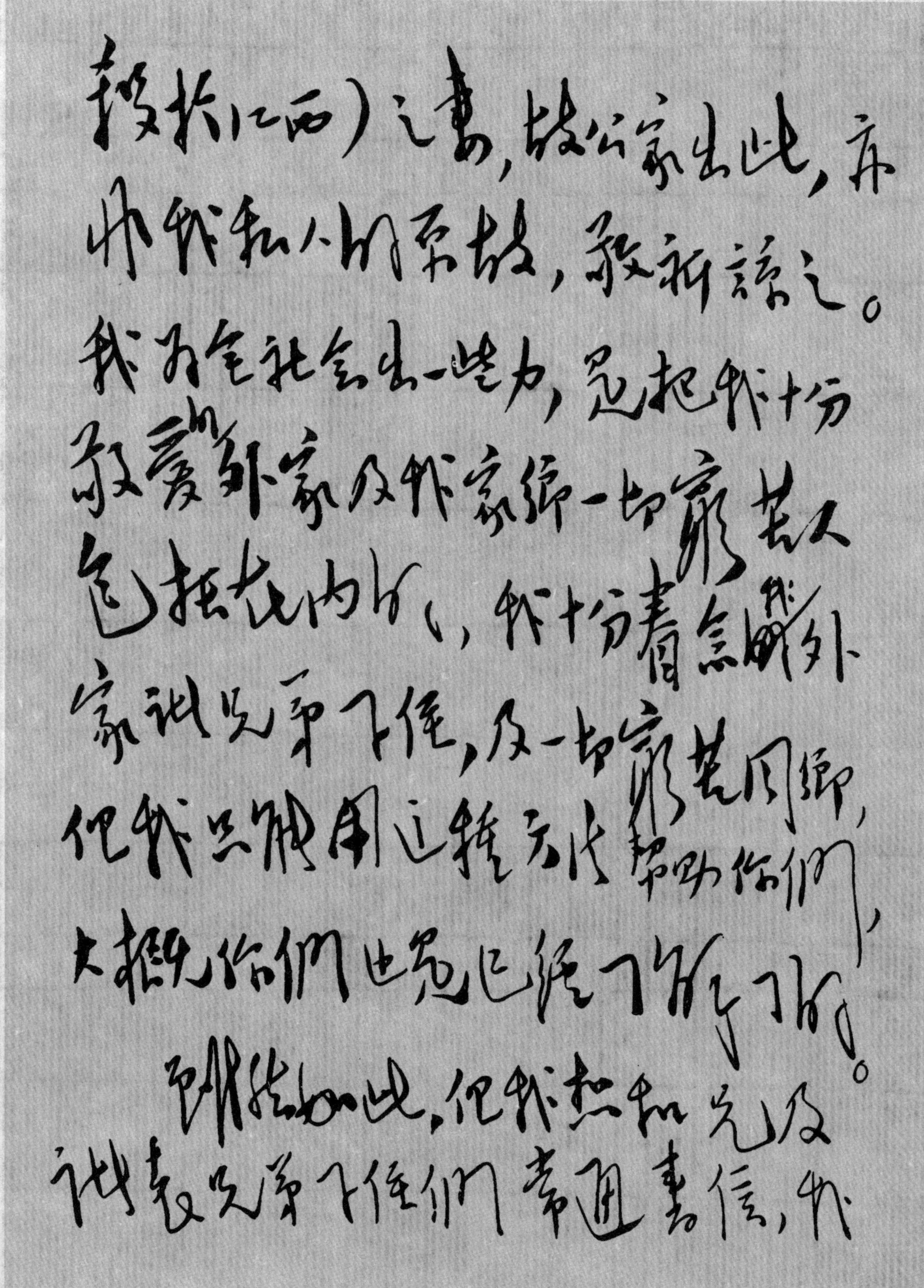

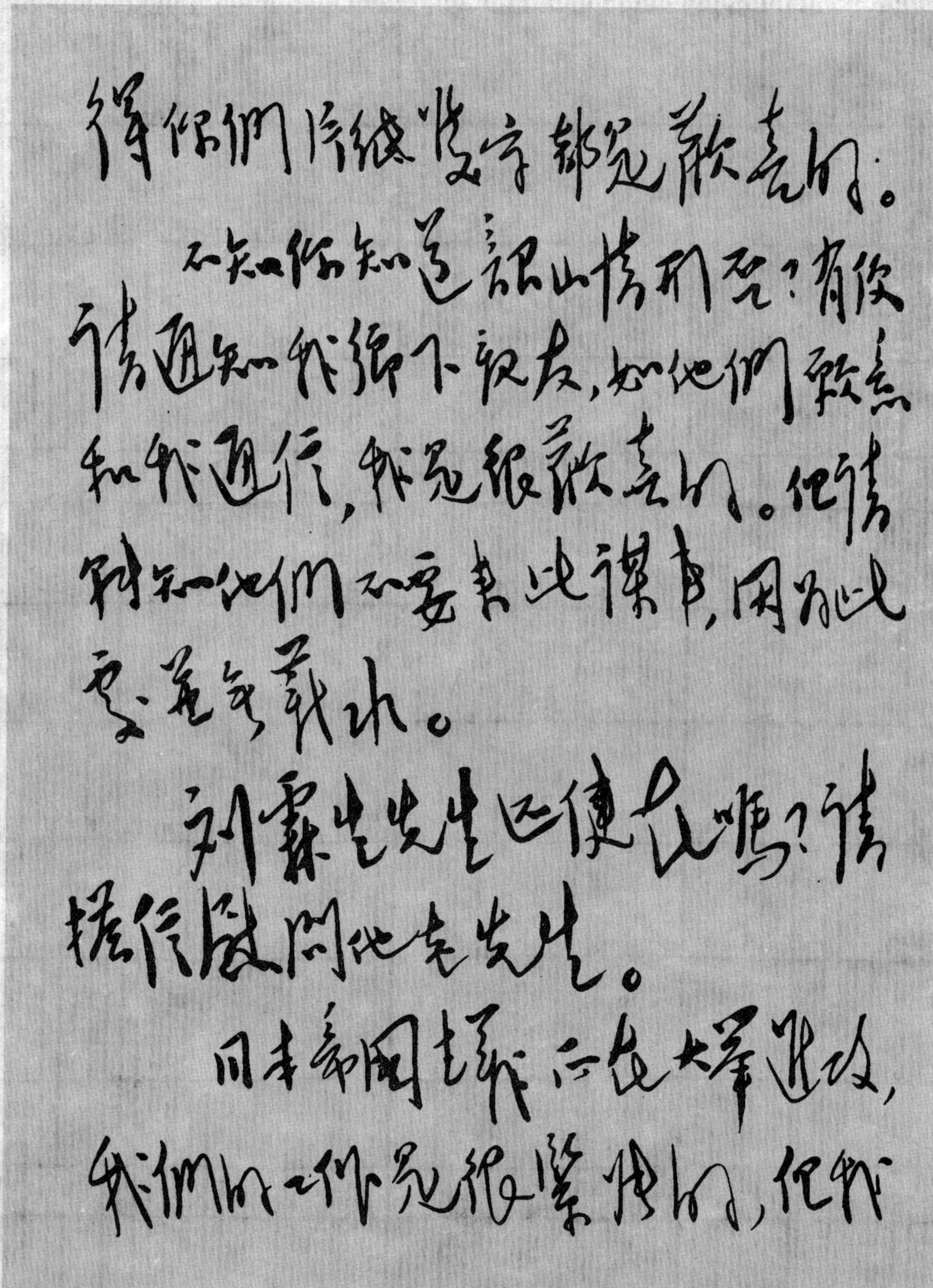

得你們信後讀字都是歡喜的。

不知你知道韶山情形否？有便請通知我鄉下親友，如他們願意和我通信，我是很歡喜的。但請轉知他們不要來此謀事，因為此處異常艱難。

劉霖生先生還健在嗎？請替我問候他老先生。

日本帝國主義正在大舉進攻，我們的工作是很緊張的，但我

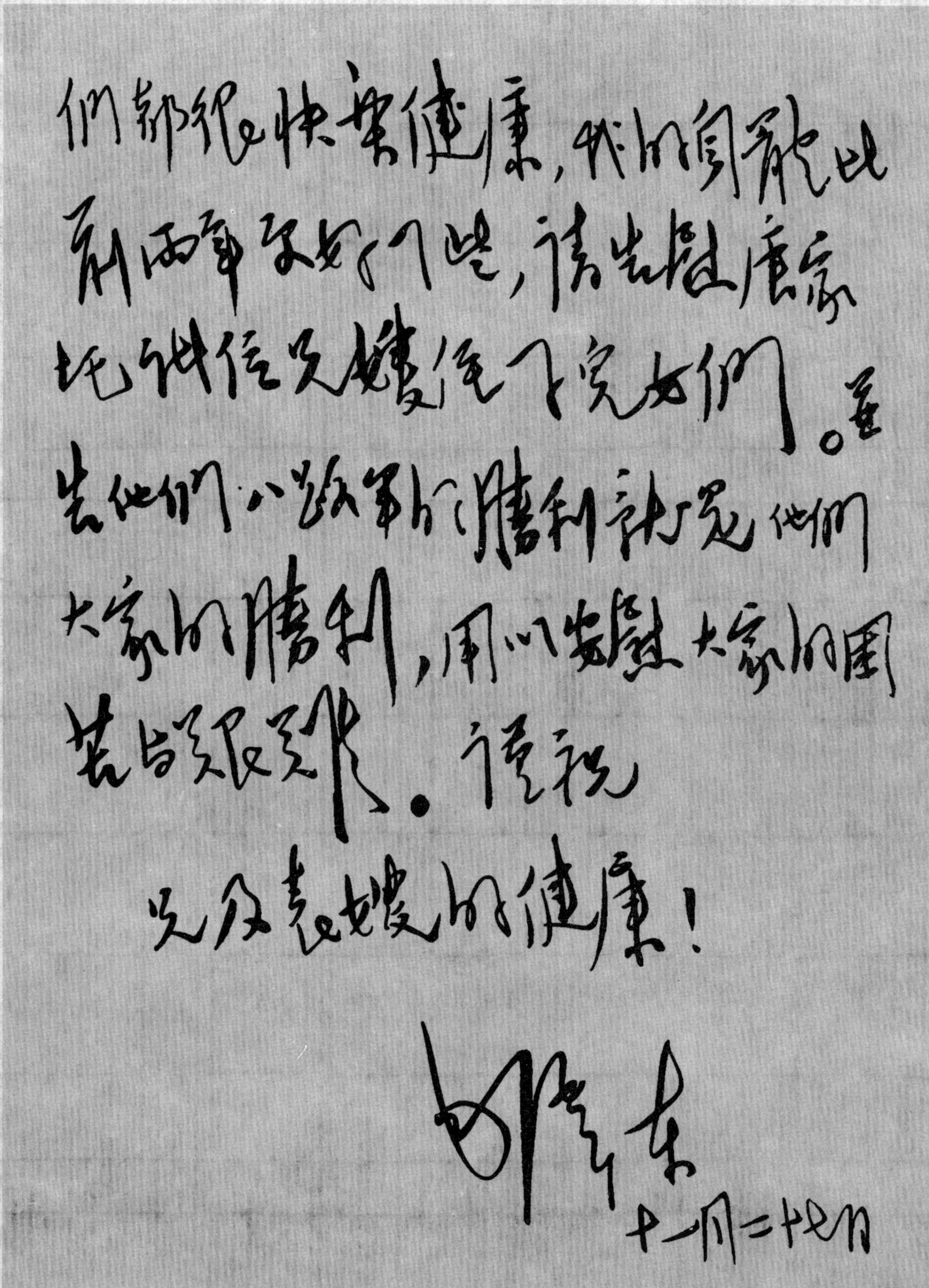

們都很快樂健康，我們自然比前兩年更好了些，請告慰唐家圫諸位兄嫂侄子兒女們。並告他們八路軍的勝利就是他們大家的勝利，用以安慰大家的困苦與艱難。謹祝

兄及表嫂的健康！

毛澤東

十一月二十七日

比前两年更好了些，请告慰唐家圫诸位兄嫂侄子儿女们。并告他们八路军的胜利就是他们大家的胜利，用以安慰大家的困苦与艰难。谨祝

兄及表嫂的健康！

毛泽东

十一月二十七日

第二时期·书信

致抗日军政大学九队

一九三七年十二月十五日

九队的同志们：

庆祝你们成立了救亡室，这救亡二字就是你们及全国人民在现阶段上惟一的总目标。达到这个目标的〔的〕道路是抗日民族统一战线，希望你们学习这个统一战线的理论与方法，惟有统一战线才能达到救亡之目的。

毛泽东

十二月十五日

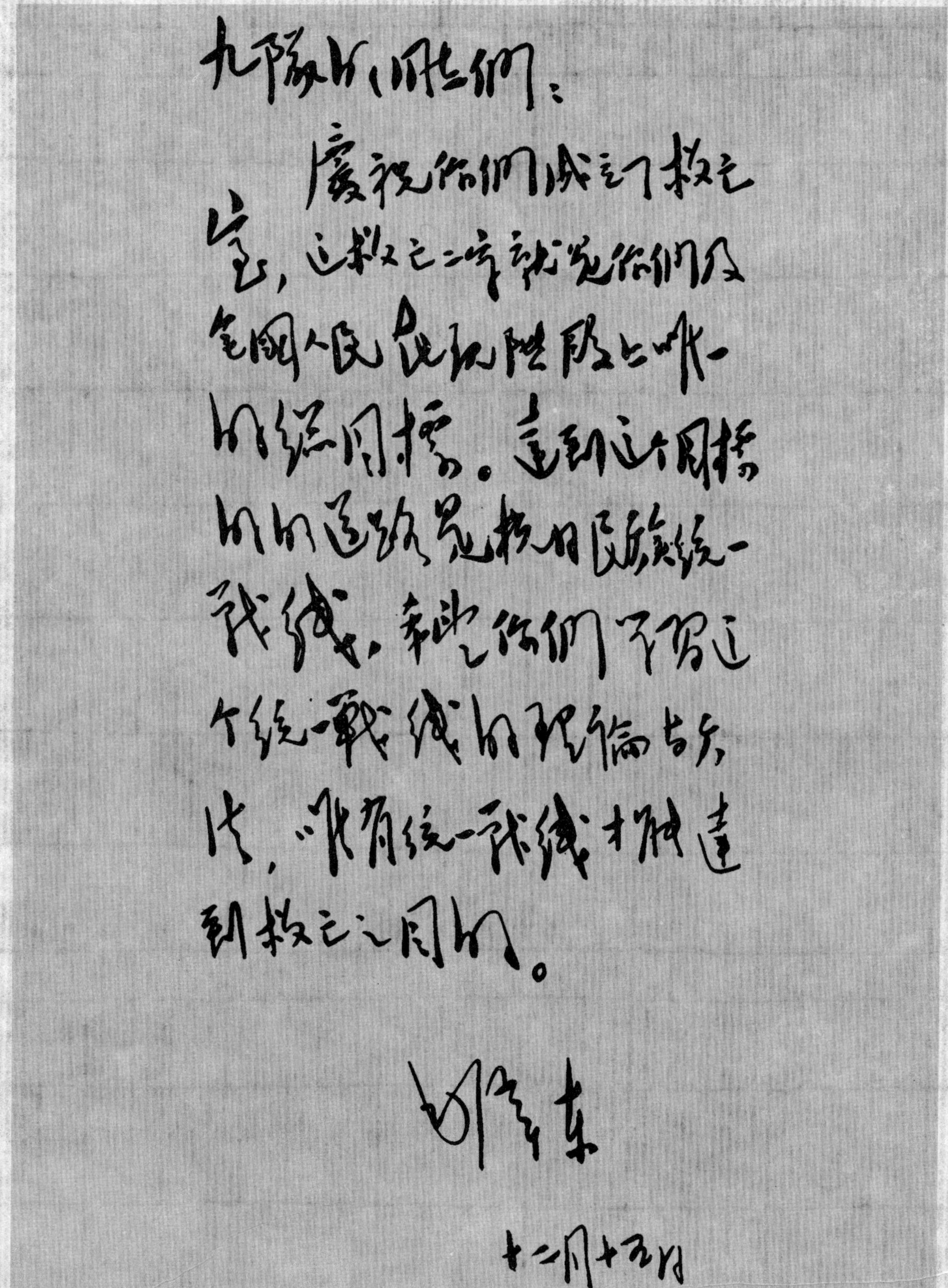

九队的同志们：

庆祝你们成立了救亡室，这救亡二字就是你们及全国人民在现阶段上惟一的总目标。达到这个目标的的道路是抗日民族统一战线，希望你们学习这个统一战线的理论与方法，惟有统一战线才能达到救亡之目的。

毛泽东

十二月十五日

范长江

九三八年二月十五日

江先生：

马先生来，获读手书，同志回延，又接一月三日示，久稽回答，幸原谅。

先生提出的问题都是国重大的问题，要说个明，非一封短信可了。但解先生问题的主要一点，我为即是真实地承认并执行个共同纲领。现在共同说共同做的东西已有了许，从实行抗战到若干民主由都是，但还没有全部东，还没有从共同抗战到共建国的全部东西，并使这东西为国共两党及全国各所实心承认并实心求其实。如果有了这个东西，而实心承认了他又实心求

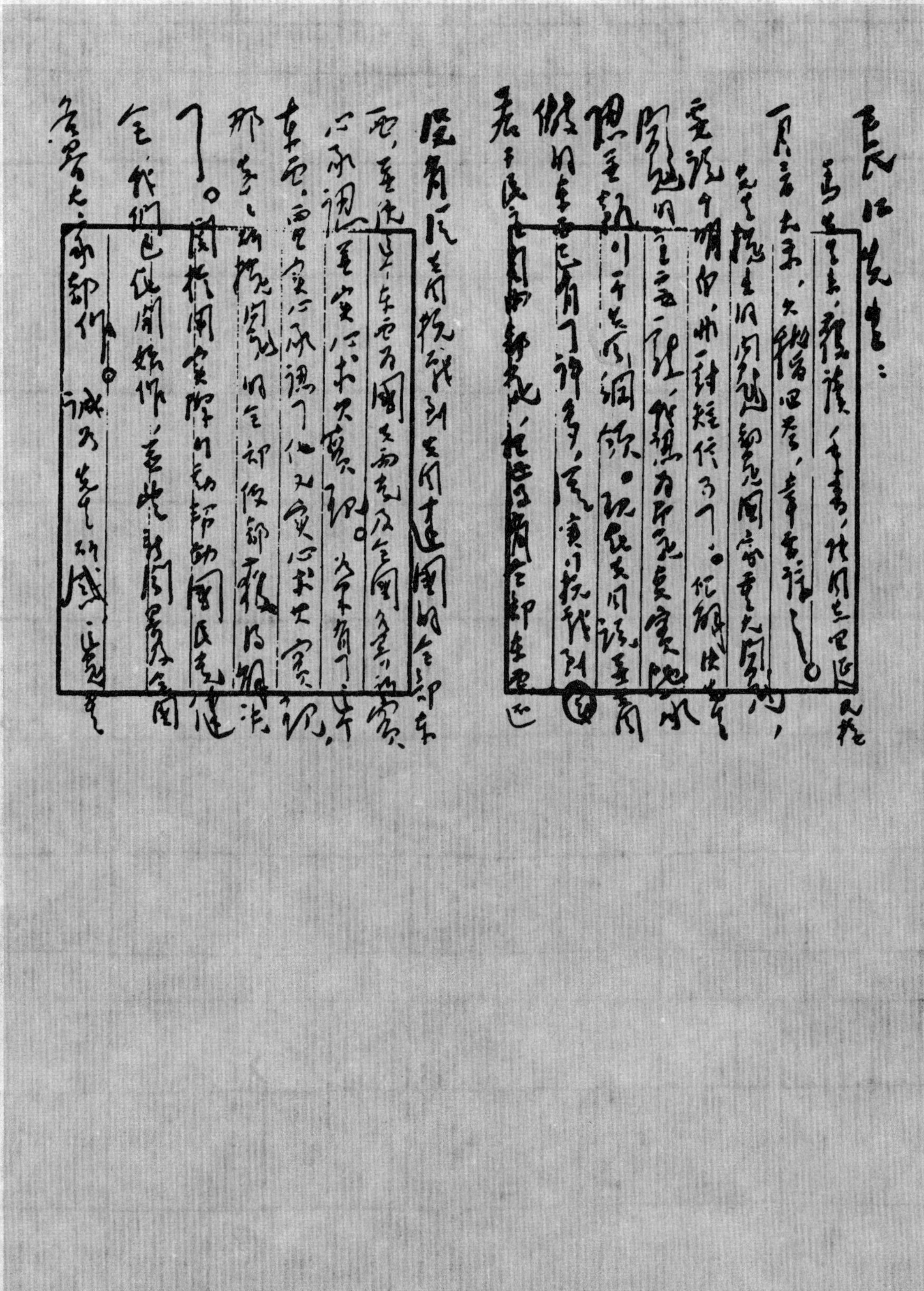

、实现，那先生所提问题全部便都获得解决了。关用实际行动帮助国民党健，我们已在开始作，开望闻界及全国各界大家都。诚如先生所感，这是重问题，但一面也需要国民同志们欢迎这种帮助，至不拒绝。我们已提出互相助的口号，如果有了一个同纲领，事情就好办了。队问题，先生所虑为两党信障碍者，实由于没有一包括从抗战到建国的纲领故，有了的话，这种顾，在任何一党方面就都不有了。因为在过去十年的训之下，任何一党要背叛领而重起内战，必为全国民所反对，要打也打不起。否则不但两党之间可为信障碍，一党内部，何莫然。过去十年国民党同一

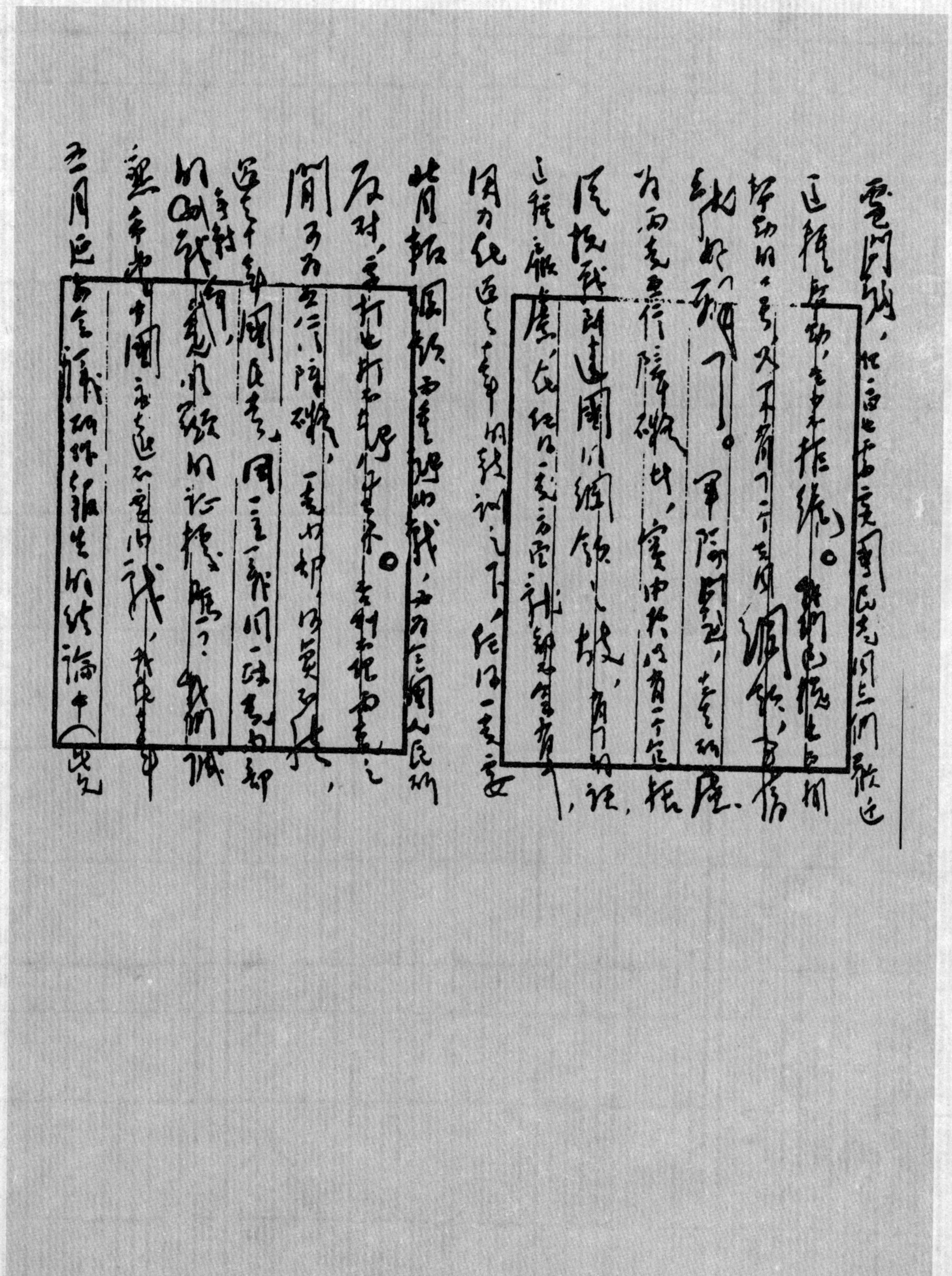

义、同一政党内部的无数争，不是明显的证据吗？们诚恳希望中国永远不要战，我在去年五月延安会所作报告的结论中（此文生谅已看过），对于遥远中国前途——民主革命到会革命的转变，都曾指出产党应该争取和平转变，避免流血，何况只在战胜敌与建立民主国的阶段之？故问题实质不在共产党在国民党的真实政治态，即从抗战到建国的全部领之态度。以历史论，十前的分裂，主动者属谁，动者属谁，以及因何而破，已是人人皆知历史铁铸事实，彼时谁撕毁那个共纲领（国民党第一次全国会宣言），因而掀起内，先生当能言之。前事不后事之师，故今后症结不

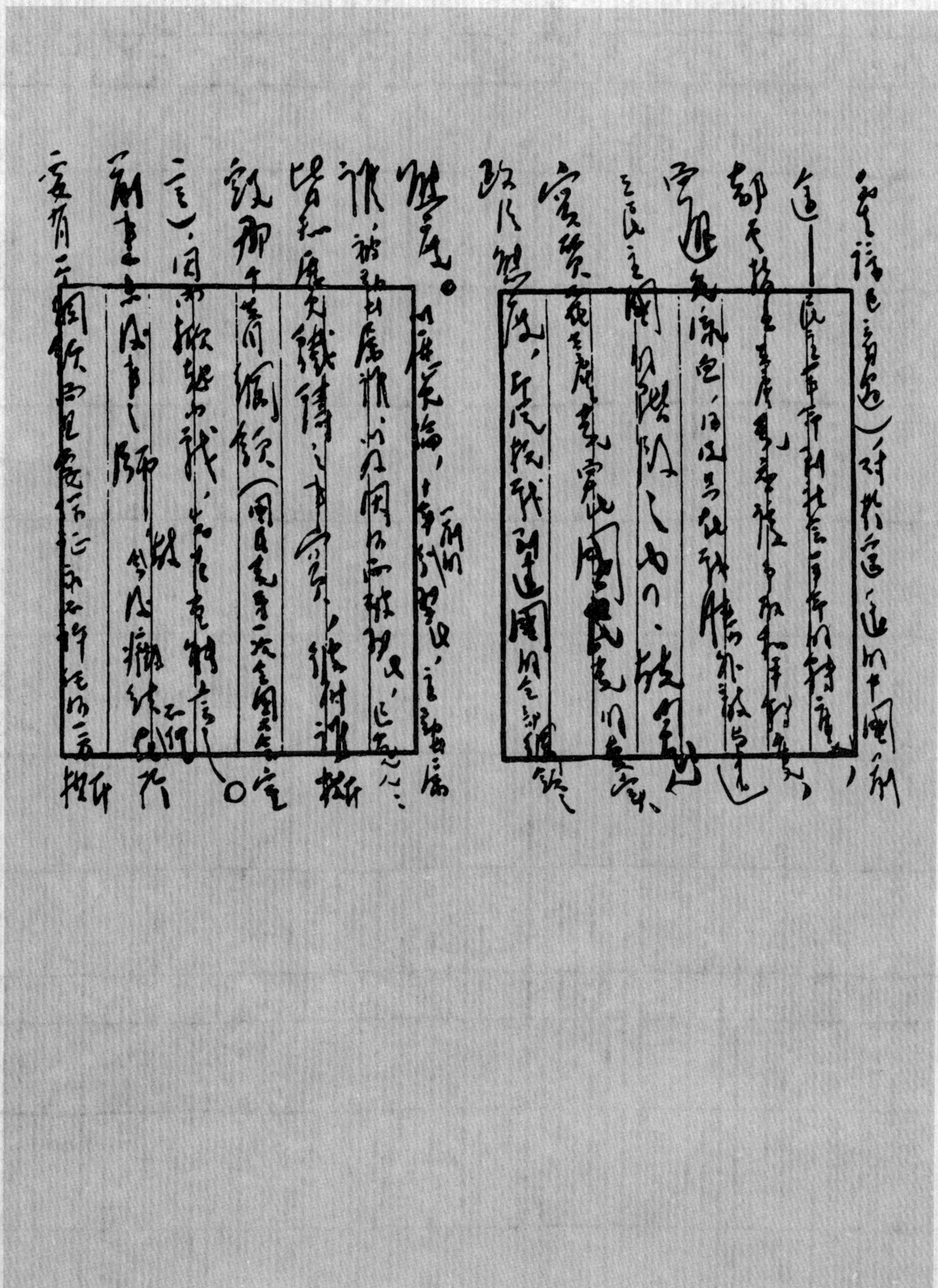

第三时期·书信

在于要有一个纲领而且要证永不许任何一方撕毁这纲领，这是一件最中心的。十年前并没有八路军，为两党破裂才出来了一个路军，以此推知即使今天八路军解散，甚至把共产解散，谁能担保中国境内再出一个八路军，不再造个共产党？要知这些东西是凭空发生的，并非真如些人们的见解，是若干共党领导分子从心所欲造出的，或真是所谓『不合国』的，而实实在在是国家治经济现象的结果。至于生的第二个问题——一方当局感觉不安，一方面人要求改革，我以为也即是面同一性质的问题，症结在国民党承认并实行一个同纲领。

要达此目的，无疑需要方面努力，两党党员及领以至全国各界一切关心民前途的人，应为共同促进实行这个纲领而奋斗。两的事不是两党私事，而是民公事，先生于此关心至，钦佩无已。远承下问，述鄙见，尚希进而教之。此奉复。敬致民族解放之！

毛泽东

二月十五日

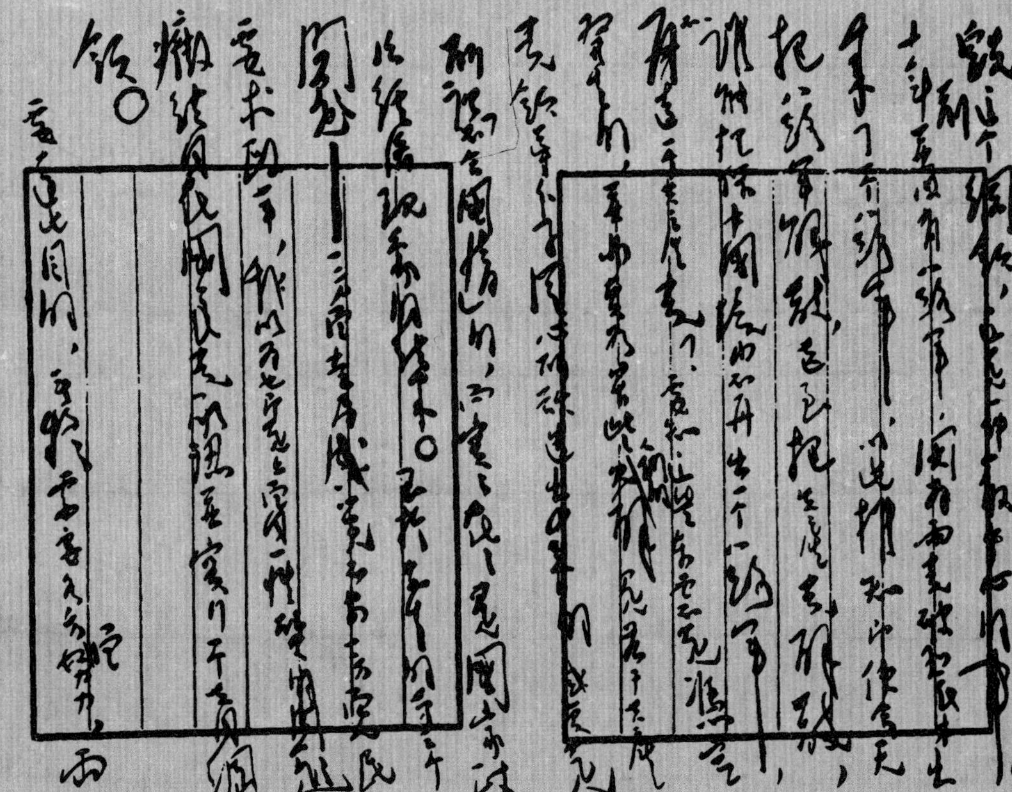

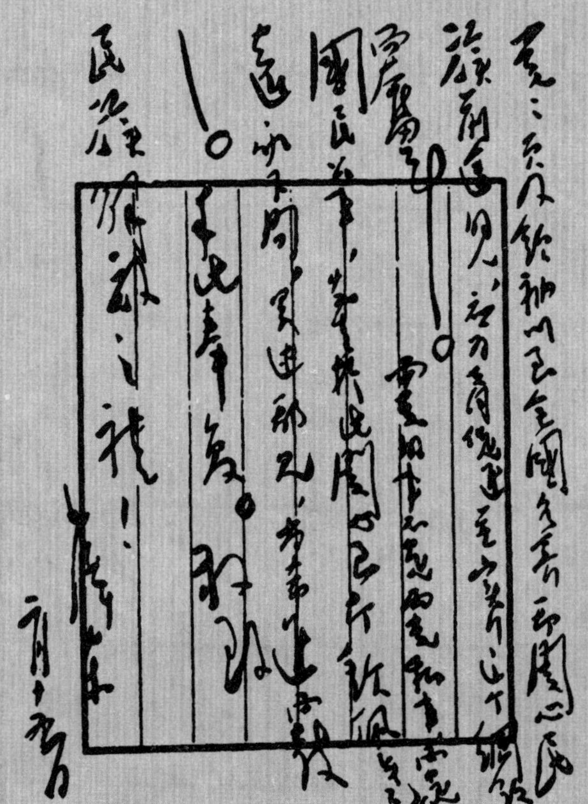

致金城

一九三八年三月十三日

金城同志：

广采材料很好。以后多收集这些材料告我，从外来人之中应该收集各方面材料。

敬礼！

毛泽东

三月十三日

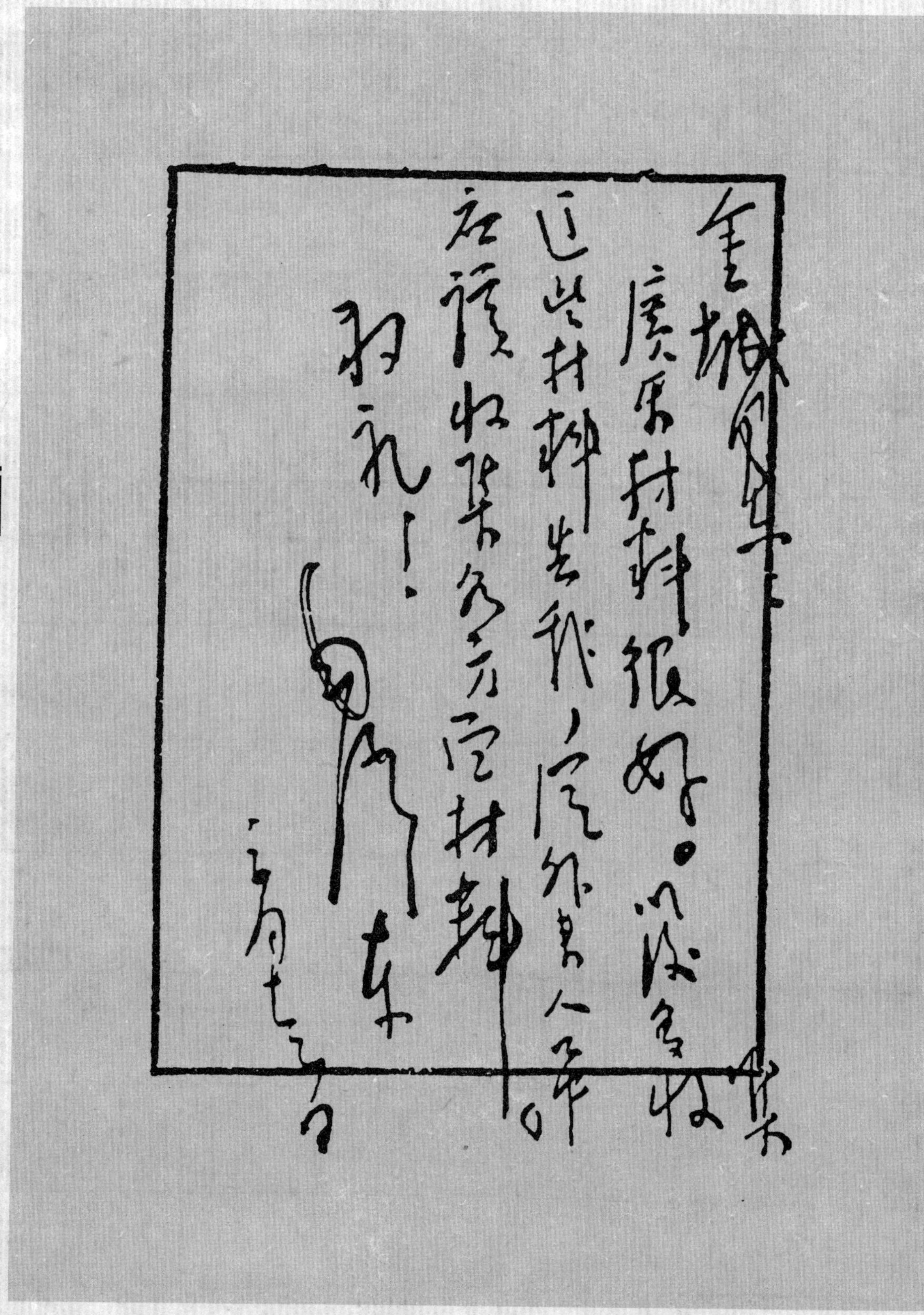

金城同志：广采材料很好。以后多收集这些材料告我，从外来人之中应该收集各方面材料。敬礼！毛泽东 三月十三日

致毛宇居

一九三八年五月二十六日

宇居兄左右：

五月十日信收读。谭季余以不来为上。楚雄等已寄微款，尔后可略接济一点，请督其刻苦节省。周先生留居韶山甚好，应看成一家人，不分彼此。此复。即颂时绥！

弟毛泽东

五月二十六日

远耀等在此甚好。

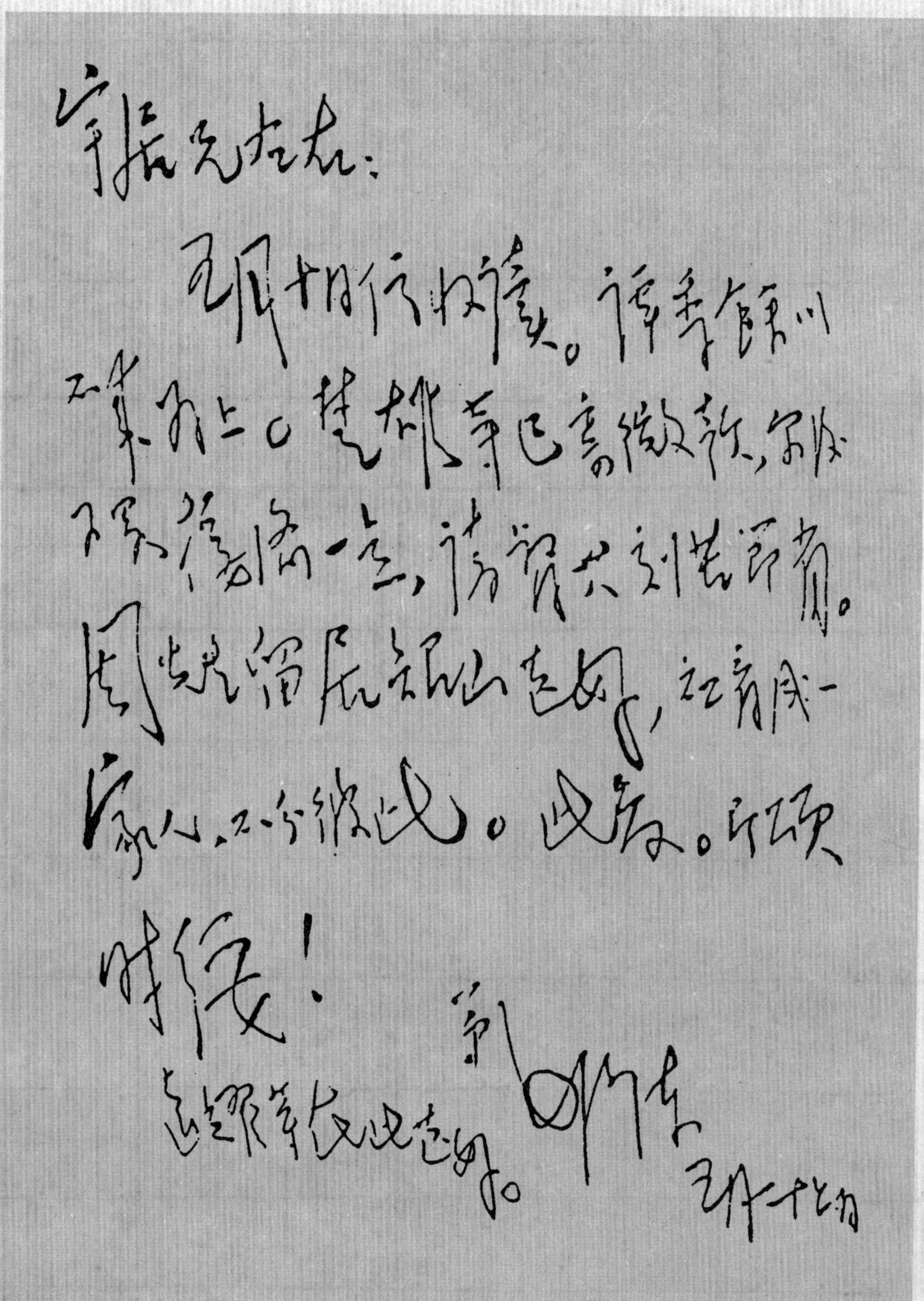

宇居兄左右：五月十日信收读。谭季余以不来为上。楚雄等已寄微款，尔后可略接济一点，请督其刻苦节省。周先生留居韶山甚好，应看成一家人，不分彼此。此复。即颂时绥！弟毛泽东 五月二十六日 远耀等在此甚好。

致杨令德

一九三八年十二月十四日

令德先生：

先生两信均收到了，因开六中全会久稽奉复，至以为歉！但袁尘影兄早嘱高岗同志令经手机关释放，谅已获悉。此事不但我不知，高岗、仿吾亦均不知，经手机关根据晋西北材料遽尔如彼处置，甚为抱歉！尔后此间有何缺陷，倘祈见告，俾资改进，不胜盼祷！敬复。

顺致

敬礼！

毛泽东 上

十二月十四日

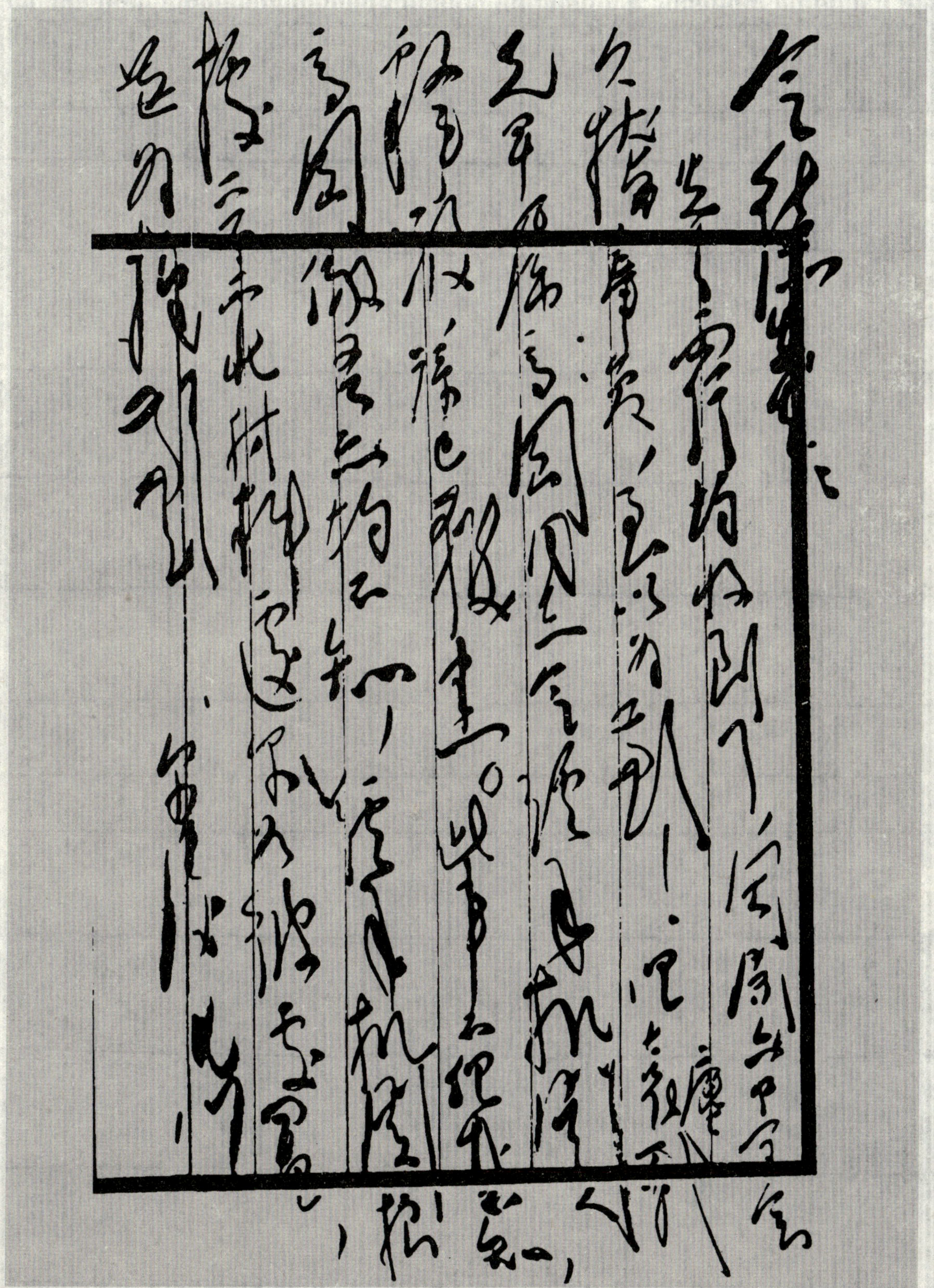

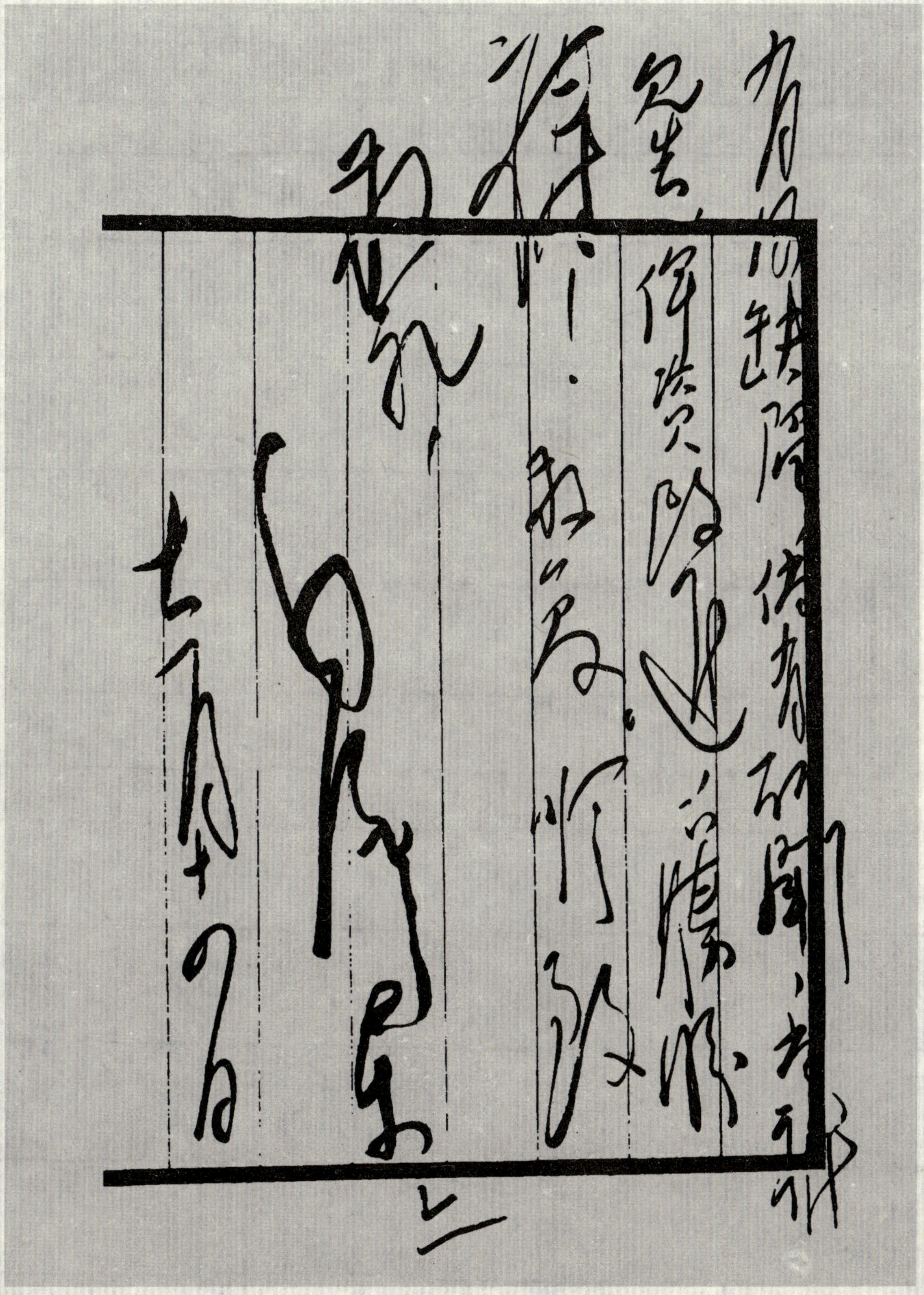

致何干之

一九三九年一月十七日

干之同志：

看了你的信，很高兴的。我们同志中有研究中国史的兴趣决心的还不多，延安有陈伯达同志在作这方面的研究，你又在想作民族史，这是很好的，盼望你切实的做去。我则有志未逮，我想搜集中国战争史的材料，亦至今没有着手。我的工具不够，今年只能作工具的研究，即研究哲学、经济学、列宁主义，而以哲学为主，将来拟研究近代史，盼你多多指教。

你的研究民族史的三个态度，我以为是对的，尤其第二个态度。如能在你的书中证明民族抵抗与民族投降两条路的谁对谁错，而把南北朝、南宋、明末、清末一班民族投降主义者痛斥一番，把那些民族抵抗主义者赞扬一番，对于当前抗日战争是有帮助的。只有一点，对于那『兼弱攻昧』『好大喜功』的侵略政策（这在中国历史上是有过的）应采取不赞同态度，不使和积极抵抗政策混同起来。为抵抗而进攻，不在侵略范围之内，如东汉班超的事业等。

你的两本新书如出版时，盼各付我一本。

敬祝　努力！

毛泽东

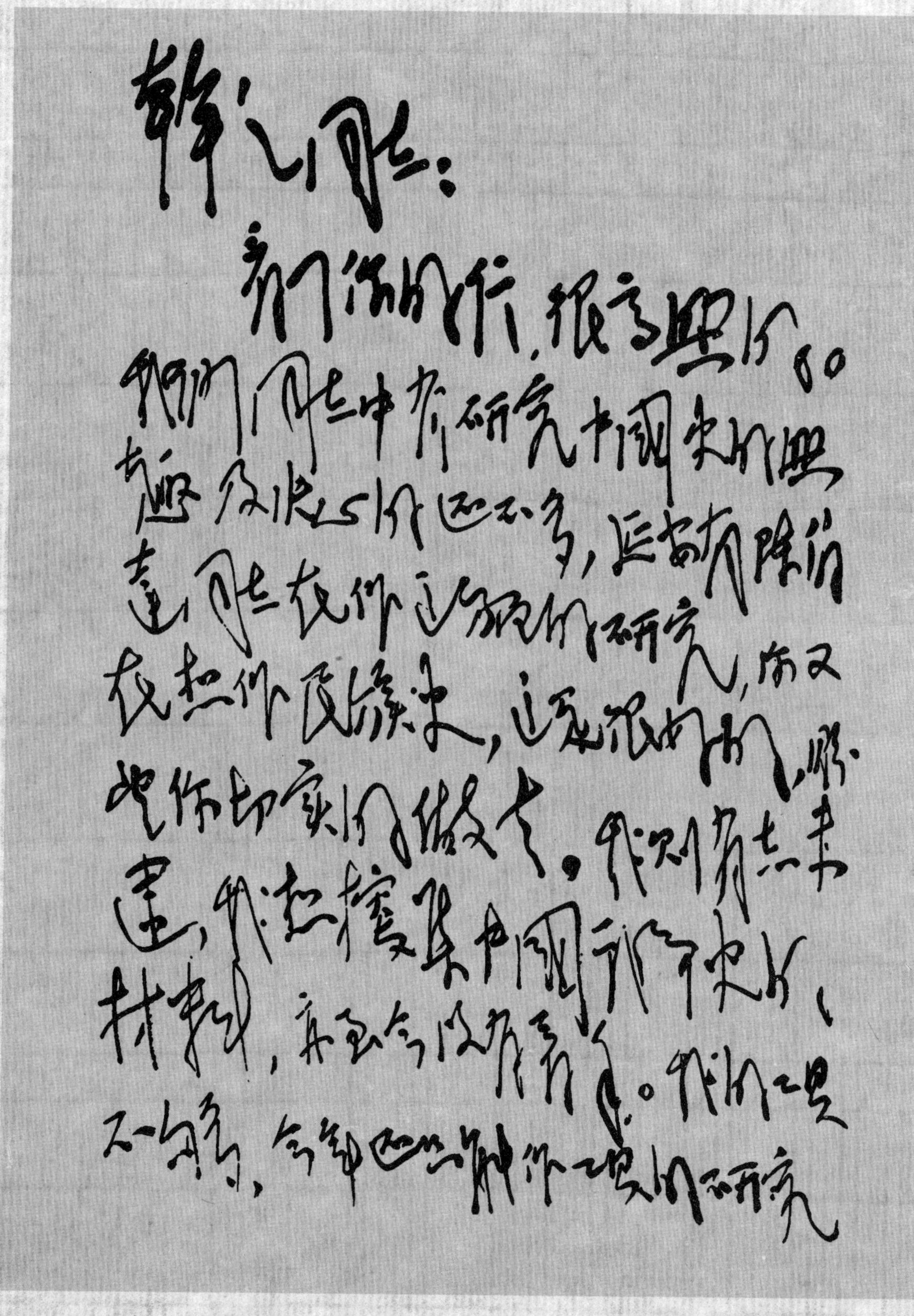

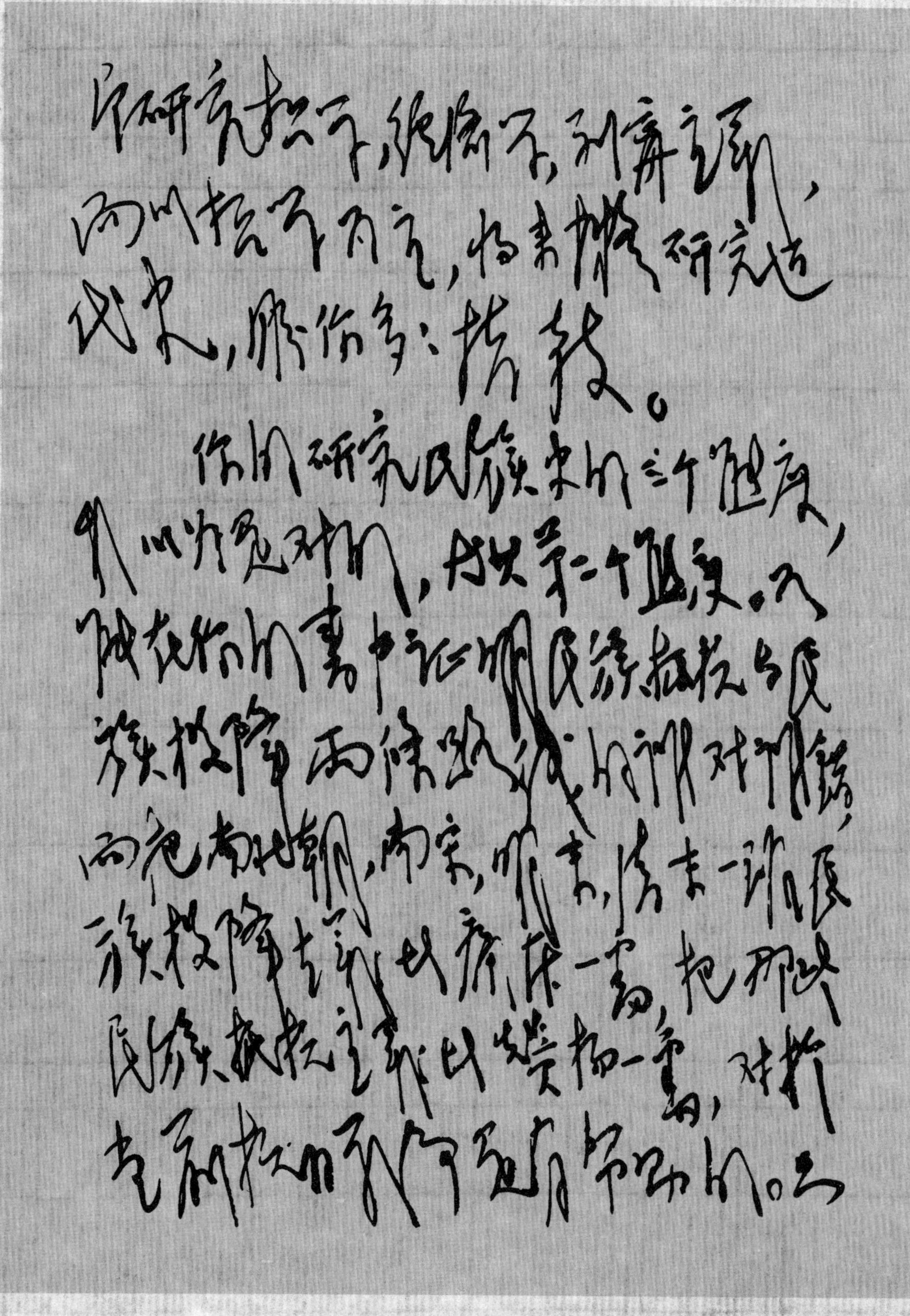

致毛岸英、毛岸青

一九三九年八月二十六日

岸英、岸青二儿：

你们上次信收到了，十分欢喜！

你们近来好否？有进步否？

我还好，也看了一点书，但不多，心里觉得很不满足，不如你们是专门学习的时候。

为你们及所有小同志，托林伯渠老同志买了一批书，寄给你们，不知收到否？来信告我。下次再写。

祝你们发展，向上，愉快！

毛泽东上

一九三九年

八月二十六日

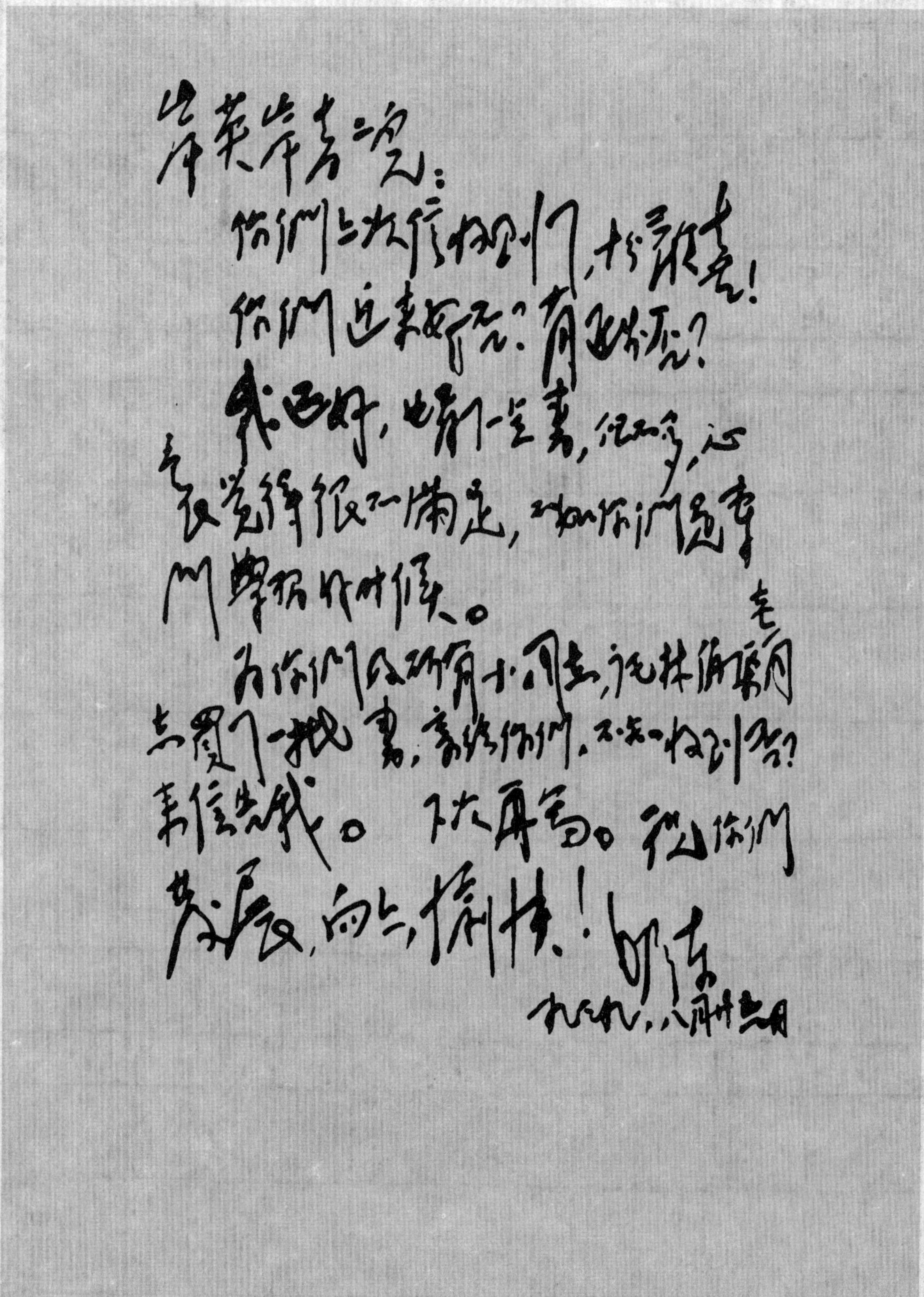

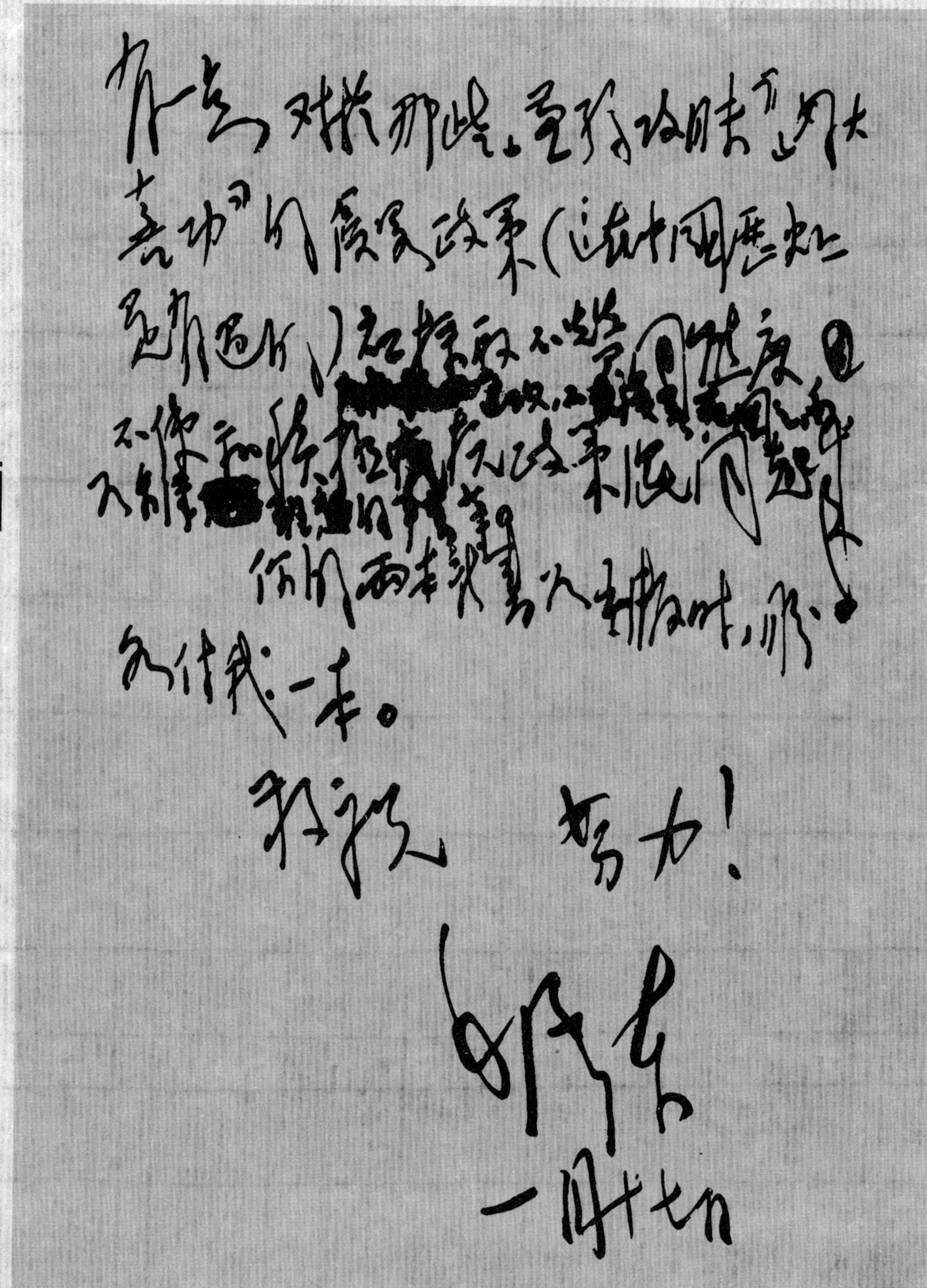

致吕超

一九三九年十月七日

汉群先生左右：

王右瑜先生到延安，接谈甚快。奉读大示，向往尤深。先生翊赞中枢，功高望重，下风引领，敢不拜嘉。国难当前，团结为第一义，此物此志，当与先生同之也。敬复。即颂

勋祉！

弟 毛泽东

十月七日

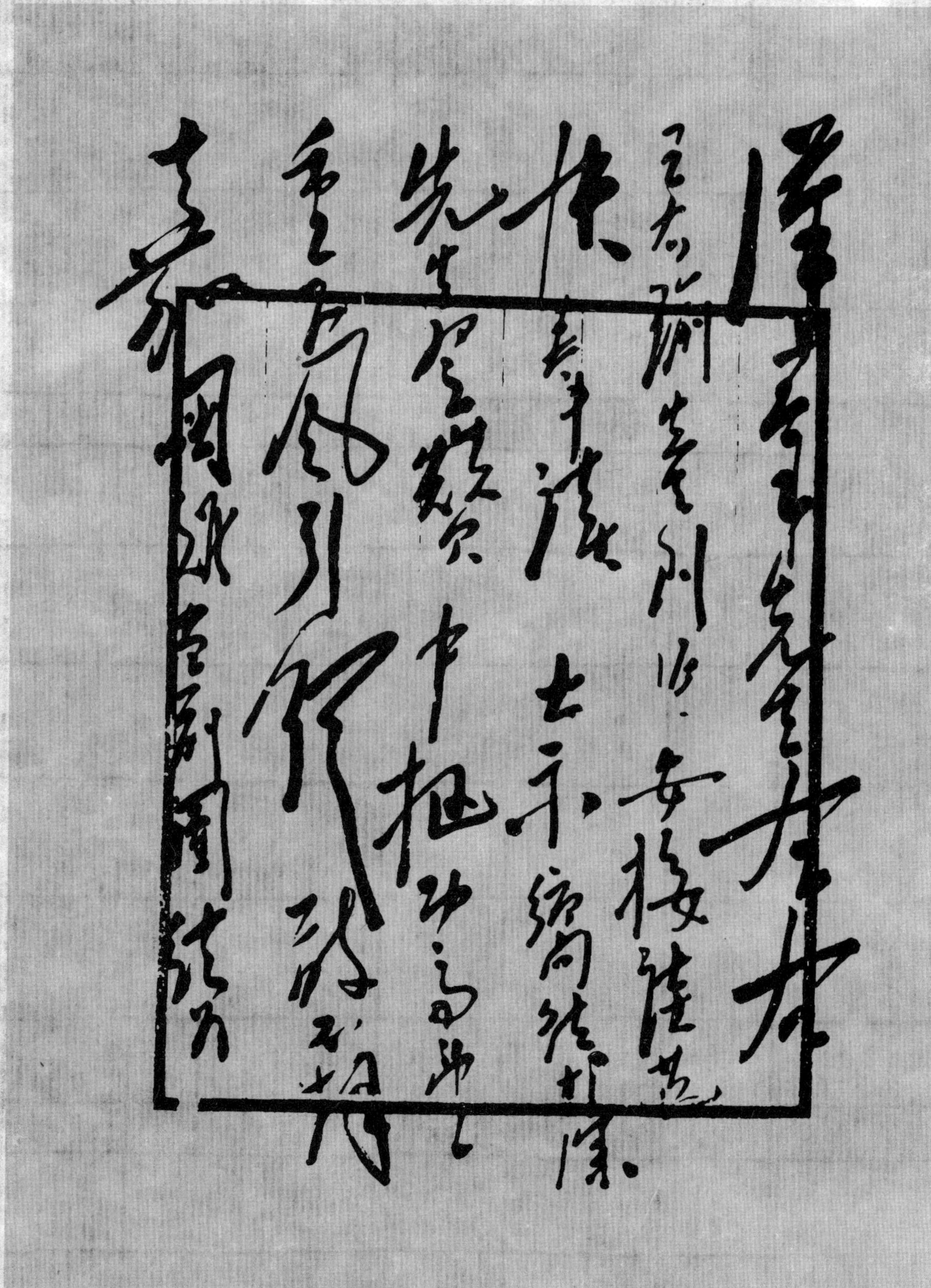

汉群先生左右：王右瑜先生到延安，接谈甚快。奉读大示，向往尤深。先生翊赞中枢，功高望重，下风引领，敢不拜嘉。国难当前，团结为第一

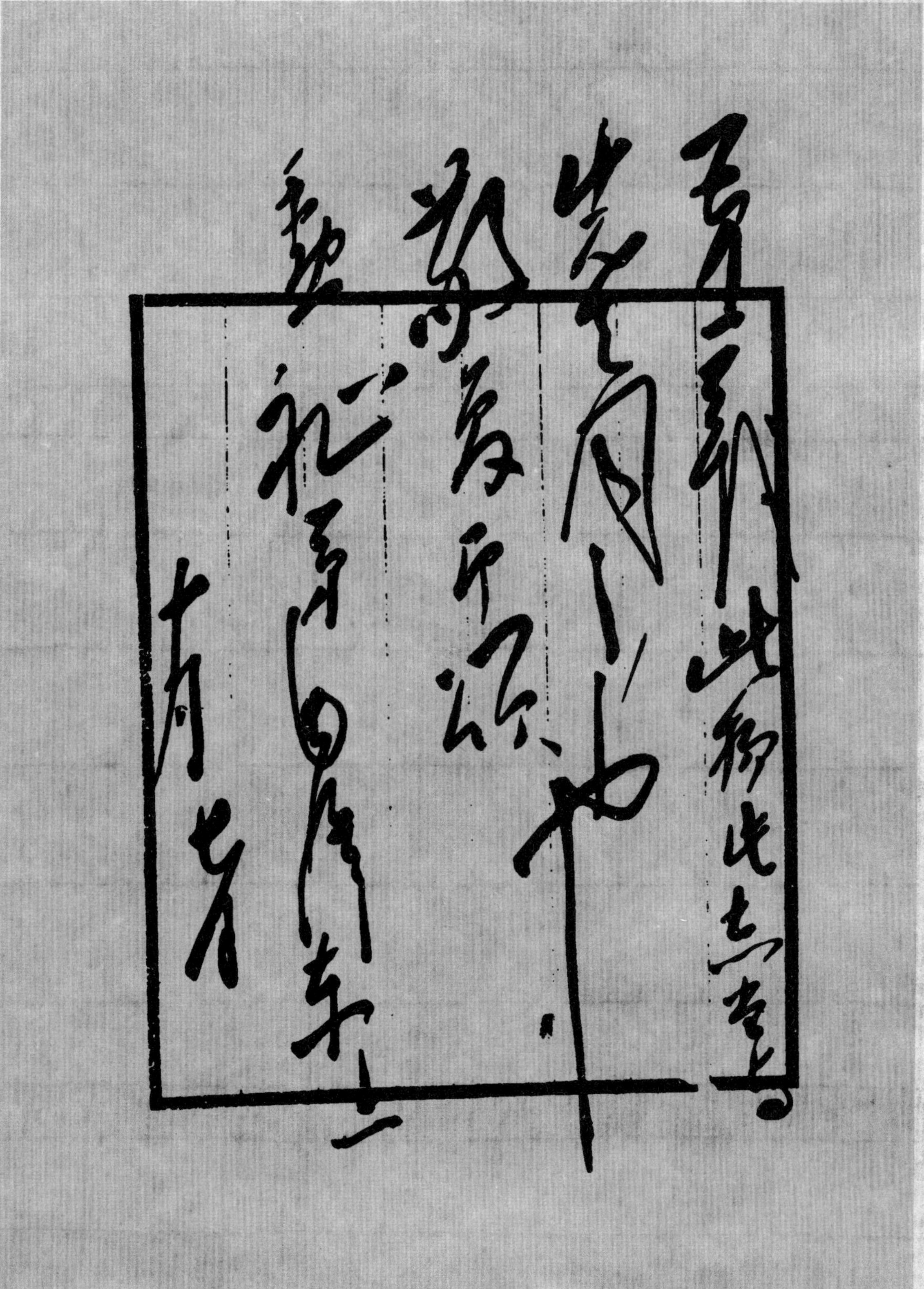

义，此物此志，当与先生同之也。敬复。即颂勋祉！

弟毛泽东

十月七日

第三时期·书信

致范文澜

一九四〇年九月五日

文澜：

提纲读了，十分高兴，倘能写出来，必有大益。因为用马克斯主义清算经学这是头一次，因为目前大地主大资产阶级的复古反动十分猖獗，目前思想斗争的第一任务就是反对这种反动。你的历史学工作继续下去，对这一斗争必有大的影响。第三次讲演因病没有听到，不知对康梁章胡的错误一面有所批判否？不知涉及廖平、吴虞、叶德辉等人否？越对这些近人有所批判，越能在学术界发生影响。

我对历史完全无研究，倘能因你的研究觉得一点，深为幸事。致以敬礼！

毛泽东

九月五日

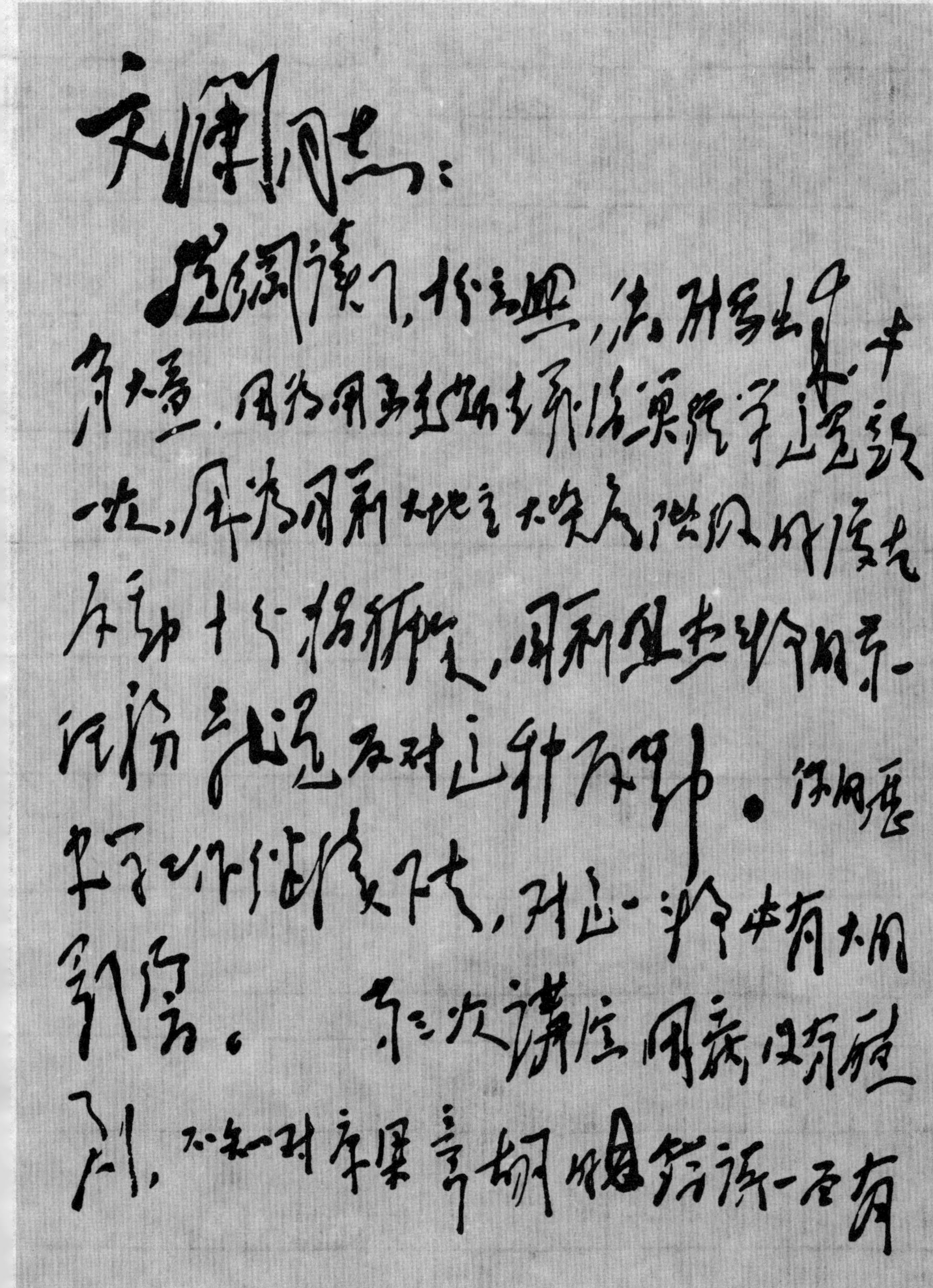
文澜同志：

提纲读了，十分高兴，倘能写出来，必有大益。因为用马克斯主义清算经学这是头一次，因为目前大地主大资产阶级的复古反动十分猖獗，目前思想斗争的第一任务就是反对这种反动。你的历史学工作继续下去，对这一斗争必有大的影响。第三次讲演因病没有听到，不知对康梁章胡的错误一面有

致毛岸英、毛岸青

一九四一年一月三十一日

岸英、岸青二儿：

很早以前，接到岸英的长信，岸青的信，岸英寄来的照片本，单张相片，并且是几次的信与照片，我都未复，很对你们不起，知你们悬念。

你们长进了，很欢喜的。岸英文理通顺，字也写的不坏，有进取的志气，是很好的，惟有一事向你建议，趁着年纪尚轻，多向自然科学学习，少谈些政治。政治是要谈的，但目前以潜心多习自科学为宜，社会科学辅之。将来可倒置过来，以社会科学为主，自然科学为

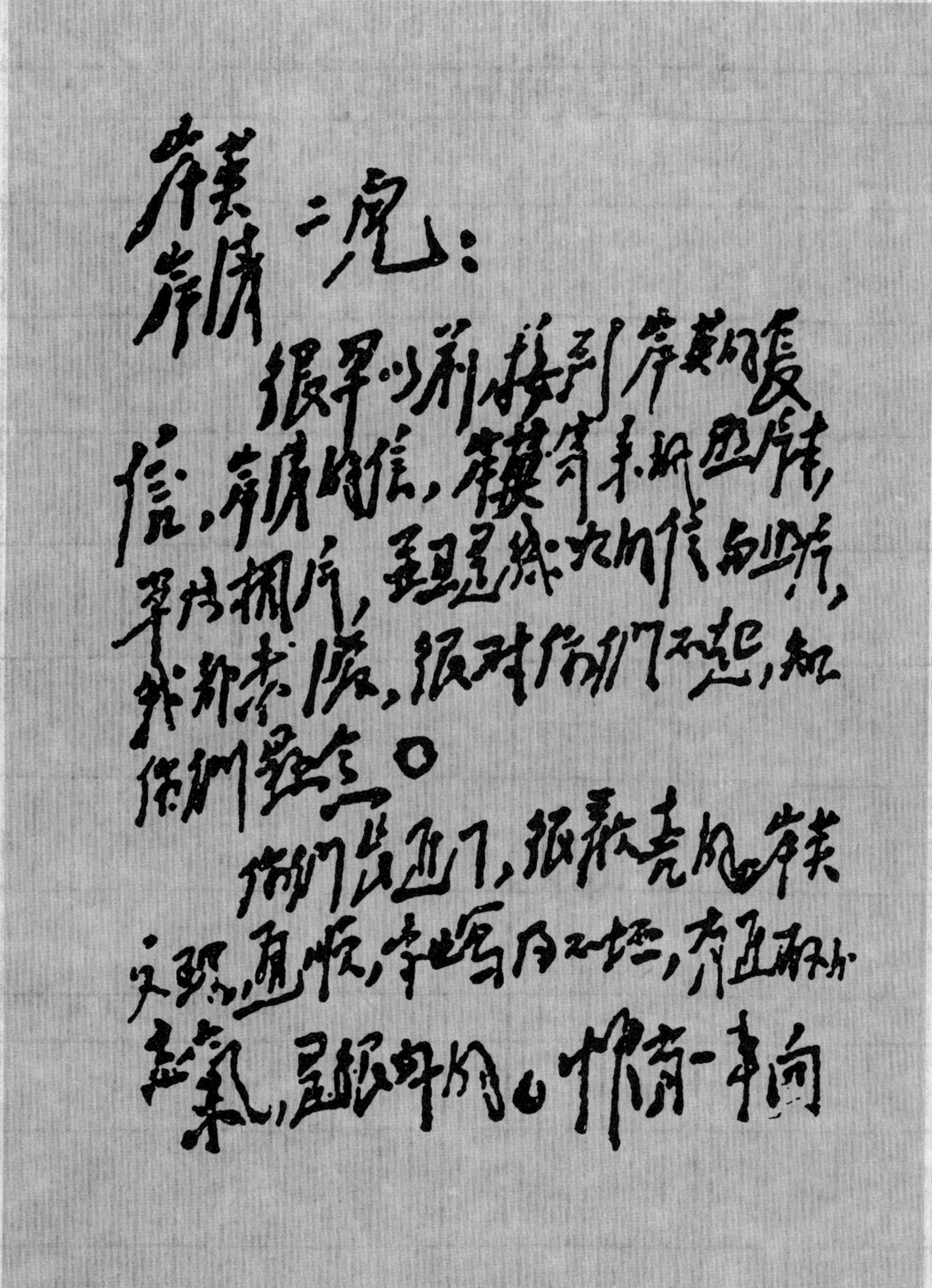

岸英、岸青二儿：

很早以前，接到岸英的长信，岸青的信，岸英寄来的照片本，单张相片，并且是几次的信与照片，我都未复，很对你们不起，知你们悬念。

你们长进了，很欢喜的。岸英文理通顺，字也写的不坏，有进取的志气，是很好的。惟有一事向

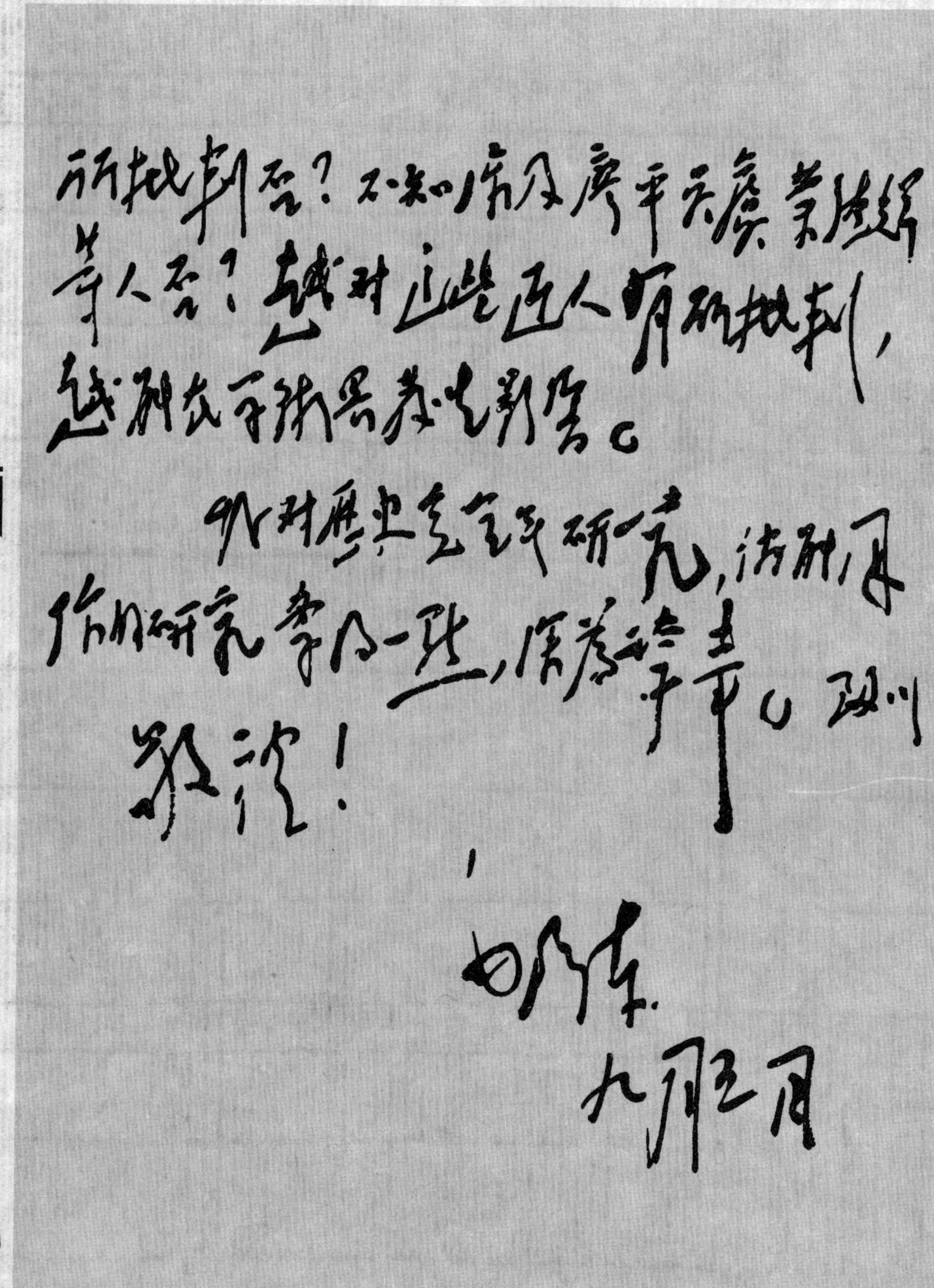

辅。总之注意科学，只有科学是真学问，将来用处无穷。人家恭维你抬举你，这有一样好处，就是鼓励你上进，但有一样坏处，就是易长自满之气，得意忘形，有不知脚踏实地、事实求是的危险。你们有你们的前程，或好或坏，决定于你们自己及你们的直接环境，我不想干涉你们，我的意见，只当作建议，由你们自己考虑决定。总之我欢喜你们，望你们更好。

岸英要我写诗，我一点诗兴也没有，因此写不出。关于寄书，前年我托西安林伯渠老同志寄了一大堆给你们少年集团，听说没收到，

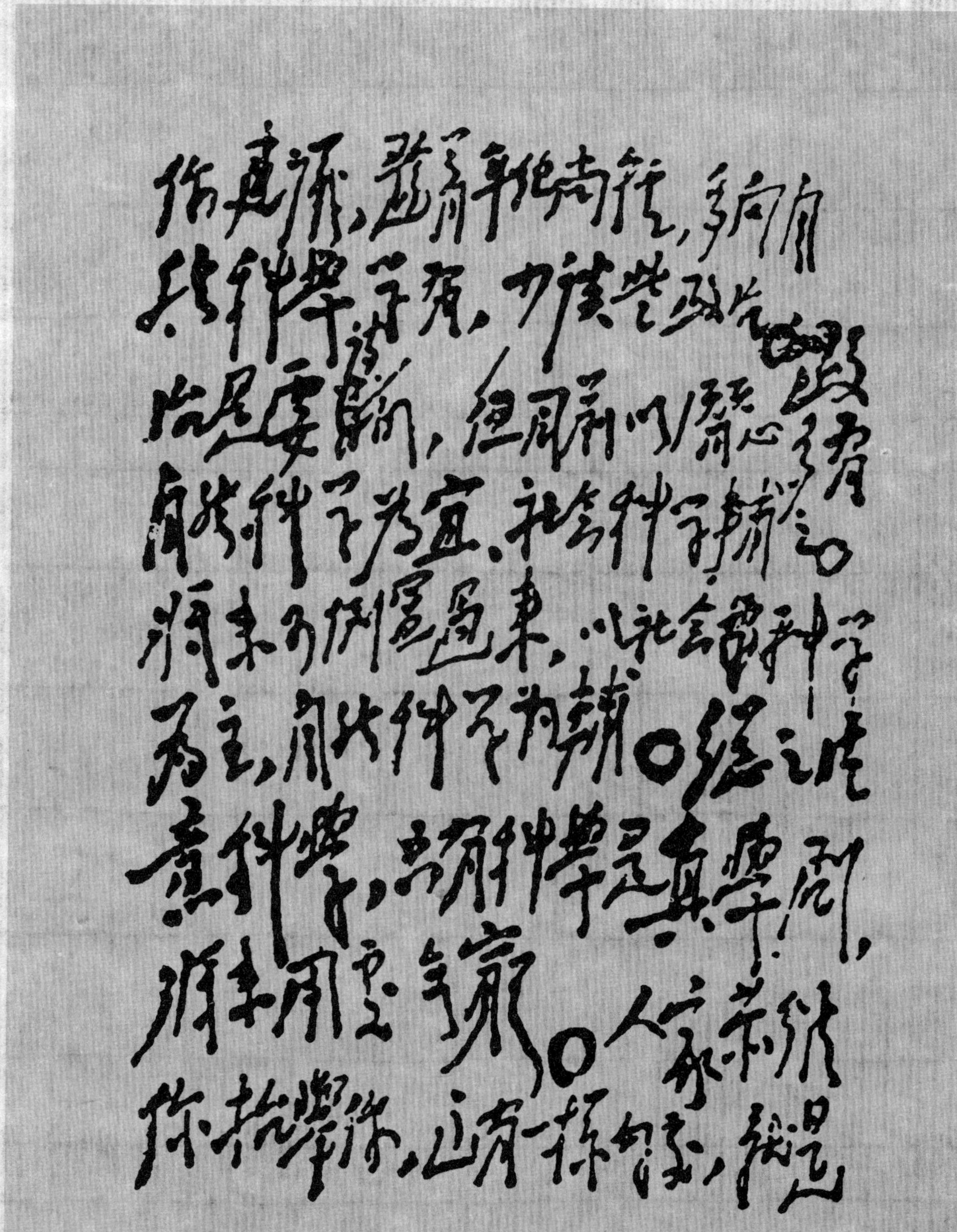
你真诚，趁着年纪尚轻，多向自然科学学习，少谈些政治。政治是要谈的，但目前以潜心多习自然科学为宜，社会科学辅之。将来可倒过来，以社会科学为主，自然科学为辅。总之注意科学，只有科学是真学问，将来用处无穷。人家恭维你抬举你，这有一样好处，就是

真是可惜。现再酌捡一点寄上，大批的待后。

我的身体今年差些，自己不满意自己；读书也少，因为颇忙。你们情形如何？甚以为念。

毛泽东

一九四一年

一月三十一日

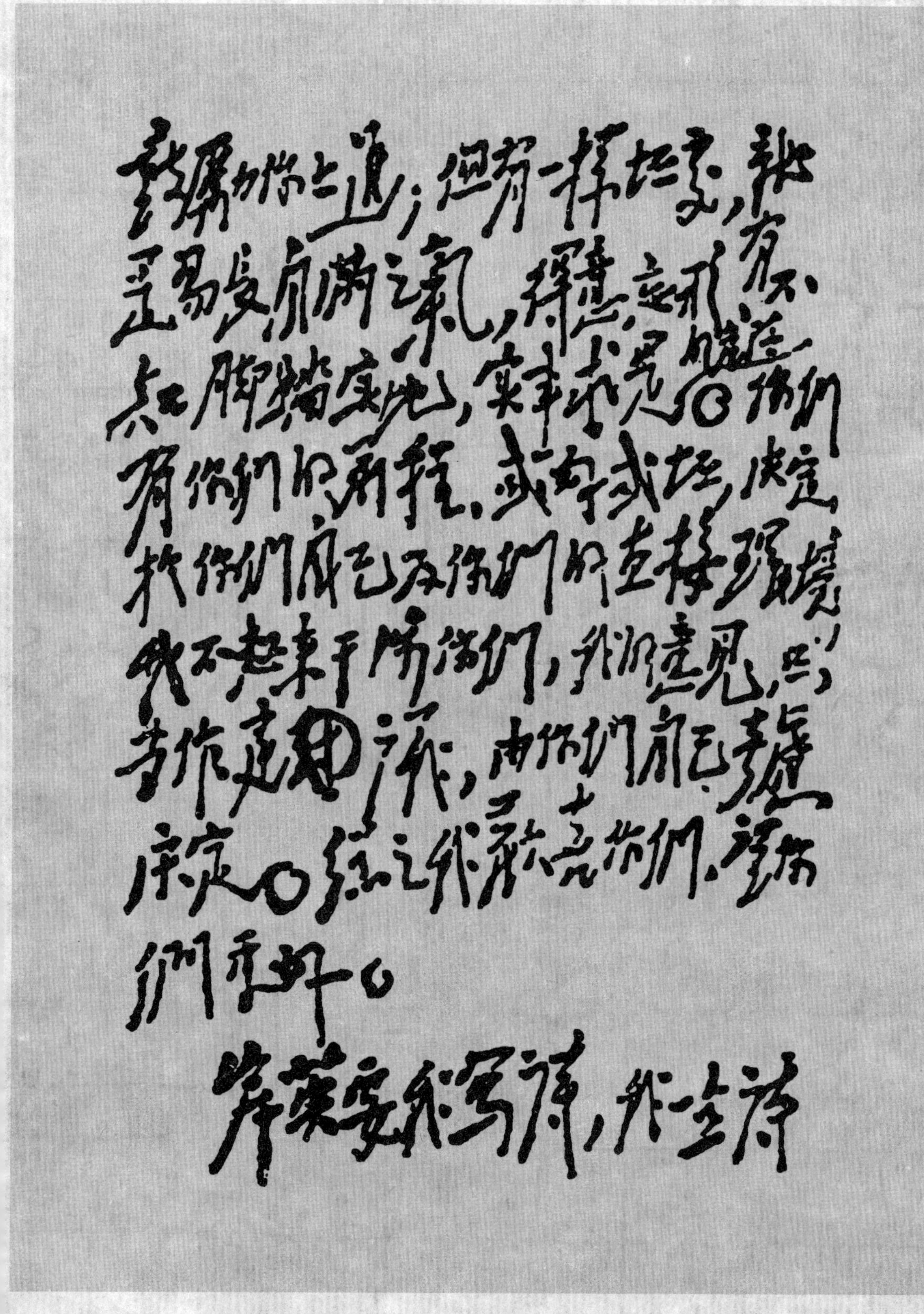
鼓励你上进；但有一样坏处，就是易长自满之氣，得意忘形，有不知脚踏实地、实事求是的危险。你们有你们的前程，或好或坏，决定于你们自己及你们的直接环境，我不想干涉你们，我的意见只当作建议，由你们自己考虑决定。总之我欢喜你们，望你们更好。岸英要我写诗，我一点诗

第三时期·书信

致欧阳山、草明

一九四二年四月十七日

欧阳山、草明同志：

四月十五日来信阅悉，我现在尚不能够对你提出的问题作答复，待研究一下罢。如果你们在搜集材料，那很好，正反两面都盼搜集，最好能给我一个简明的说明书，不知文艺室同志有暇为此否？

敬礼！

毛泽东

四月十七日

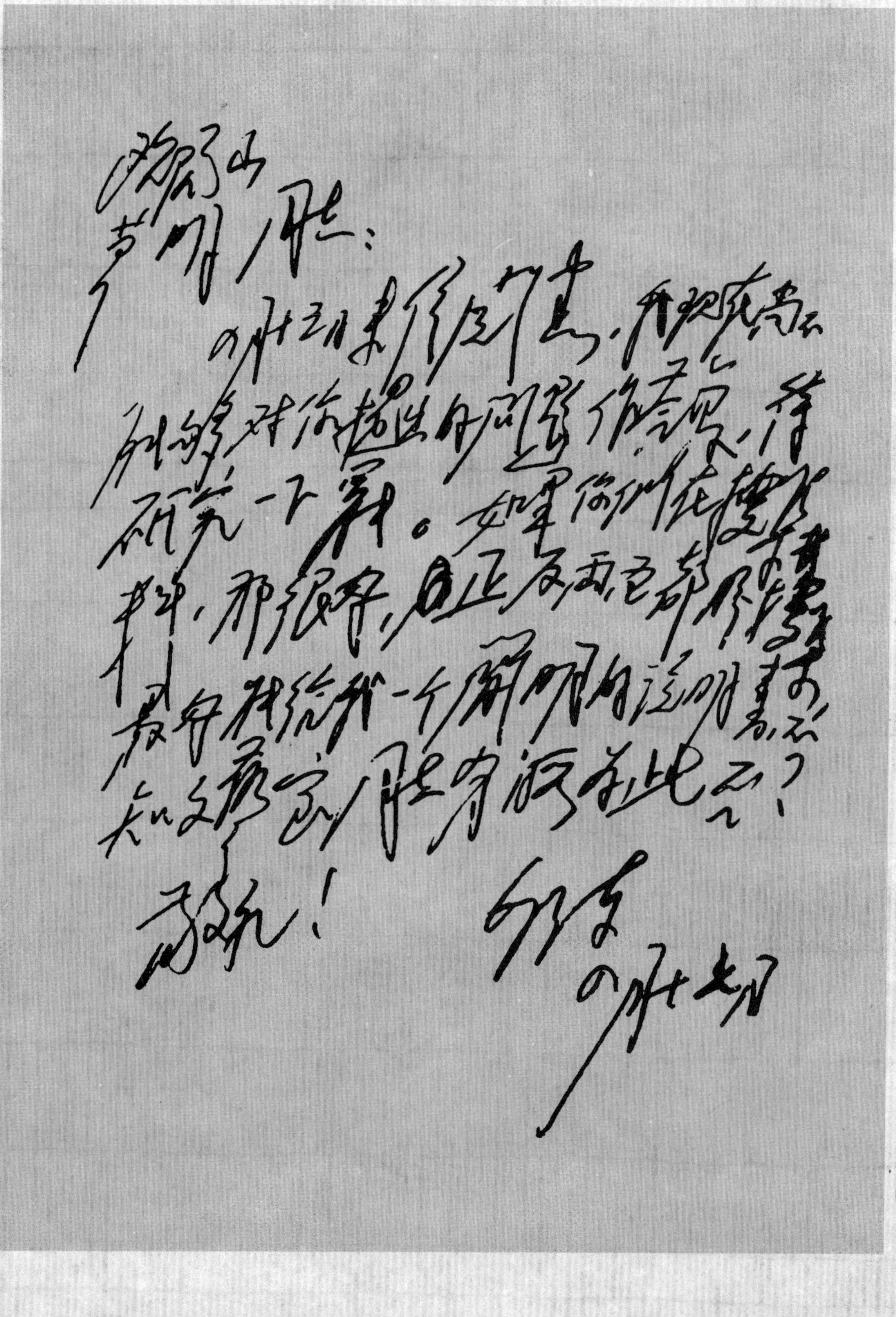

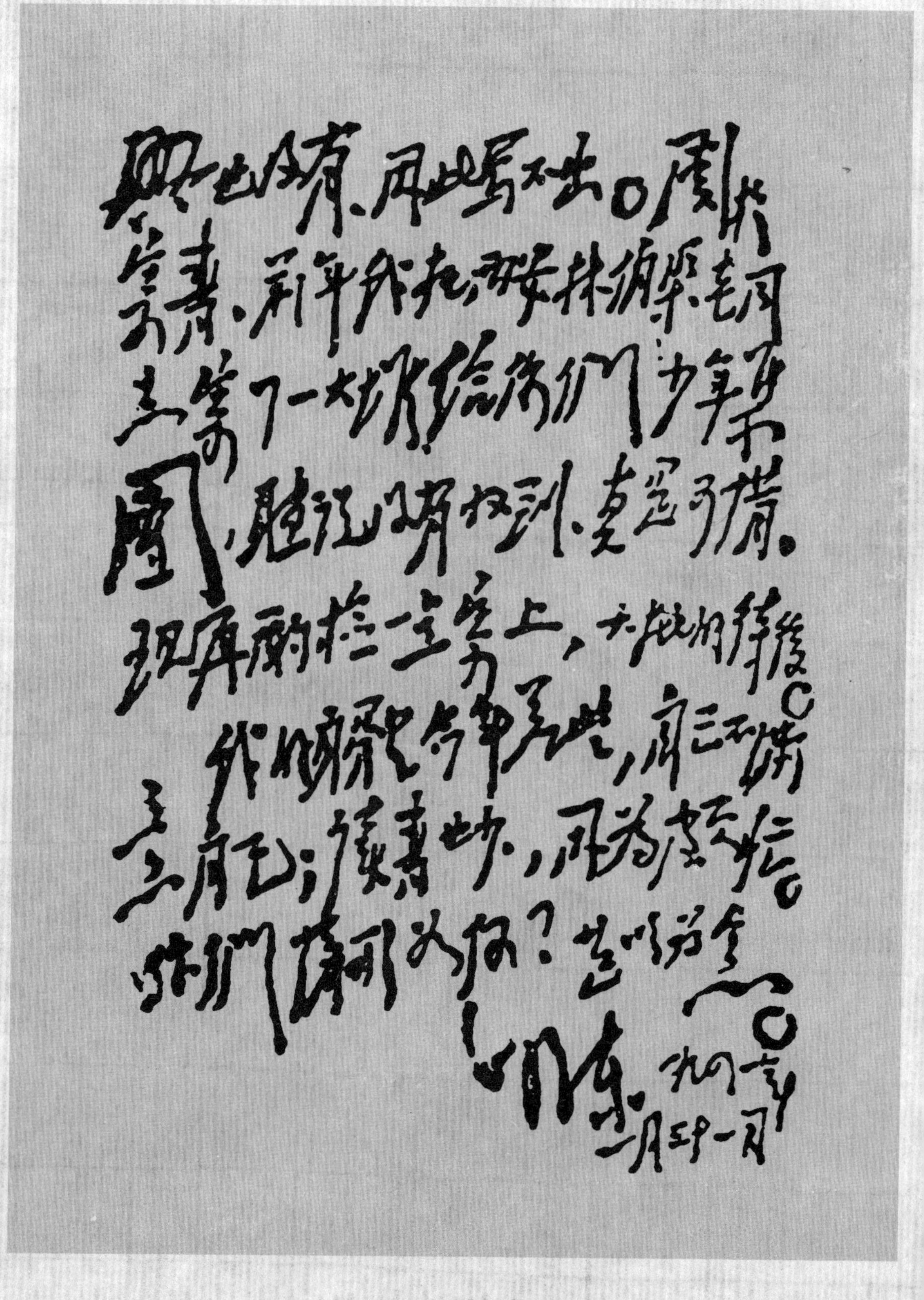

凯丰同志：

今日与博古谈了半天，宣传工作有进步，他们希望由你出席他们的宣传委员会会，向二、三百人作了报告，[illegible]（[illegible]），报馆人员在讨论过程中，谈到[illegible]们利用报纸做工作的事，并希望你[illegible]讨论一次，以便中央各部门[illegible]。根据过去[illegible]也[illegible]把报纸工作[illegible]（[illegible]），提出此种任务。[illegible]中央须设一个大的编译部，把[illegible]编译部并入，有二三百人工作，大批翻译[illegible]书籍，[illegible]

有办法翻译英文经典书籍。听说[illegible]在翻译方面有成绩，最好[illegible]他主持编译部，不知意见如何？不然[illegible]地方工作，不如做翻译工作，[illegible]实是功德无量的。[illegible]中研院由你[illegible]，[illegible]几个[illegible]，[illegible]每月[illegible]6000—10000[illegible]，不知能办到否？

不拘[illegible]，[illegible]。

敬礼！

毛泽东　[illegible]

致何凯丰

一九四二年九月十五日

凯丰同志：

今日与博古谈了半天，报馆工作有进步，可以希望由不完全的党报变成完全的党报。他向二百余人作了报告，影响很好（据舒群说），各报馆人员在讨论改进中。谈到各部门利用报纸做工作的事，我想还要讨论一次，以促进中央各部门同志的注意。各根据地当局也还未把报纸看作自己极其重要武器，我想要写一电报（或须用书记处名义），提出此种任务。整风完后，中央须设一个大的编译部，把军委编译局并入。有二三十人工作。大批翻译马恩列斯及苏联书籍，如再有力，则翻译英法德古典书籍。我想亮平在翻译方面曾有功绩，最好还是他主持编译部，不知你意如何？不知他自己愿干否？为全党着想，与其做地方工作，不如做翻译工作，学个唐三藏及鲁迅，实是功德无量的。

罗迈走后，中研院由你直接指导。

解放第四版缺乏稿件，且偏于文艺，我已替舒群约了十几个人帮助征稿，艾、范、孙雪苇及工、妇、青三委都在内。青委约的冯文彬，拟每月征6000－10000字的青运稿件，不知能否？不愉快的事，过一会也就好了

敬礼！

毛泽东

九月十五日

第三时期·书信

致续范亭

一九四二年九月二十二日

范亭同志：

大示敬悉。已交组织部陈云同志考虑，俟得复后再行奉告，你的要求是正当的。我的风湿近日采用洗澡、晒太阳、按摩、吃水果诸法，颇有起色，知注敬告。关向应同志已动身来延，不日可到。敬问

健好！

毛泽东

四月二十二日

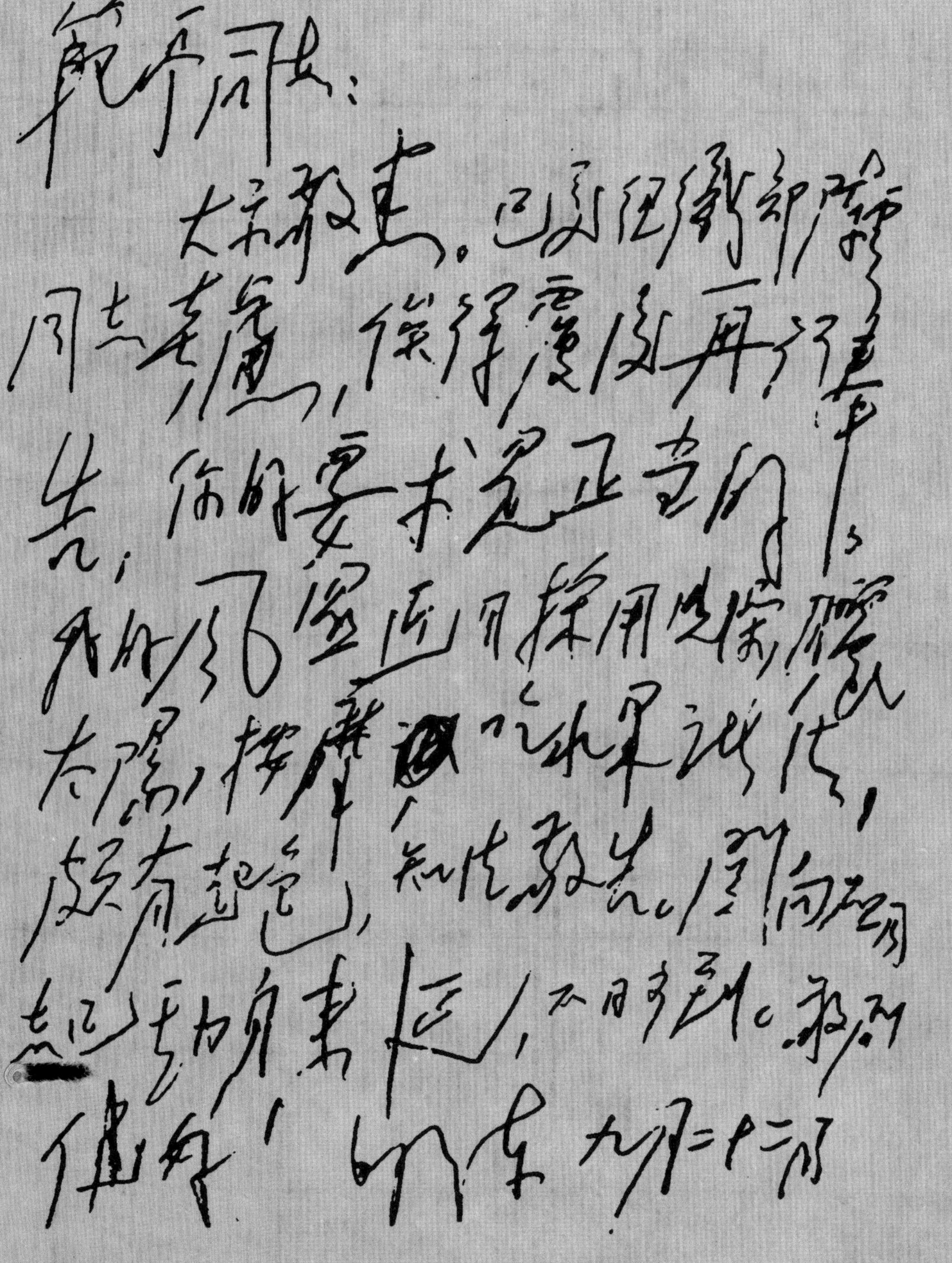

范亭同志：

大示敬悉。已交组织部陈云同志考虑，俟得复后再行奉告。你的要求是正当的。我的风湿近日采用洗澡、晒太阳、按摩、吃水果诸法，颇有起色，知注敬告。关向应同志已动身来延，不日可到。敬问

健好！

毛泽东 九月二十二日

致杨绍萱、齐燕铭

一九四二年九月二十二日

绍萱、燕铭同志：

看了你们的戏，你们做了很好的工作，我向你们致谢，并请代向演员同志们致谢！历史是人民创造的，但在旧戏舞台上（在一切离开人民的旧文学旧艺术上）人民却成了渣滓，由老爷太太少爷小姐们统治着舞台，这种历史的颠倒，现在由你们再颠倒过来，恢复了历史的面目，从此旧剧开了新生面，所以值得庆贺。郭沫若在历史话剧方面做了很好的工作，你们则在旧剧方面做了此种工作。你们这个开端将是旧剧革命的划时期的开端，我想到一点就十分高兴，希望你们多编多演，蔚成风气，推向全国去！

敬礼！

毛泽东

一月九日夜

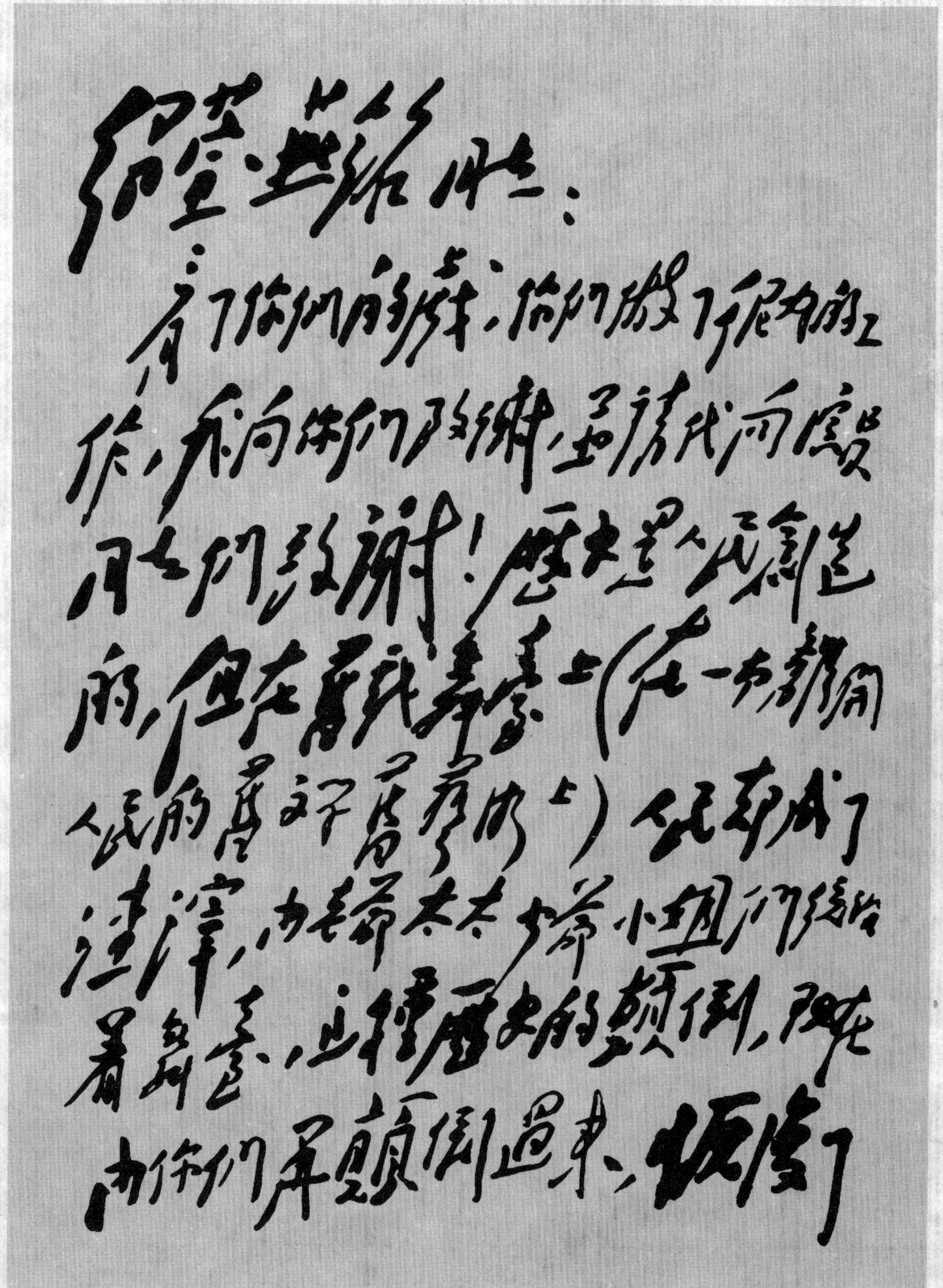

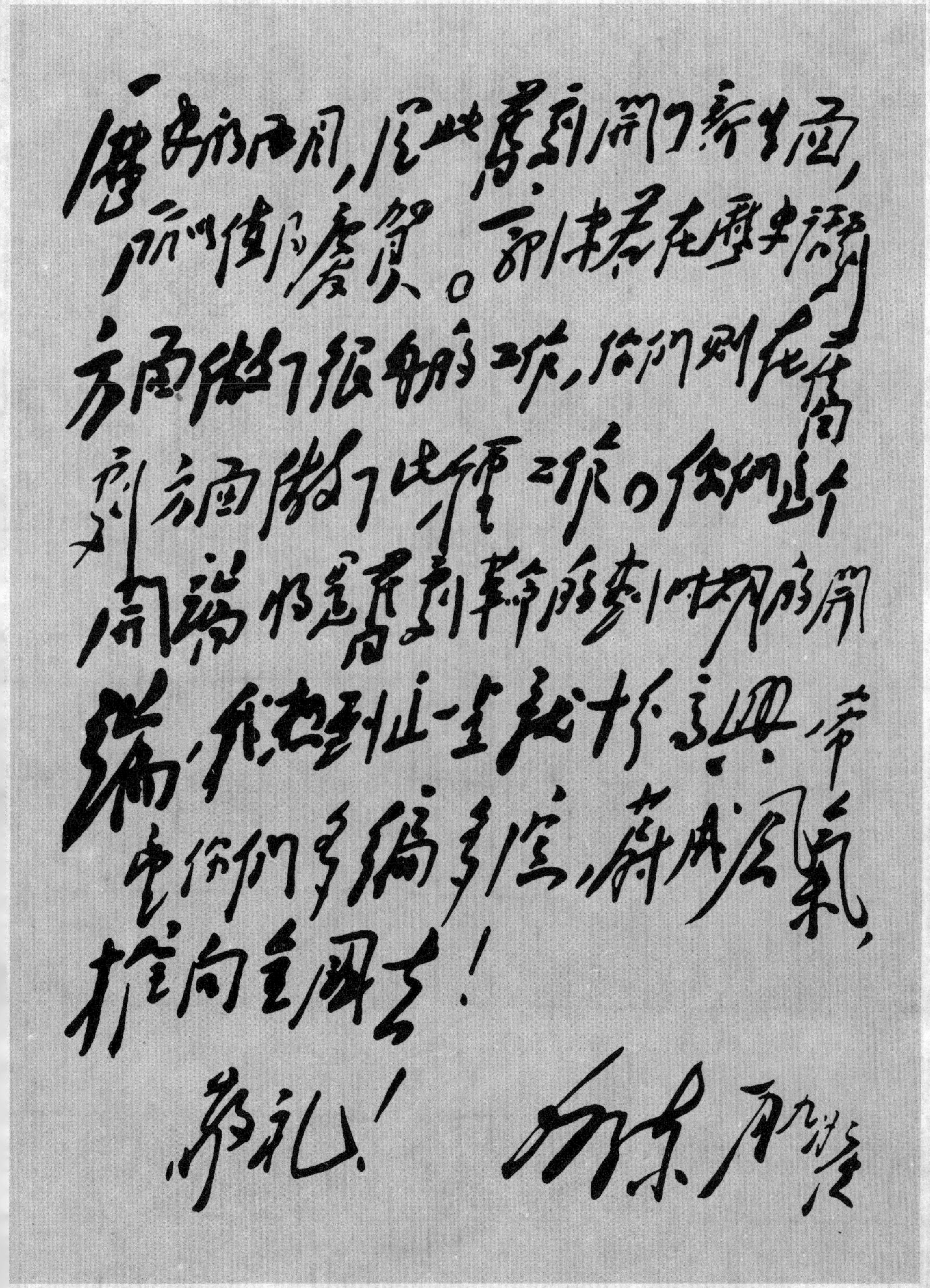

致林伯渠

一九四四年一月十九日

林老：

来示诵悉，生产节约今年必比去年更好成效，你个人的计划能实行，必有好的影响。我也定了一点计划，准备实行。敬祝健康！

毛泽东

一月十九日

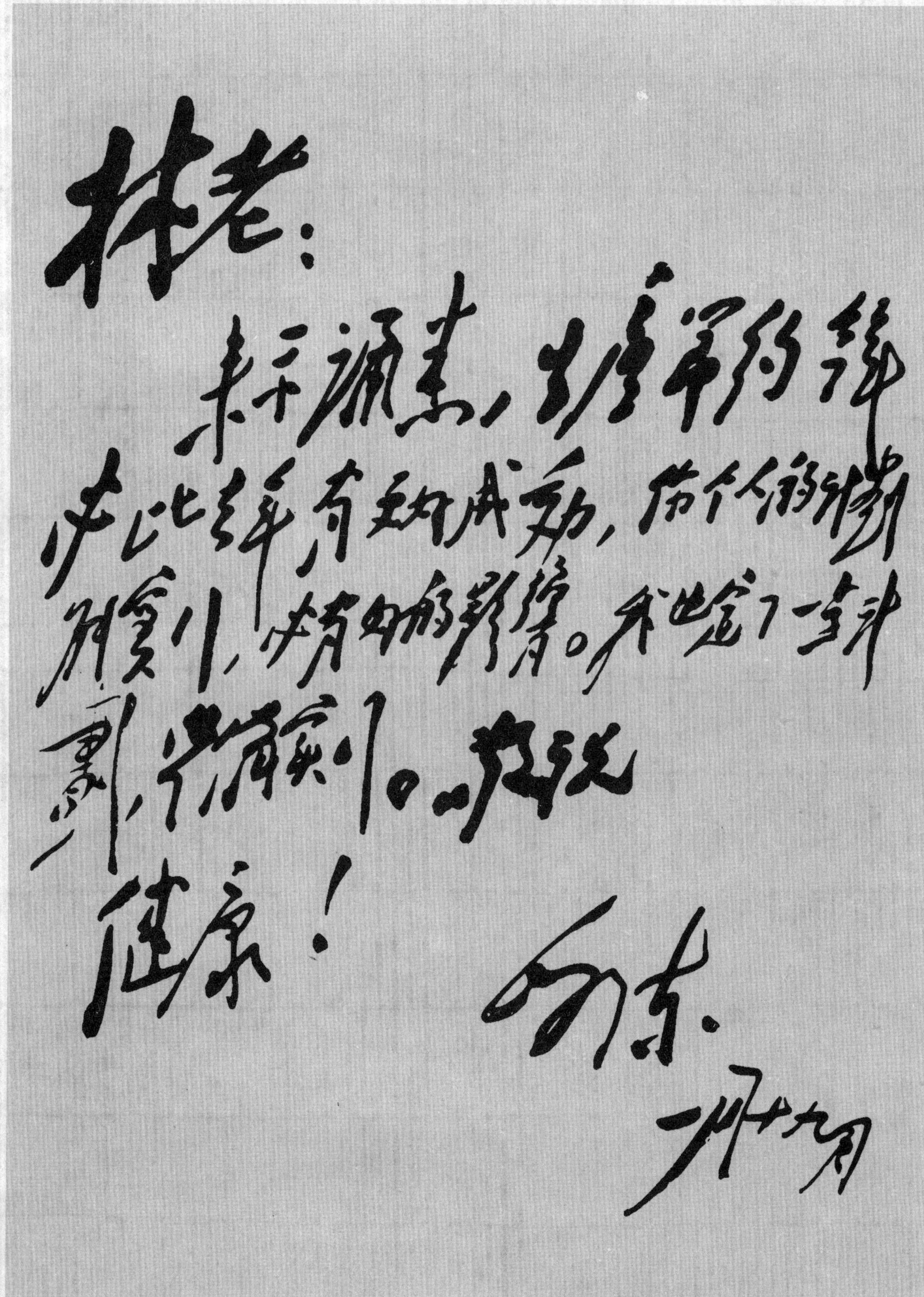

致周扬

一九四四年四月二日

周扬同志：

此篇看了，写得很好。你把文艺理论上几个主要问题作了一个简明的历史叙述，借以证实我们今天的方针是正确的，这一点很有益处，对我也是上一课。只是把我那篇讲话配在马、恩、列、斯…之林觉得不称，我的话不能这样配的。此外，第十页上『艺术应该将群众的感情、思想、意志联合起来』，似乎不但是指创作时『集中』起来，而且是指拿这些创作到群众中去，使那些被经济的、政治的、地域的、民族的原因而分

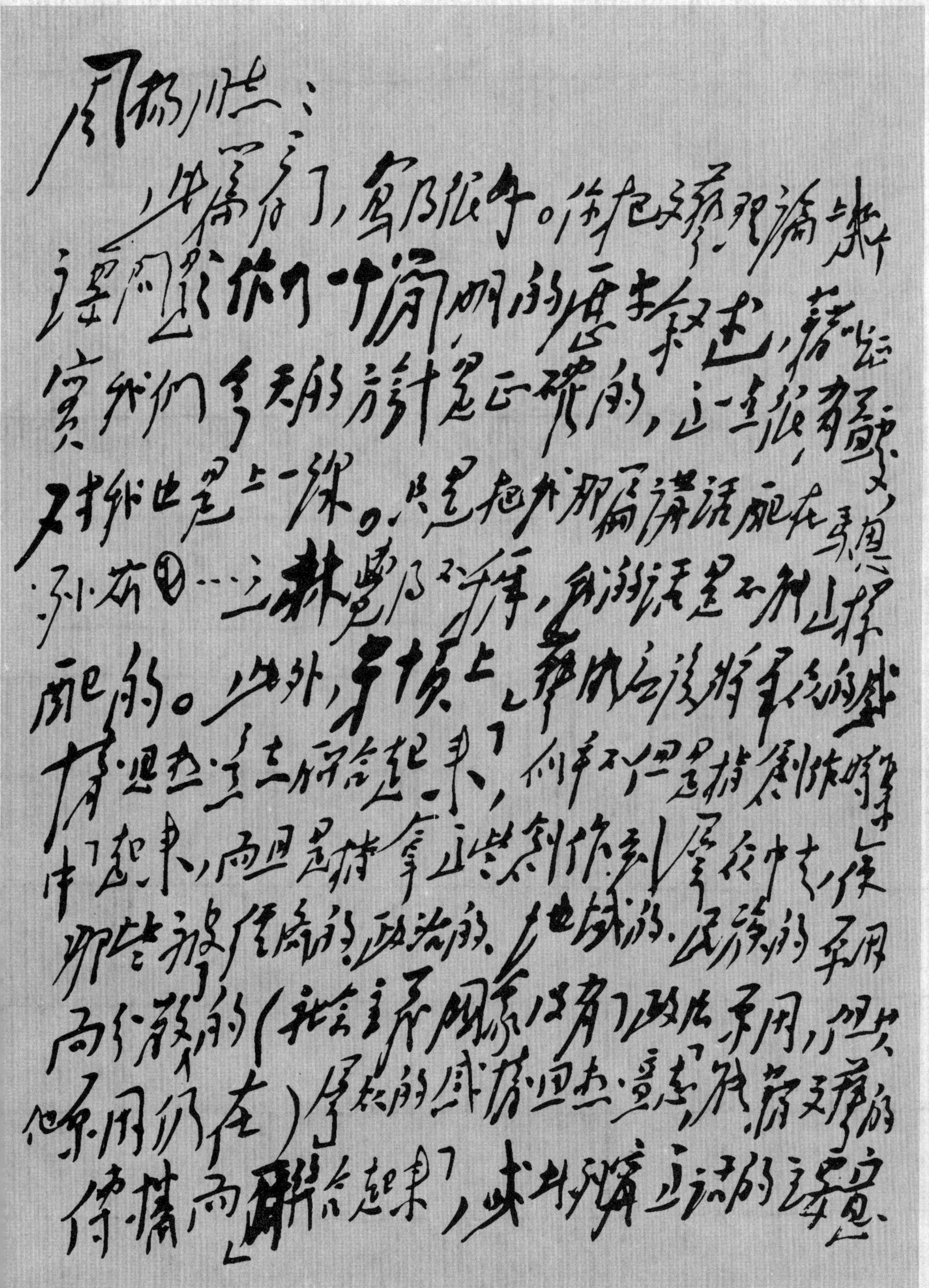

散了的（社会主义国家没有了政治原因，但其他原因仍在）『群众的感情、思想、意志』，能借文艺的传播而『联合起来』，或者列宁这话的主要就是普及工作。然后在这个基础上『把他们提高起来』。是否可以作这样解释，请再斟酌一下，或同懂俄文的同志商量一下加以酌定。其余没有意见。

敬礼！

毛泽东

四月二日

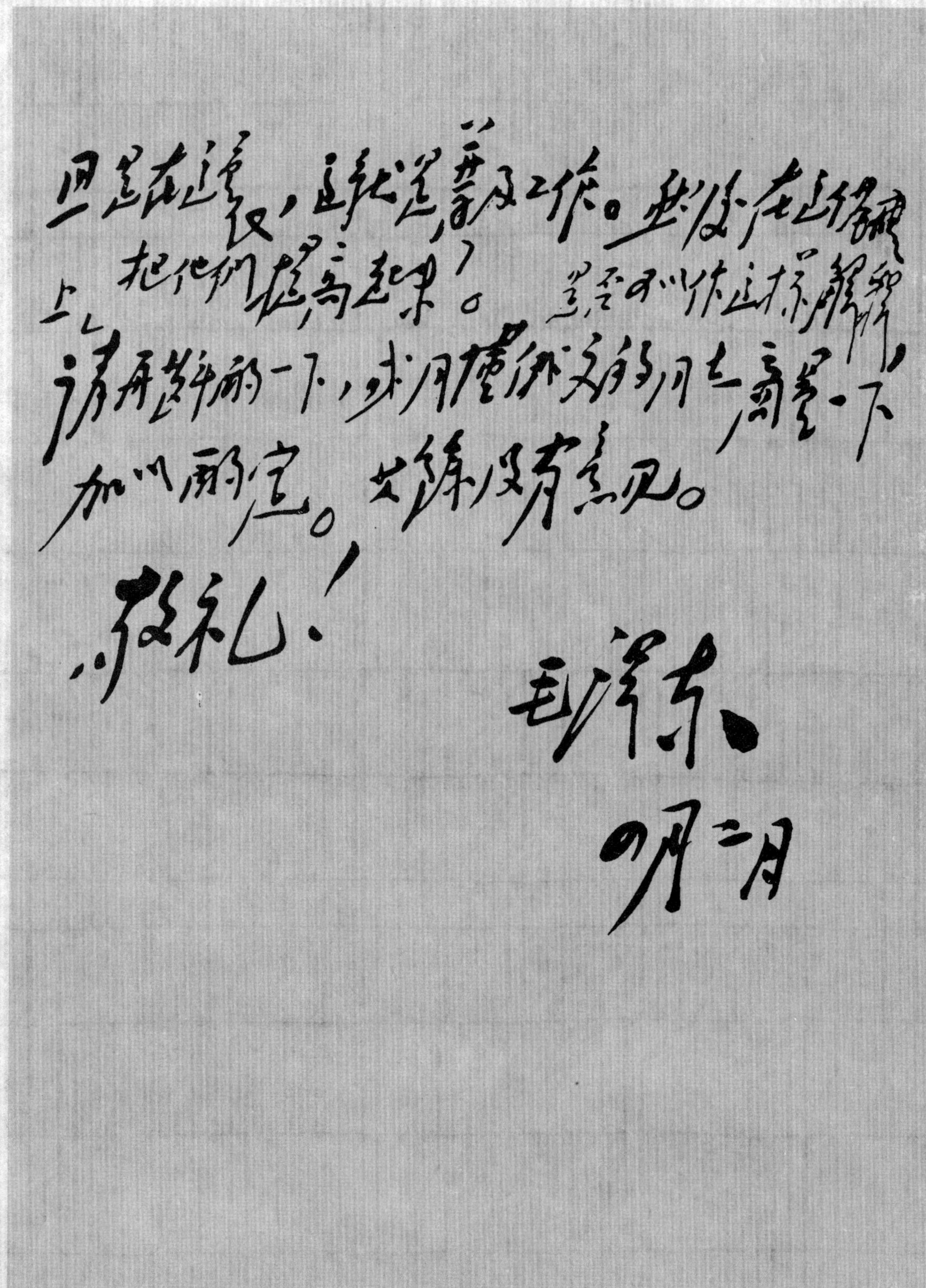

致李鼎铭

一九四四年四月二十九日

鼎铭老先生左右：

《永昌演义》前数年为多人所借阅；近日鄙人阅读一过，获益良多。并已抄存一部，以为将来之用。作者李健侯先生经营此书，费了大力，请先生代我向作者致深切之敬意。此书赞美李自成个人品德，但贬抑其整个运动。实则吾国自秦以来二千余年推动社会向前进步者主要是农民战争，大顺帝李自成将军所领导的伟大的农民战争，就是二千年来几十次这类战争中的极著名的一次。这个运动起自陕北，实为陕人的光荣，尤为先

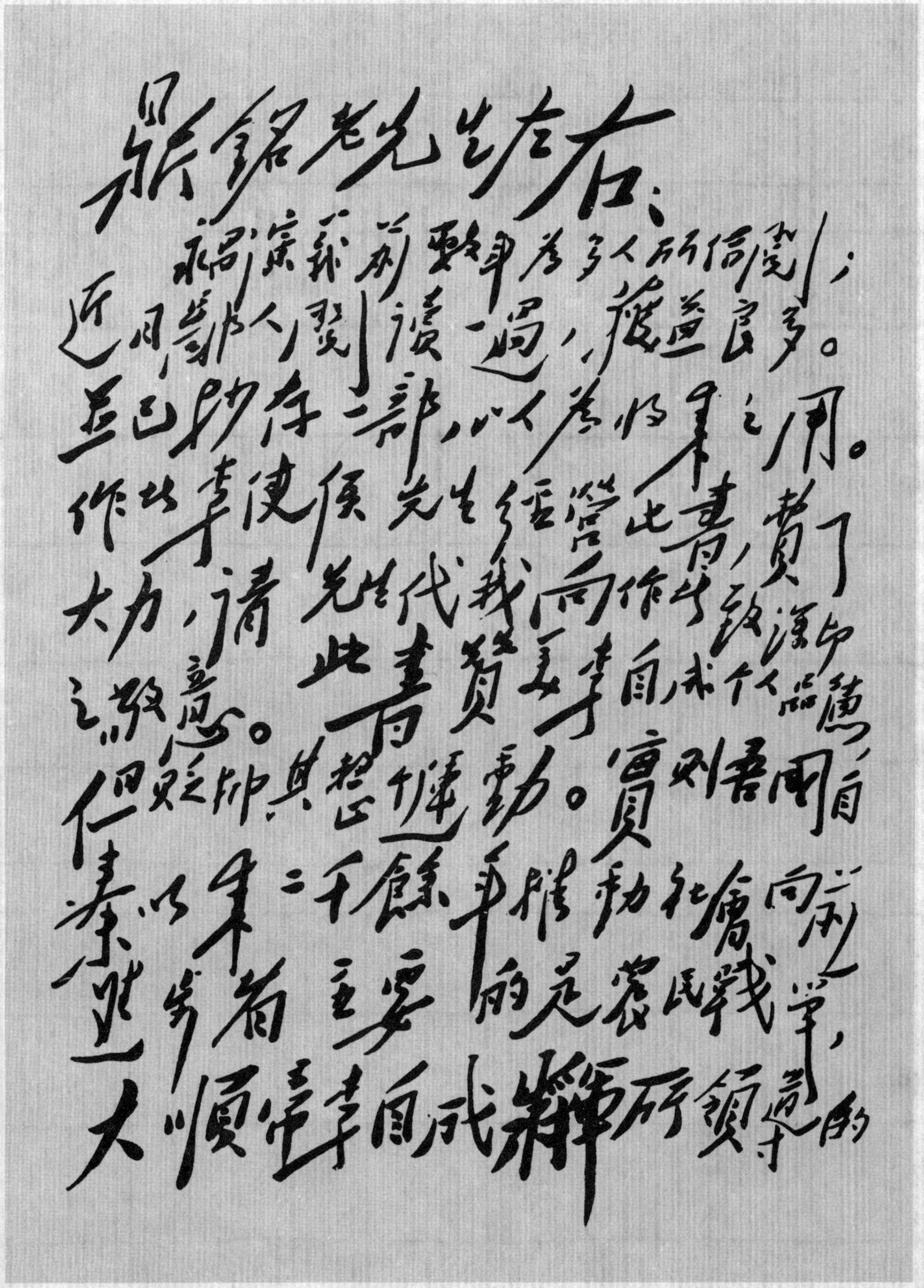

生及作者健侯先生们的光荣。此书现在如按上述新历史观点加以改造，极有教育人民的作用，未知能获作者同意否？又健侯先生近来健康如何，能来延安一游否？统祈转致健侯先生为祷！

敬颂

大安！

毛泽东

四月廿九日

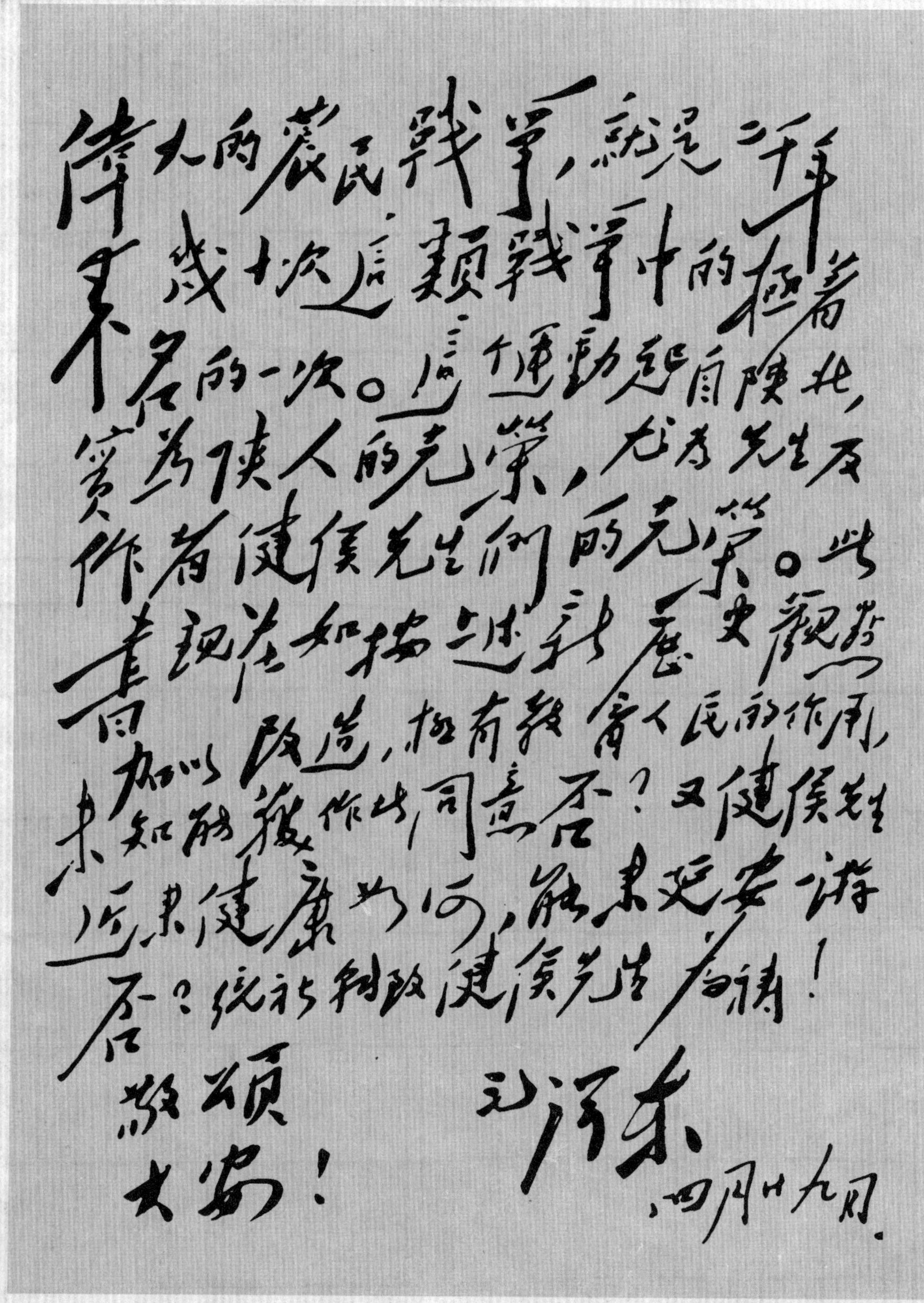

偉大的農民戰爭，就是二千年來幾十次這類戰爭中的極着名的一次。這個運動起自陝北，實為陝人的光榮，尤為先生及作者健侯先生們的光榮。此書現在如按上述新歷史觀點加以改造，極有教育人民的作用，未知能獲作者同意否？又健侯先生近來健康如何，能來延安一游否？統祈轉致健侯先生為禱！

敬頌

大安！

毛澤東

四月廿九日

致丁玲、欧阳山

一九四四年七月一日

丁玲、欧阳山二同志：

快要天亮了，你们的文章引得我在洗澡后睡觉前一口气读完，我替你们庆祝，替你们两位的新写作作风庆祝！合作社会议要我讲一次话，毫无材料，不知从何讲起，除了谢谢你们你们的文章之外，我还想多知道一点，如果可能的话，今天下午或旁〔傍〕晚拟请你们来我处一叙，不知是否可以？

敬礼！

毛泽东

七月一日早

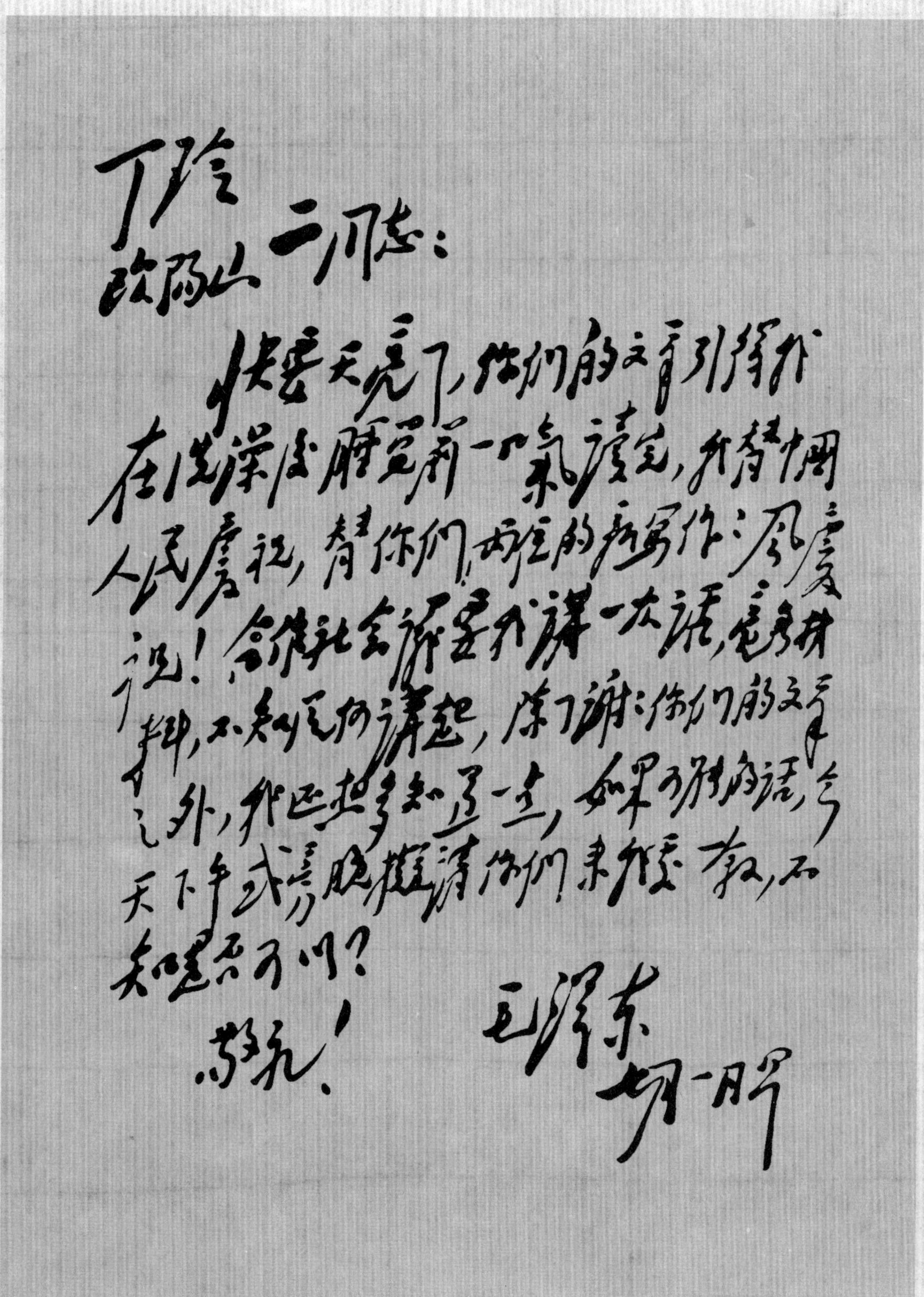

丁玲
歐陽山二同志：

快要天亮了，你們的文章引得我在洗澡後睡覺前一口氣讀完，我替你們慶祝，替你們兩位的新寫作作風慶祝！合作社會議要我講一次話，毫無材料，不知從何講起，除了謝謝你們的文章之外，我還想多知道一點，如果可能的話，今天下午或旁晚擬請你們來我處一叙，不知是否可以？

敬禮！

毛澤東

七月一日早

致谢觉哉

一九四四年七月二十八日

觉哉同志：

《明季南北略》及其他明代杂史我处均无，范文澜同志处或可找得，你可去问讯看。《容斋随笔》换一函送上。其他笔记性小说我处还有，如需要，可寄送。

敬礼！

毛泽东

七月二十八日

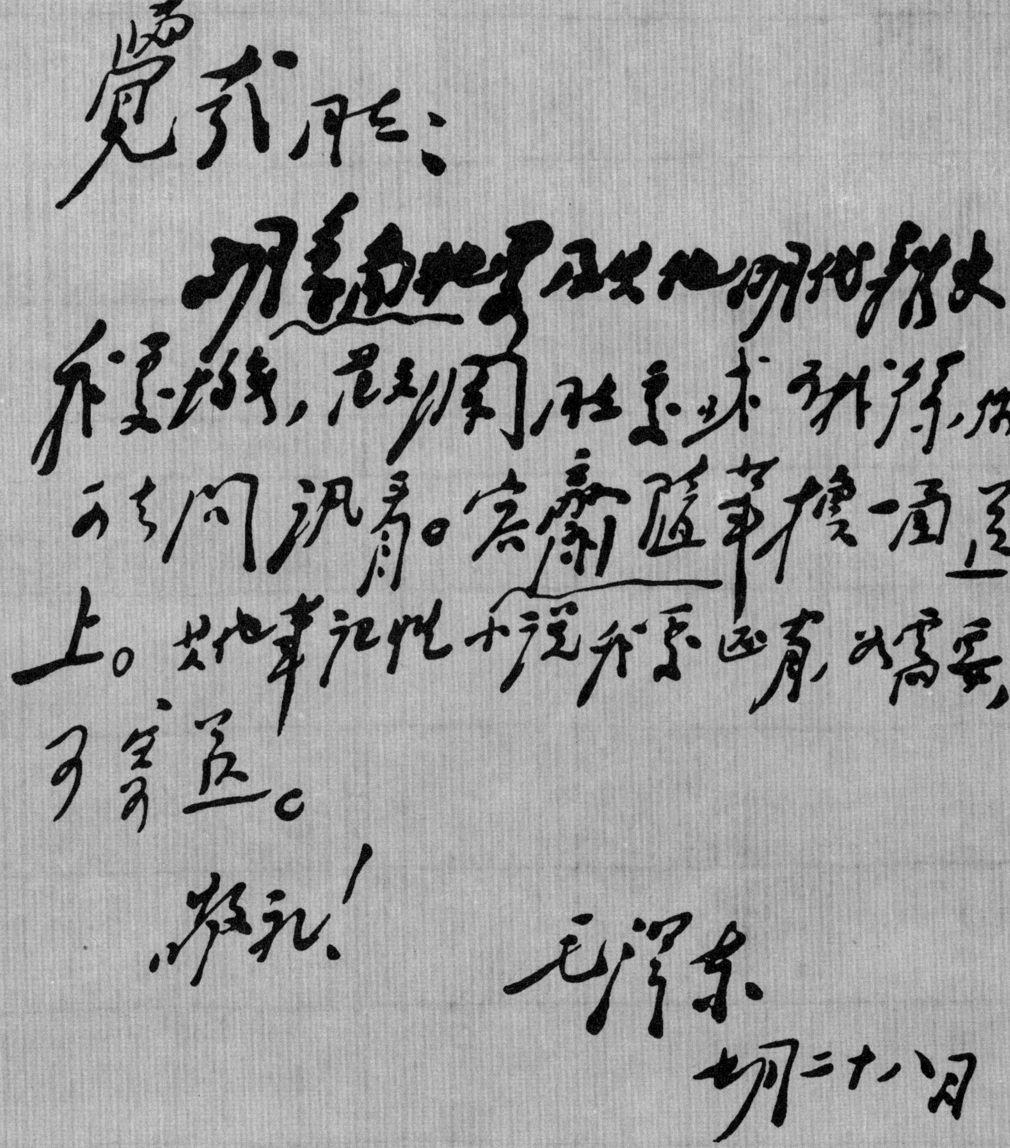
觉哉同志：
《明季南北略》及其他明代杂史我处均无，范文澜同志处或可找得，你可去问讯看。《容斋随笔》换一函送上。其他笔记性小说我处还有，如需要，可寄送。
敬礼！
毛泽东
七月二十八日

致沈雁冰

一九四四年十一月二十一日

雁冰兄：

别去忽又好几年了，听说近来多病，不知好一些否？回想在延时，畅谈时间不多，未能多获教益，时以为憾。很想和你见面，不知有此机会否？敬祝健康！

毛泽东 上

一九四四年

十一月二十一日

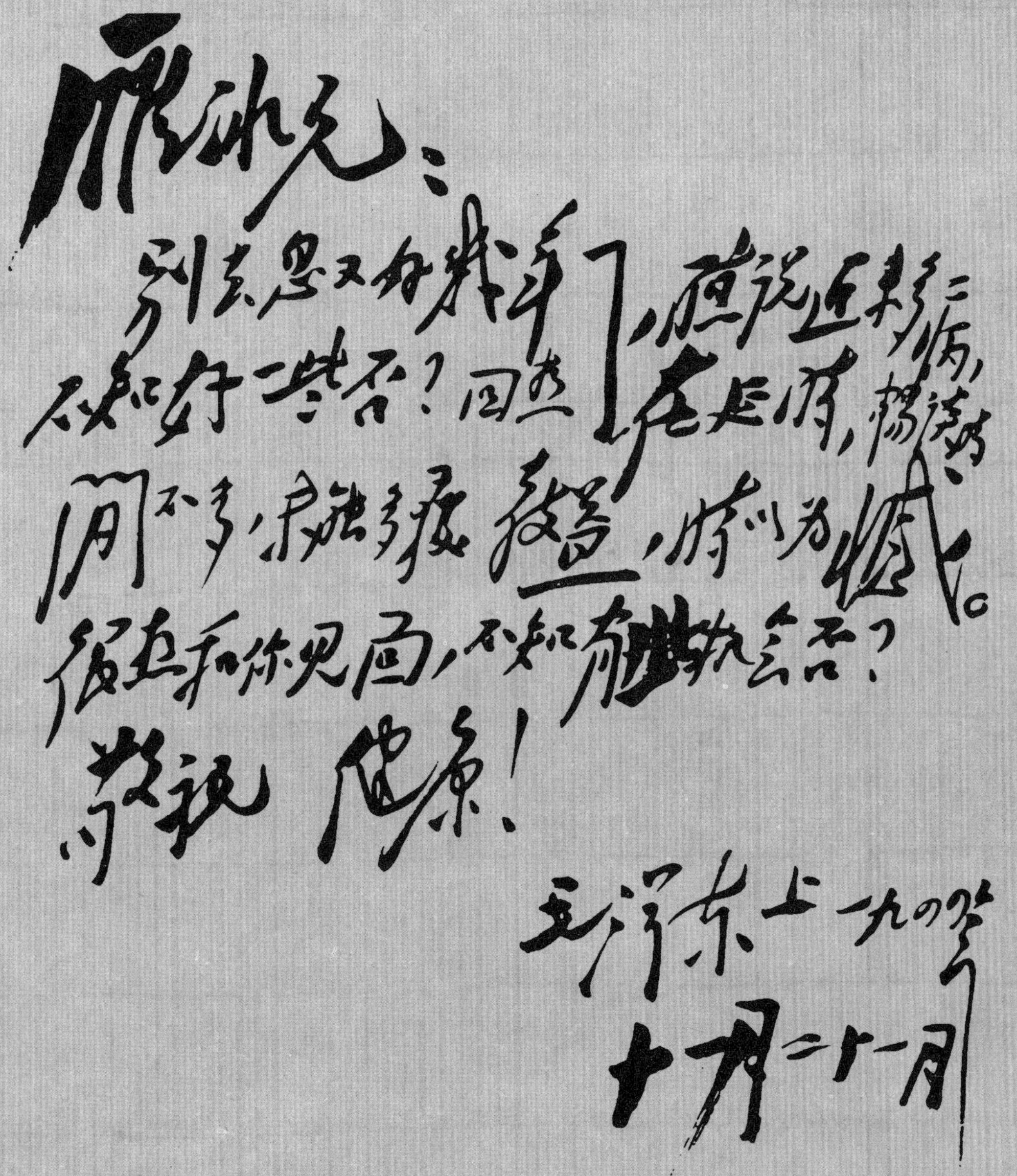
雁冰兄：
别去忽又好几年了，听说近来多病，不知好一些否？回想在延时，畅谈时间不多，未能多获教益，时以为憾。很想和你见面，不知有此机会否？敬祝健康！
毛泽东 上 一九四四年 十一月二十一日

致郭沫若

一九四四年十一月二十一日

沫若兄：

大示读悉。奖饰过分，十分不敢当；但当努力学习以副故人期望。武昌分手后，成天在工作堆里，没有读书钻研机会，故对于你的成就，觉得羡慕。你的《甲申三百年祭》，我们把它当作整风文件看待。小胜即骄傲，大胜更骄傲，一次又一次吃亏，如何避免此种毛病，实在值得注意。倘能经过大手笔写一篇太平军经验，会是很有益的；但不敢作正式提议，恐怕太累你。最近看了《反正前后》，和我那时在湖南经历的，几乎一模一样，不成熟的资产阶级革命，那样的结局是不可避免的。此次抗日战争，应该是成熟了的罢，国际条件是很好的，国内靠我们努力。我虽然兢兢业业，生怕出岔子，但说不定岔子从什么地方跑来；你看到了什么错误缺点，希望随时示知。你的史论、史剧有大益于中国人民，只嫌其少，不嫌其多，精神决不会白费的，希望继续努力。恩来同志到后，此间近情当已获悉，兹不一一。我们大家都想和你见面，不知有此机会否？

谨祝

健康、愉快与精神焕发！

毛泽东 上

一九四四年十一

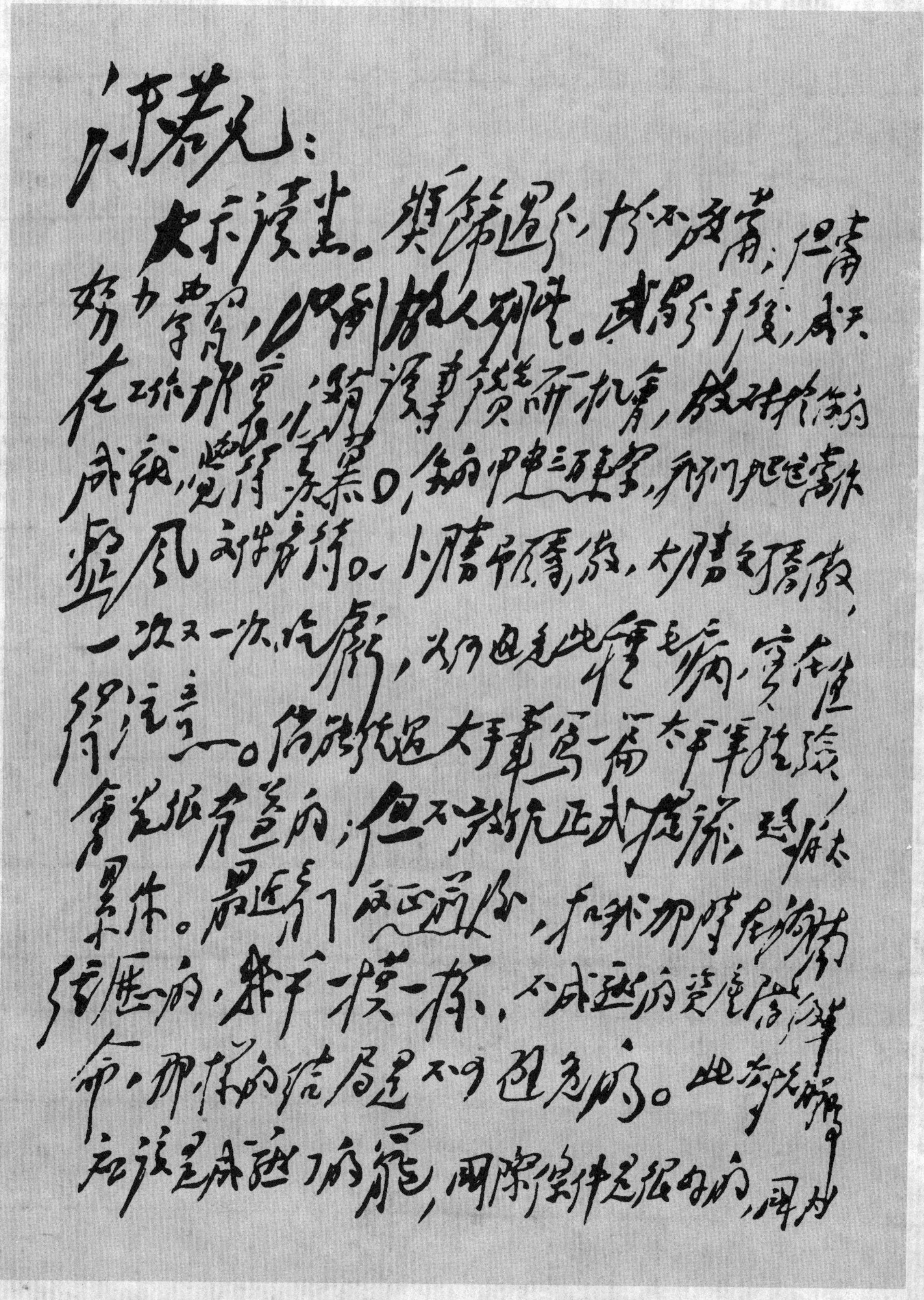
沫若兄：
大示读悉。奖饰过分，十分不敢当；但当努力学习，以副故人期望。武昌分手后，成天在工作堆里，没有读书钻研机会，故对于你的成就，觉得羡慕。你的甲申三百年祭，我们把它当作整风文件看待。小胜即骄傲，大胜更骄傲，一次又一次吃亏，如何避免此种毛病，实在值得注意。倘能经过大手笔写一篇太平军经验，会是很有益的；但不敢作正式提议，恐怕太累你。最近看了反正前后，和我那时在湖南经历的，几乎一模一样，不成熟的资产阶级革命，那样的结局是不可避免的。此次抗日战争，应该是成熟了的罢，国际条件是很好的，国内

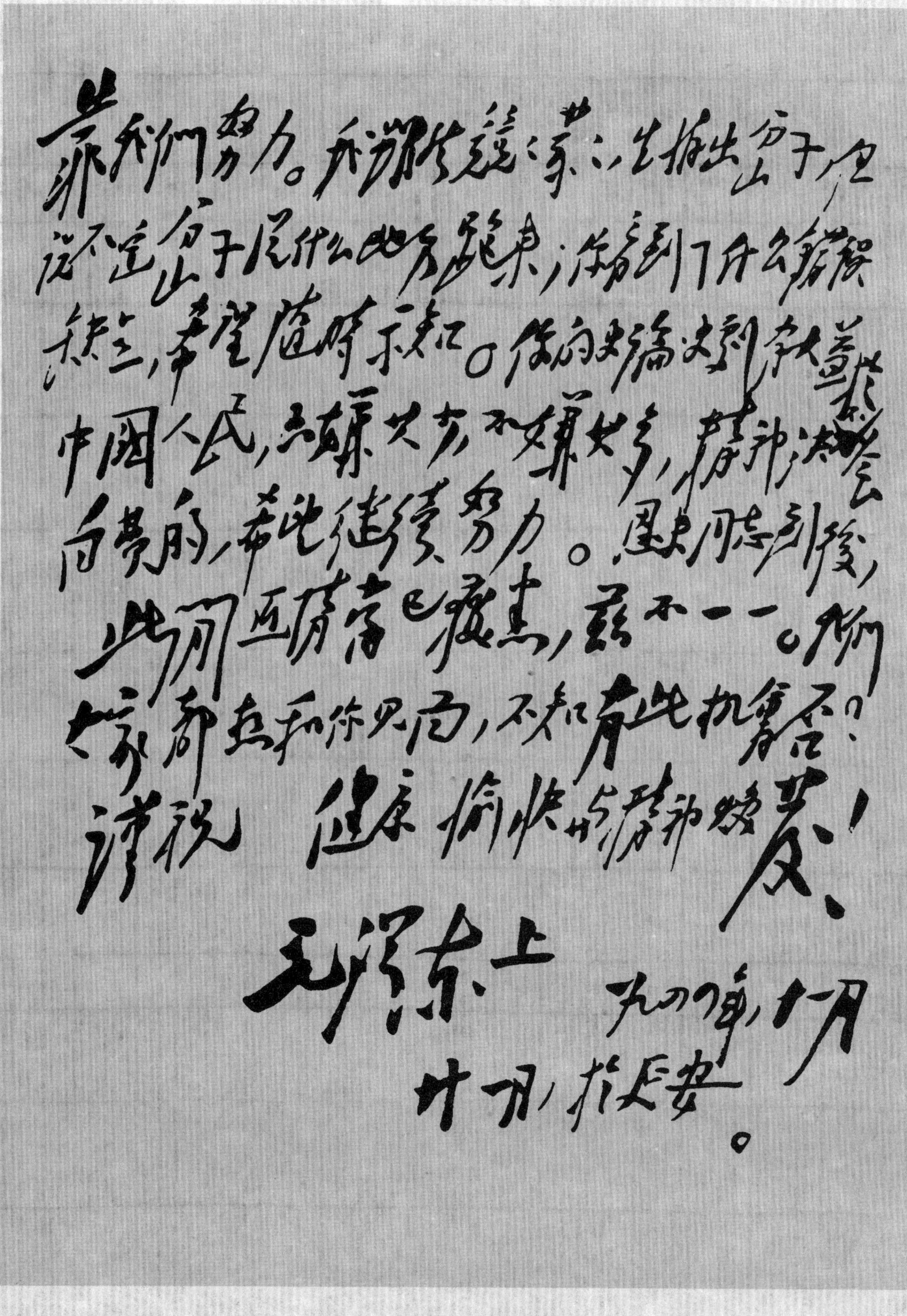
靠我们努力。我虽然兢兢业业，生怕出岔子，但说不定岔子从什么地方跑来；你看到了什么错误缺点，希望随时示知。你的史论、史剧有大益于中国人民，只嫌其少，不嫌其多，精神决不会白费的，希望继续努力。恩来同志到后，此间近情当已获悉，兹不一一。我们大家都想和你见面，不知有此机会否？
谨祝
健康、愉快与精神焕发！
毛泽东上
一九四四年十一月廿一日，于延安。

致陈毅

一九四四年十二月一日

陈毅同志：

来示读悉，启示极多，十分感谢！

今日已电渝不交复案，周董均回，拖一时期，再议下着。至于基本方针，如你所说那样，除此再无二道。

白区劳绩必须承认，你说得非常之对。还有『南北』问题，南方党问题，久想讲，那天临时忘了，恐怕还有别的。七大讲一次，似有必要。一切不公平之事，必须使之归于公平，以利团结对敌。有所见时，请随时告我。

自从你及聂公开后，伯诚〔承〕即无秘密之必要。昨日党校的会，请他未到，是未正式告他可以公开之故。请你们先告他，我亦当告他。

下游干部配备请和彭真一商。你的意见，我以为是好的。

你的思想一通百通，无挂无碍了，从此到处是坦途了。随时准备坚持真理，又随时准备修正错误，没有什么行不通的。每一个根据地及他处只要有几十个领导骨干打通了这个关节，一切问题就可迎刃而解。整个党在政治上现在是日见成熟了，看各地电报就可以明了。

敬礼！

毛泽东

十二月一日

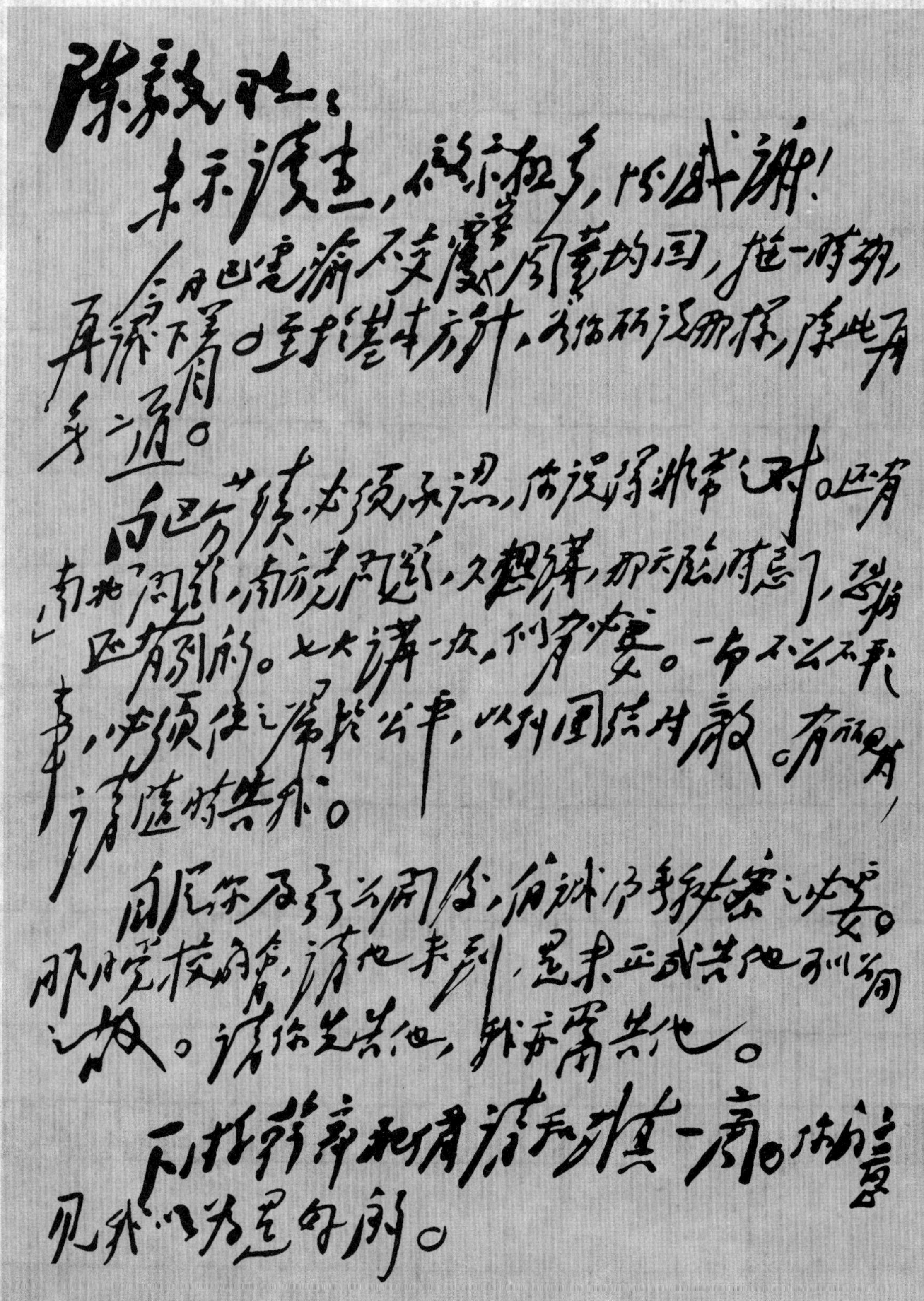

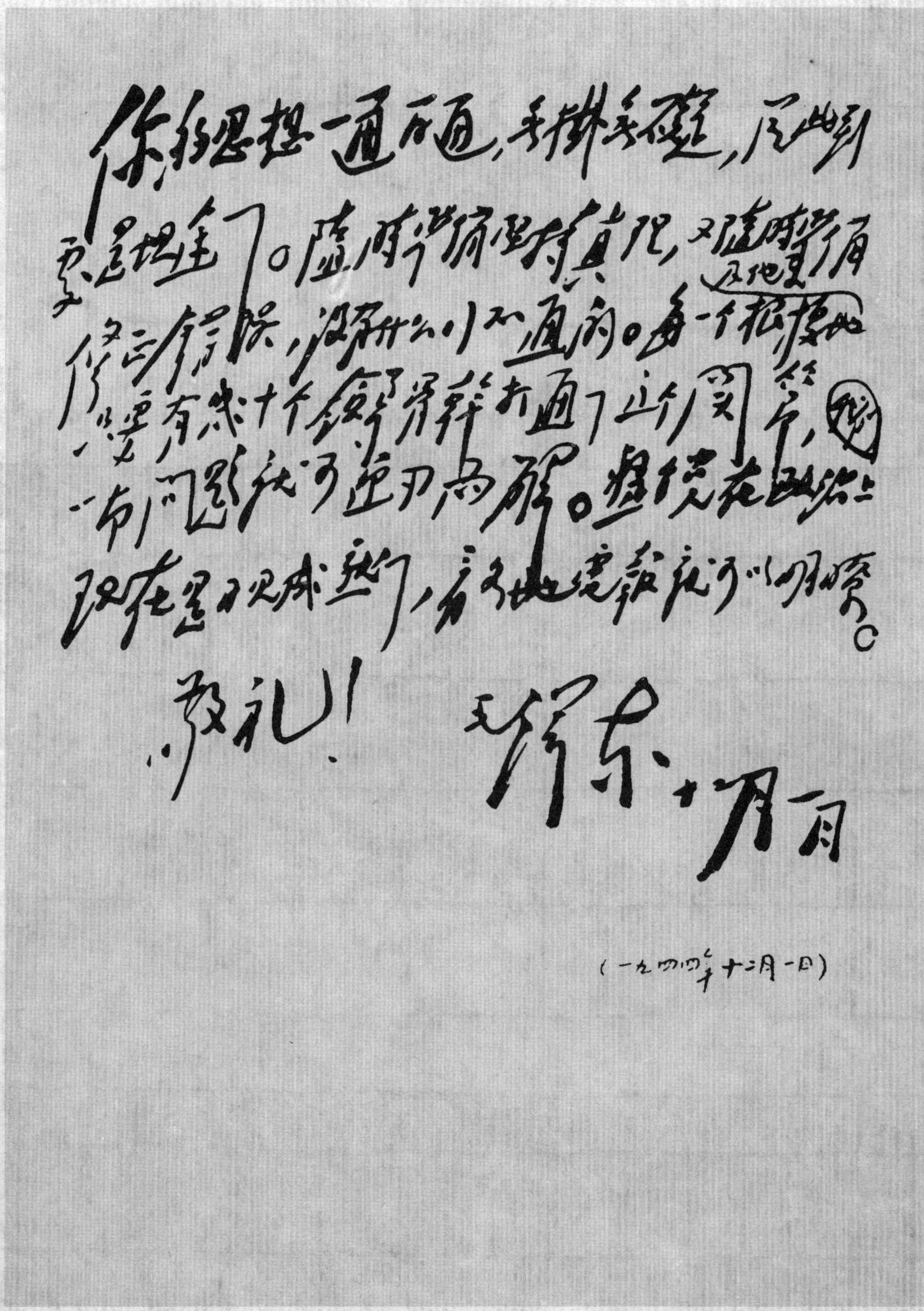

（一九四四年十二月一日）

致邓宝珊

一九四四年十二月二十二日

宝珊先生吾兄左右：

去年时局转换，先生尽了大力，我们不会忘记。八年抗战，先生支撑北线，保护边区，为德之大，更不敢忘。去秋晤叙，又一年了，时局走得很快，整个国际国内形势都改变了。许多要说的话，均托绍庭兄专诚面达。总之只有人民的联合力量，才能战胜外寇，复兴中国，舍此再无他路。如果要对八抗战作一简单总结，这几句话，鄙意以为似较适当，未知先生以为然否？何时获得晤叙机会，不胜企望之至。专肃，

敬祝健康！

毛泽东　上

十二月二十二日

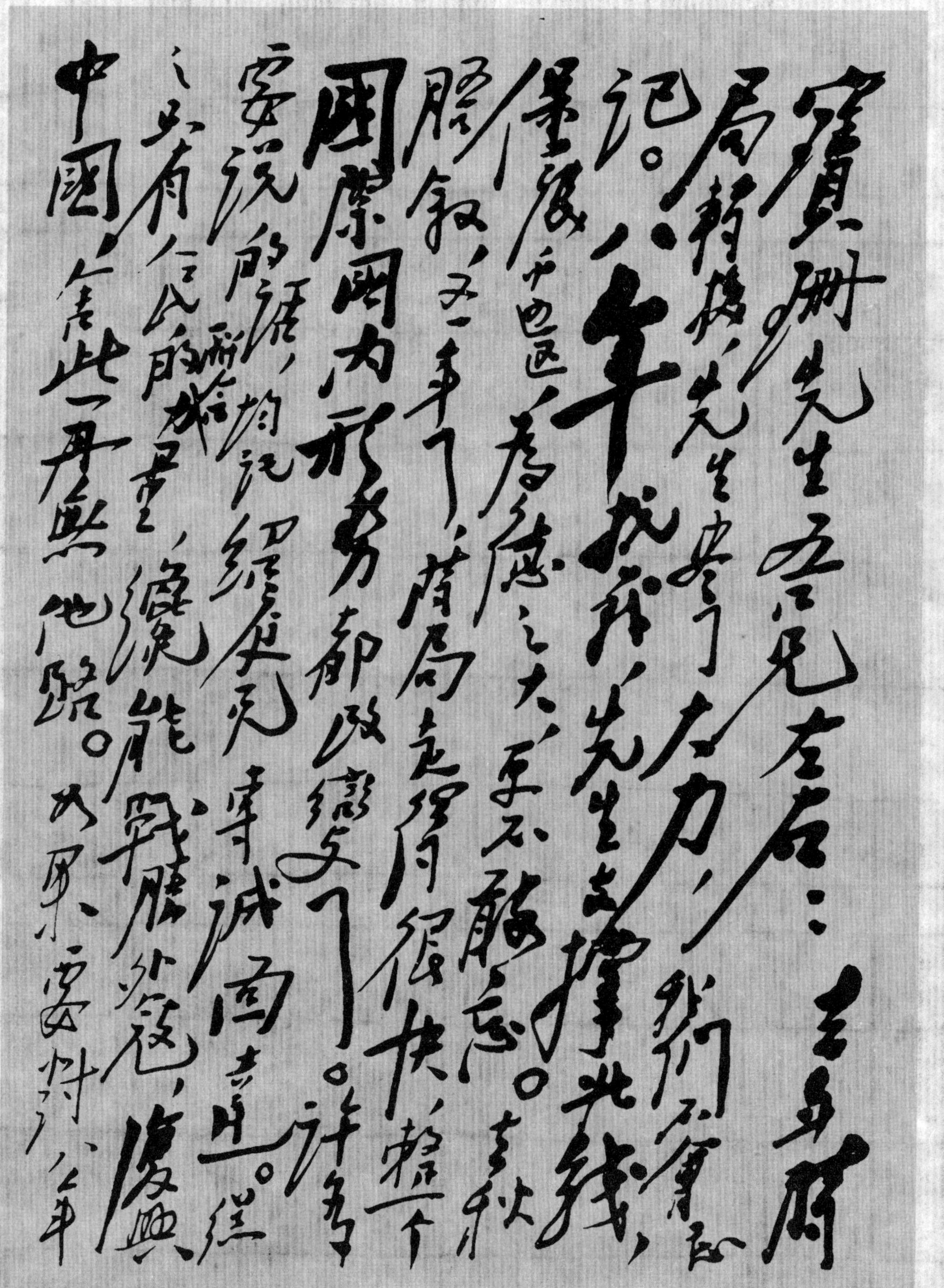

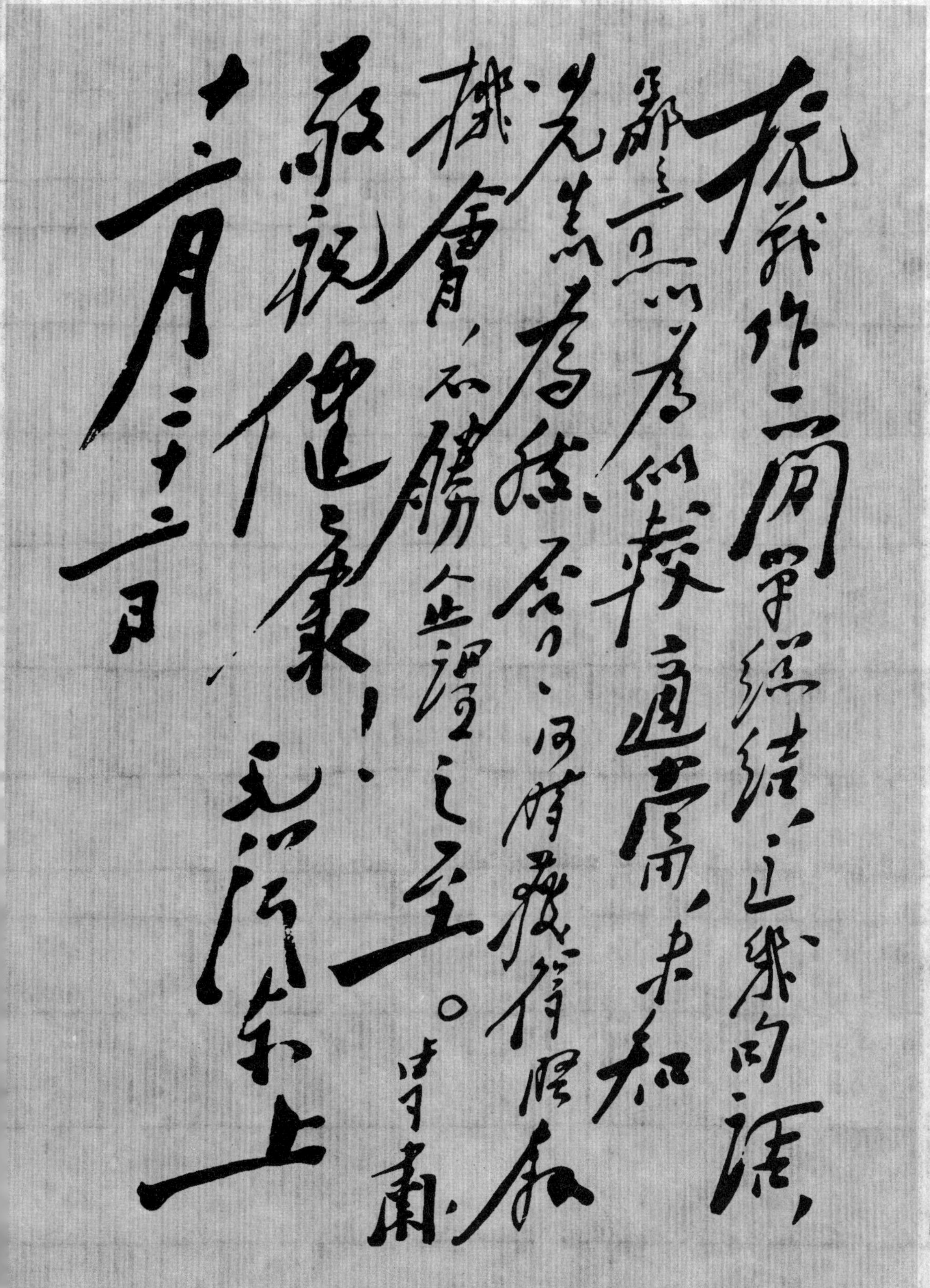

致刘昆林

一九四五年一月十一日

昆林同志：

来信收到。此信及以前各信均已转给中组部，并请他们找你一谈。

你长期不被信任，难怪你不满意。但真金不怕火烧，还是应该有耐心，等候同志们了解你，除此都不是出路。看你此次的信，你的问题似乎可以获得解决了，更希望你耐心等候。

这一向颇忙，我们暂时不谈。你在延安有一个停留，将来再谈吧。

此致

同志的敬礼！

毛泽东

一月十一日

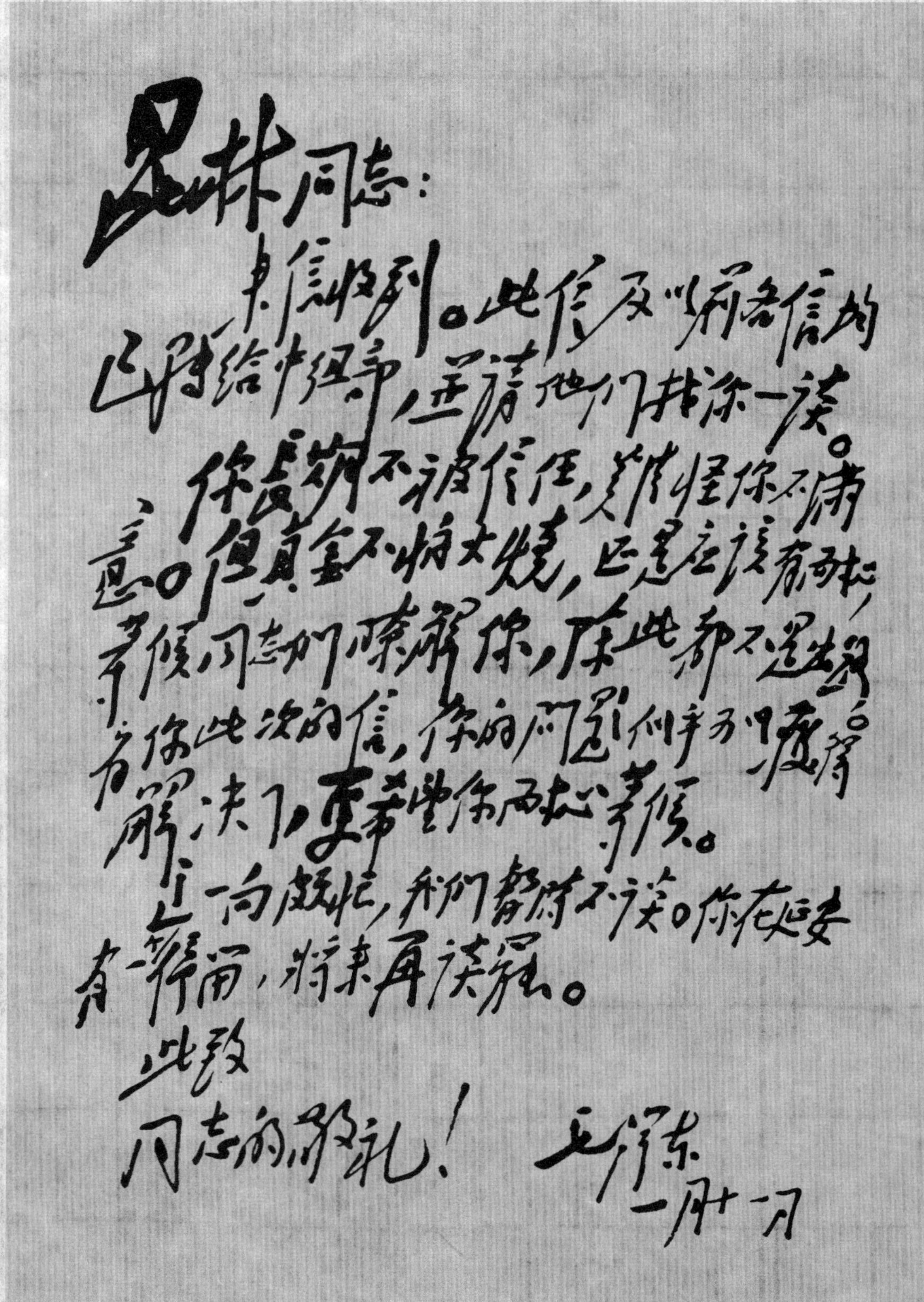

昆林同志：

来信收到。此信及以前各信均已转给中组部，并请他们找你一谈。

你长期不被信任，难怪你不满意。但真金不怕火烧，还是应该有耐心，等候同志们了解你，除此都不是出路。看你此次的信，你的问题似乎可以获得解决了，更希望你耐心等候。

这一向颇忙，我们暂时不谈。你在延安有一个停留，将来再谈吧。

此致

同志的敬礼！

毛泽东

一月十一日

致孙毅

一九四五年二月七日

孙毅：

你给我的信早已收到了，今日问边章五同志，知你还在杨家湾，迟至今天才复你，甚以为歉！多年劳苦，希望你好好休息一会。五军团有光荣历史，有惨痛经验，现在可以正确地总结一下。待你在延安休养与学习快要完毕时，我希望和你晤谈一次，那时请你通知我。

此致

同志的敬礼！

毛泽东

一九四五年二月七日

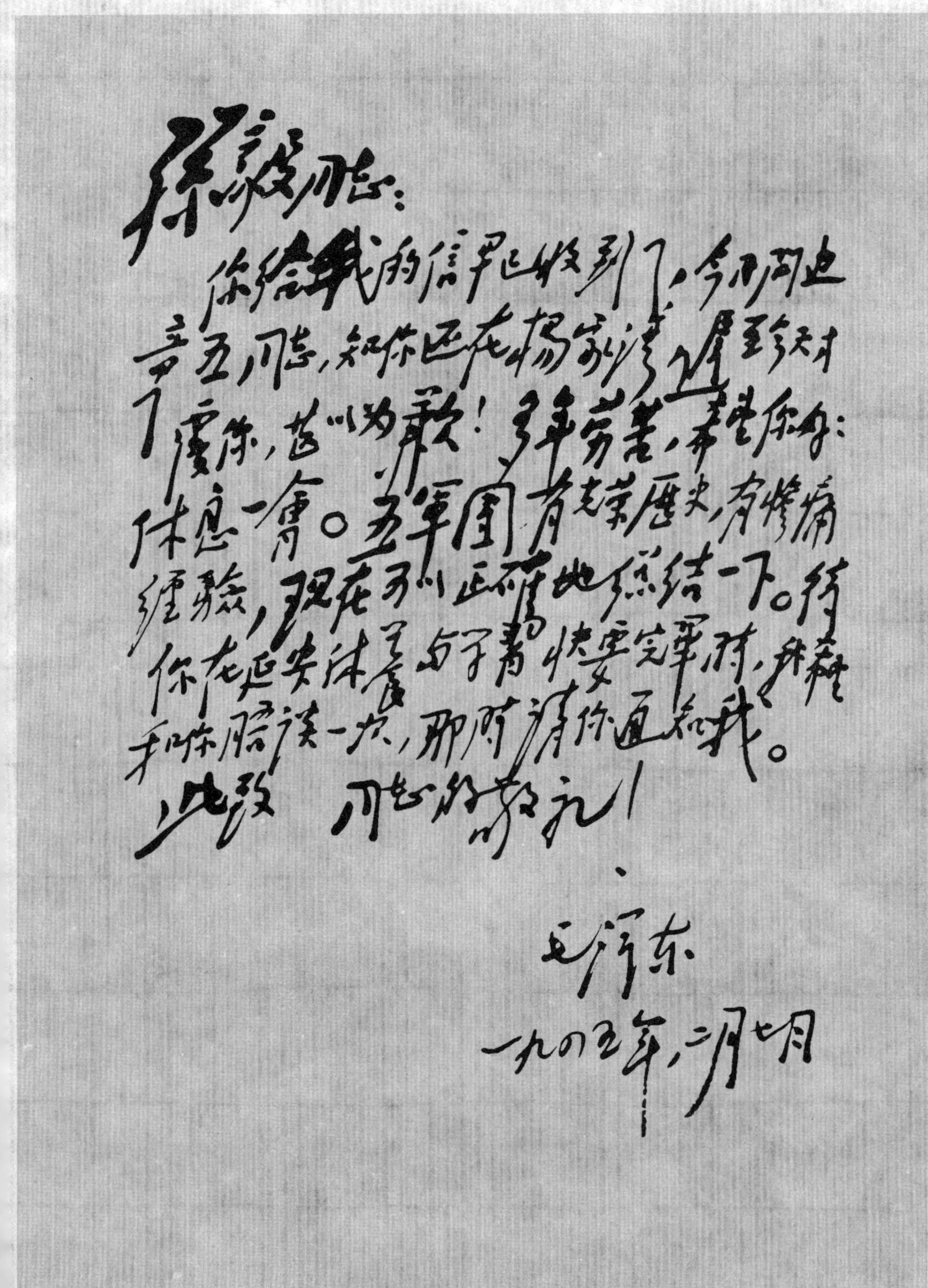

孙毅同志：

你给我的信早已收到了，今日问边章五同志，知你还在杨家湾，迟至今天才复你，甚以为歉！多年劳苦，希望你好好休息一会。五军团有光荣历史，有惨痛经验，现在可以正确地总结一下。待你在延安休养与学习快要完毕时，我希望和你晤谈一次，那时请你通知我。

此致

同志的敬礼！

毛泽东

一九四五年二月七日

致秦邦宪
九四五年二月十二日

博古同志：

今天报载张平凯《晋冀察机关部队大生产的〔第〕一年》，请全文数日广播。此文写得生动，又带原则性。早几日《贯彻减租》社论及〔家〕口村新闻，谅已广播了，也是很好的。我们报纸自己能写这样的社论，大进步了（谁人写的？）。

《民主同盟宣言》请予发表、广播。当《新华》发表时，当局动员没收，但由报童勇敢，大部分发出去了；最后没有了，卖到200元一份，可见民众情绪。十大主张上打的红图〔圈〕是免飞标出叫我们注意的，请不要刊落了。

敬礼！

毛泽东
二月十二日

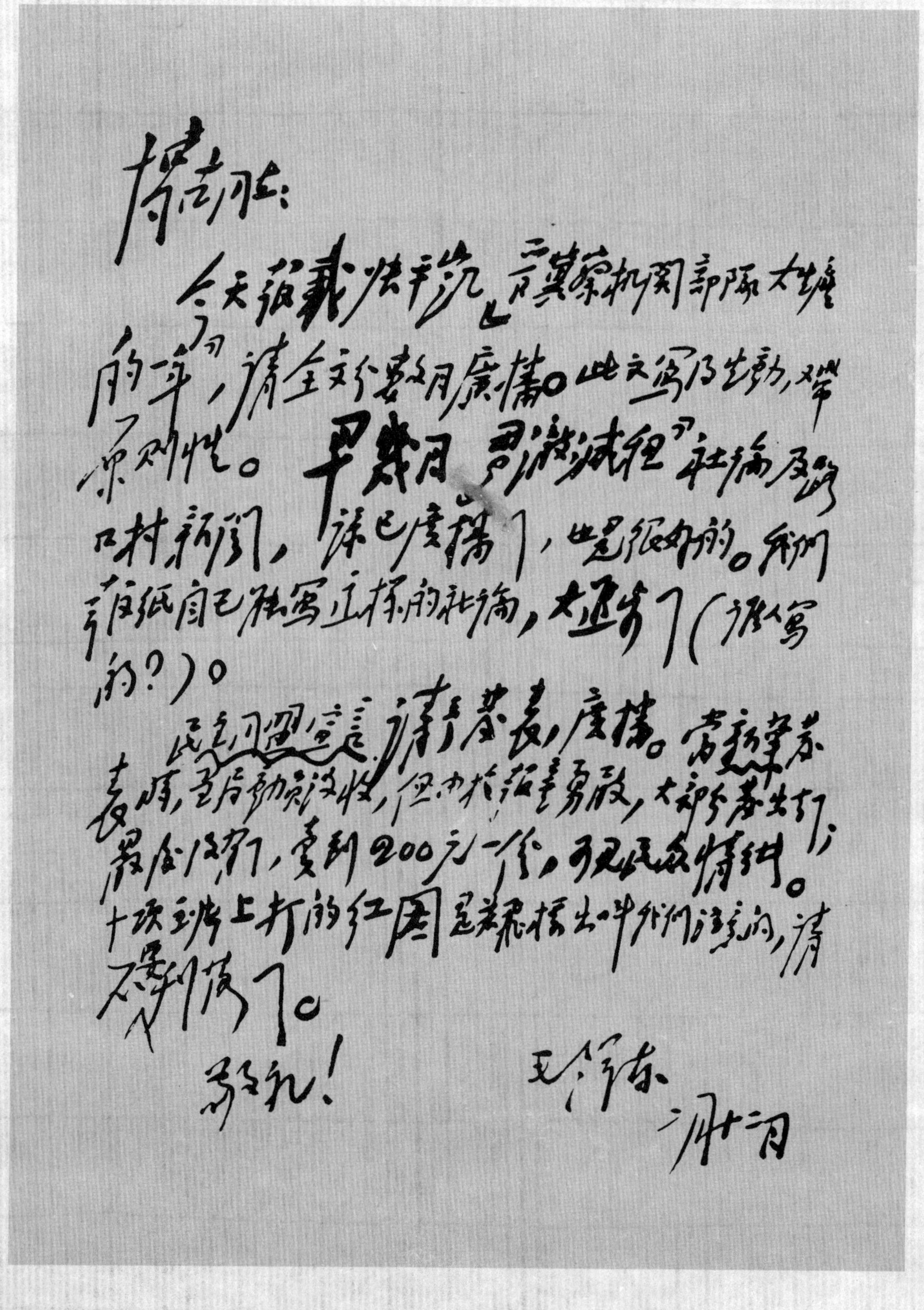

第三时期·书信
七九四

致萧三
九四五年二月二十二日

萧三同志：

你的《第一步》，写得很好。你的态度，大不同于初到延安那几年了，文章诚实，恳切，生动有力。当然，从前你的文章也是好的，但是现在更好了，我读这些文章，很得益处。

为着使延安文艺工作同志多参加群众性的集会，须关照高岗、贾迈、李富春、彭真几位同志，遇有这类会议不要忘记组织文艺同志去参加。此事请你访他们去谈谈，我有机会也将告诉他们。今年全边区性的大会也少开，但地方性的，延市、延安、延安县和延属分区的，必有许多，同县、市、分区的负责同志及宣传部门通此事，也很必要，也〔一〕否也请你去谈一下？

同志的敬礼！

毛泽东　二月廿二日

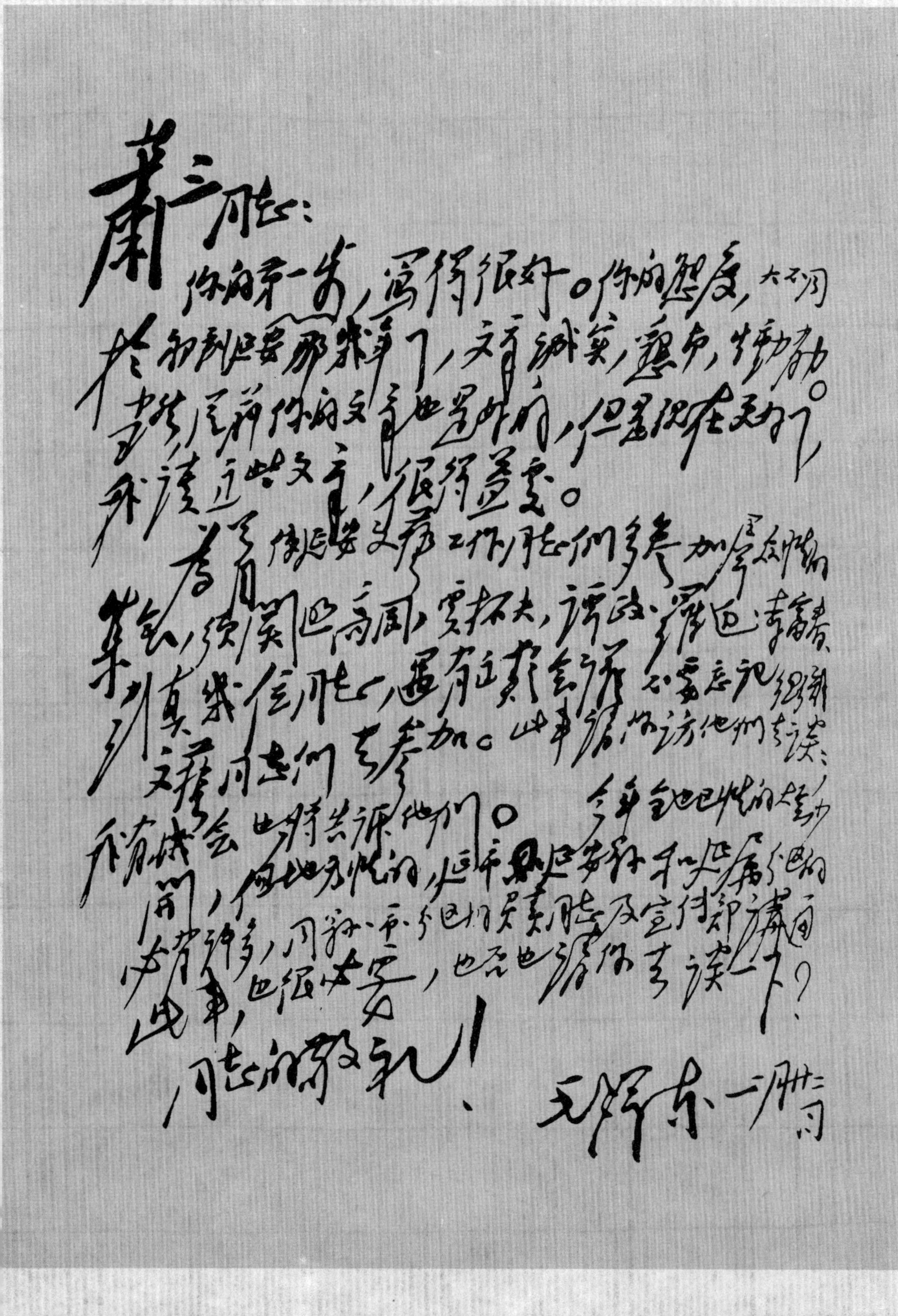

致柳亚子

一九四五年十月四日

亚子先生晤兄道席：

诗及大示诵悉，深感勤勤恳恳诲人不倦之意。柳夫人清恙有起色否？处此严重情况，只有亲属能理解其痛苦，因而引起自己的痛苦，自非『气短』之说所可解释。时局方面，承询各项，目前均未至具体解决时期。报上云云，大都不足置信。前曾告二语：前途是光明的，道路是曲折的。吾辈多从曲折（即困难）二字着想，庶几反映了现实，免至失望时发生许多苦恼。而困难之克服，决不是那么容易的事情。此点深望先生引为同调。有些可谈的，容后面告，此处不复一一。先生诗慨当经慷，卑视陆游陈亮，读之使人感发兴起。可惜我只能读，不能做。但是万千读者中多我一个读者，也不算辱没先生，我又引以自豪了，敬颂

兴居安吉！

毛泽东

十月四日

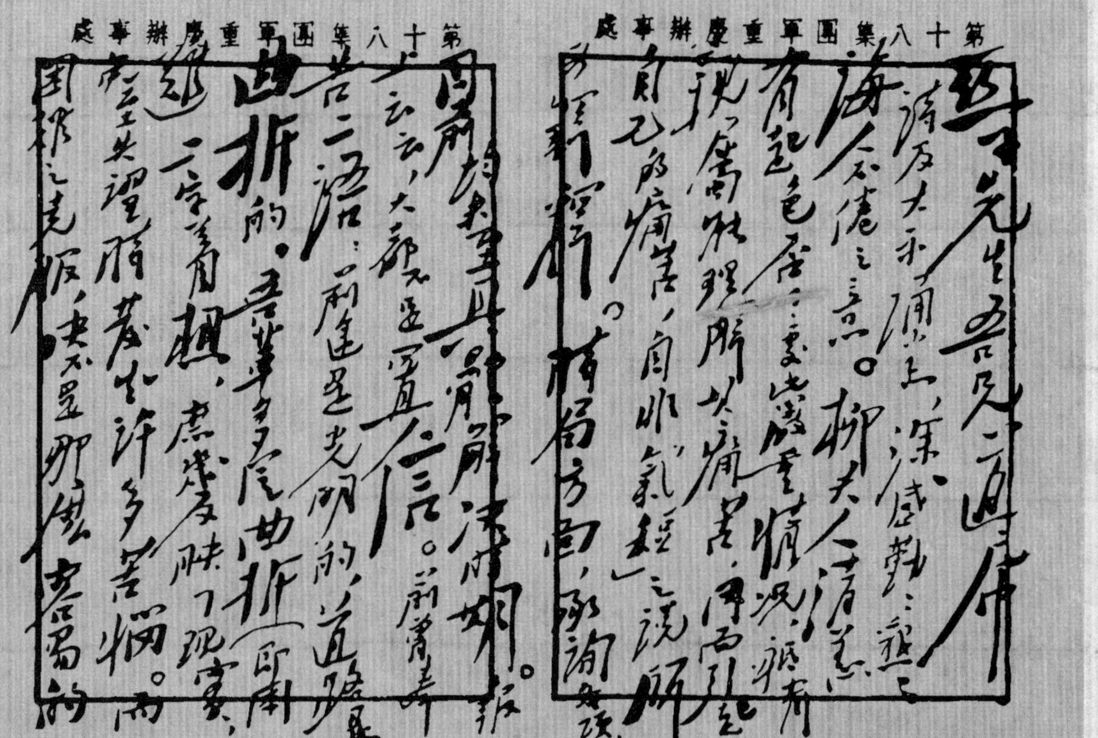

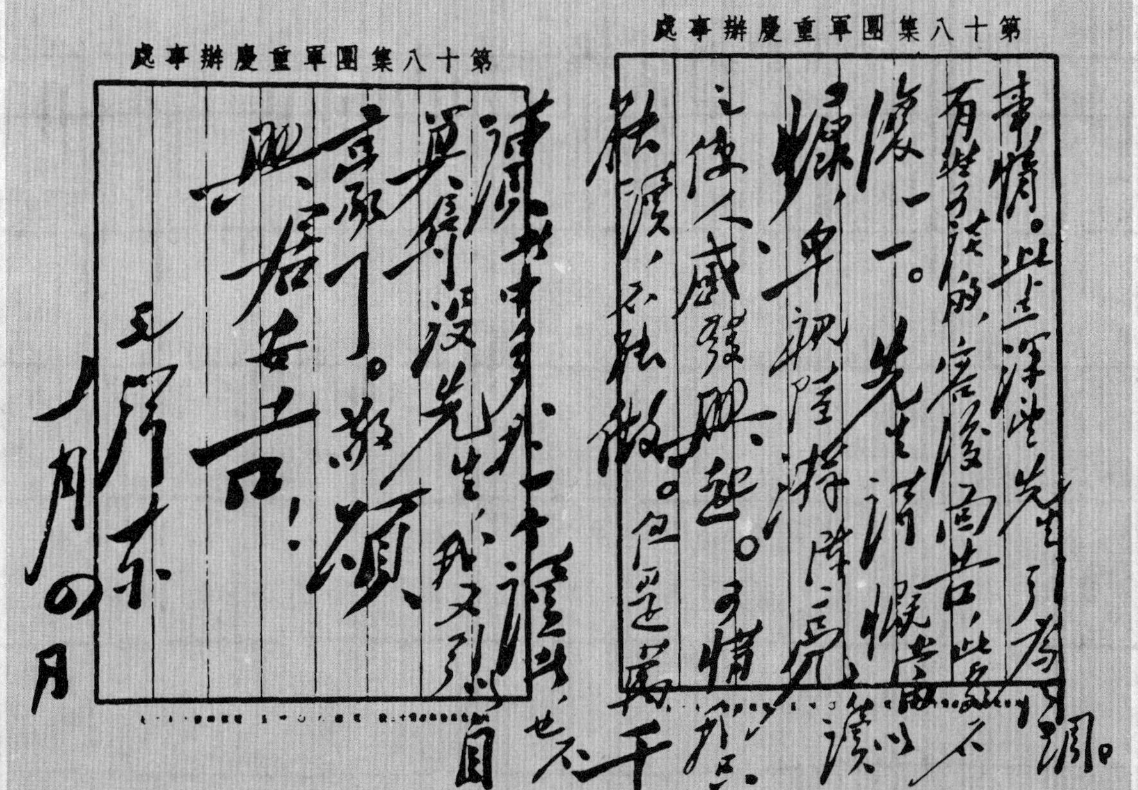

第三时期·书信

致蔡博等

一九四六年一月八日

蔡博、张芝明、刘永斌、黄平、赵小炎诸位青年同志：

永福回来，接到你们的信，十分高兴。正如你们信上所说，新中国需要很多的学者及技术人员，你们向这方面努力是很适当的。这里，只能简单地写几句话给你们，总之是希望你们一天一天成长、壮健、愉快、进步，并望你们团结一切留苏的中国青年朋友，大家努力学习，将来回国服务。

紧紧地握着你们的手！

毛泽东

一九四六年一月八日

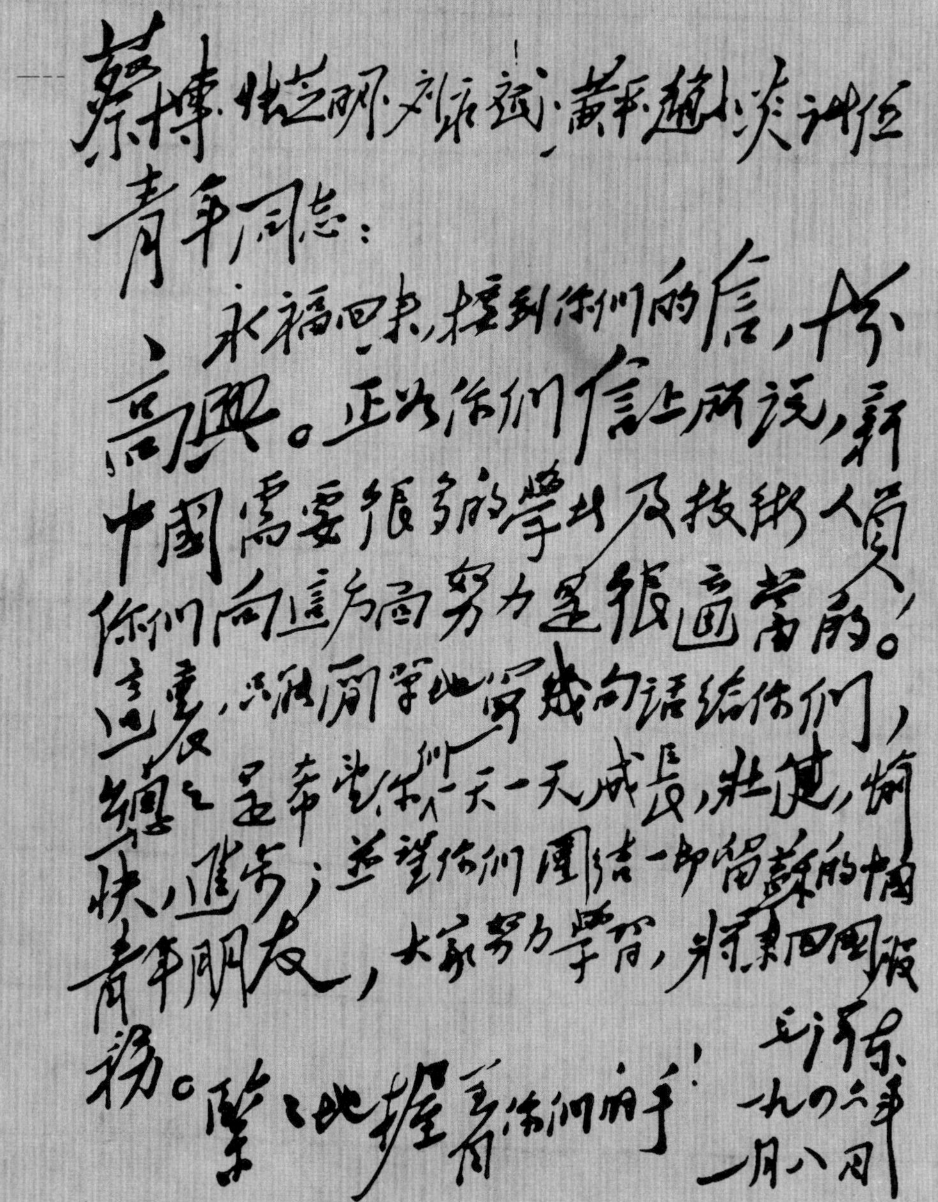

致柳亚子

一九四六年一月二十八日

亚子先生左右：

很久以前接读大示，一病数月，未能奉复，甚以为歉。阅报知先生已迁沪，在于再追悼会上慷慨陈词，快何如之。印章二方，先生的和词及孙女士的和词，均拜受了，『心上温馨生感激，归来絮语告山妻』，我也要这样说了。总之是感谢你，相期为国努力，贱恙是神经疲劳，刻已向好，并以奉闻。敬颂

道安！

毛泽东

一月廿八日

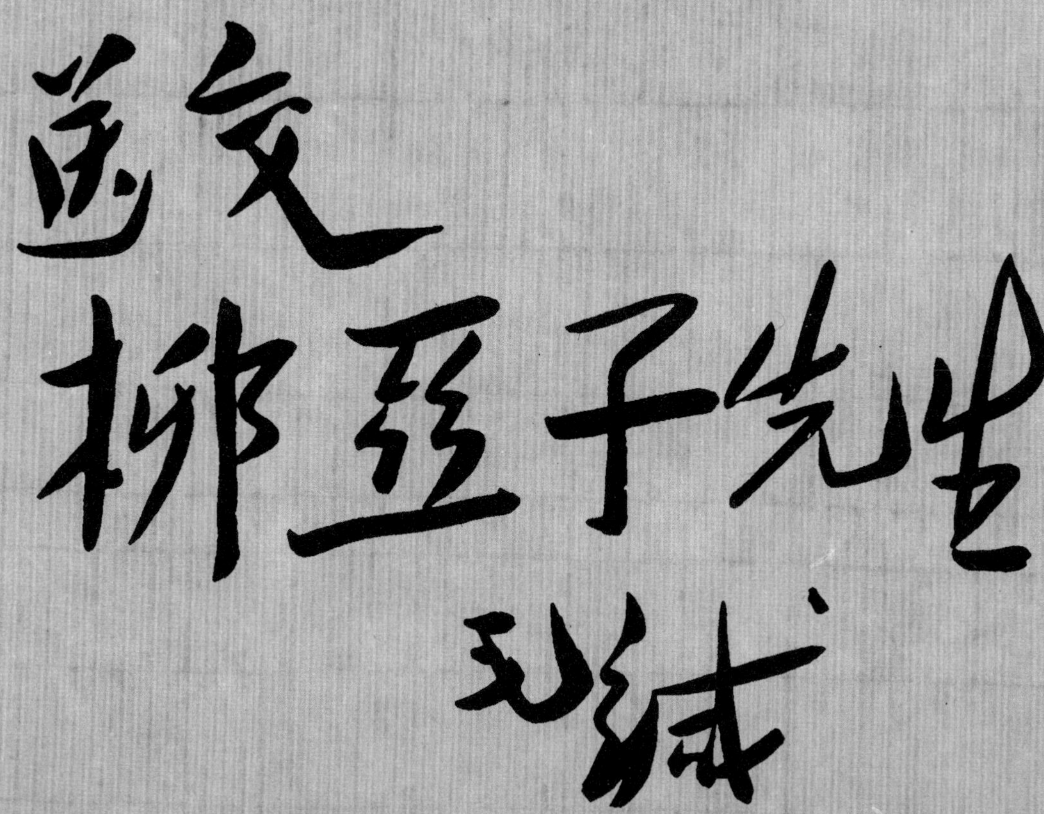

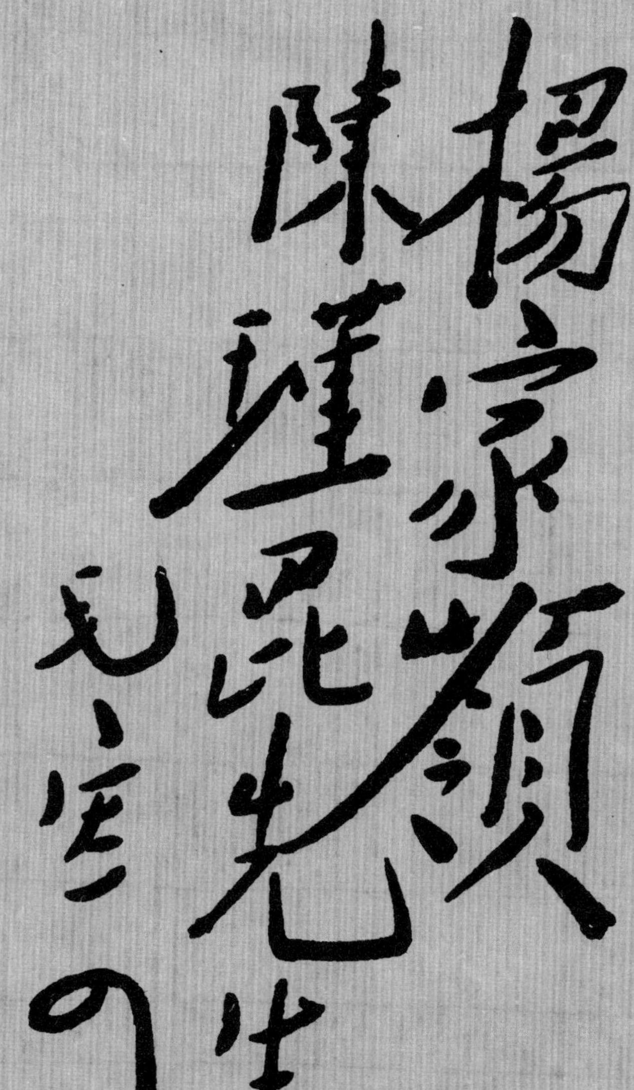
楊家嶺
陳瑾昆先生
毛寄

毛澤東手書真迹

第三时期·书信

第三时期·书信

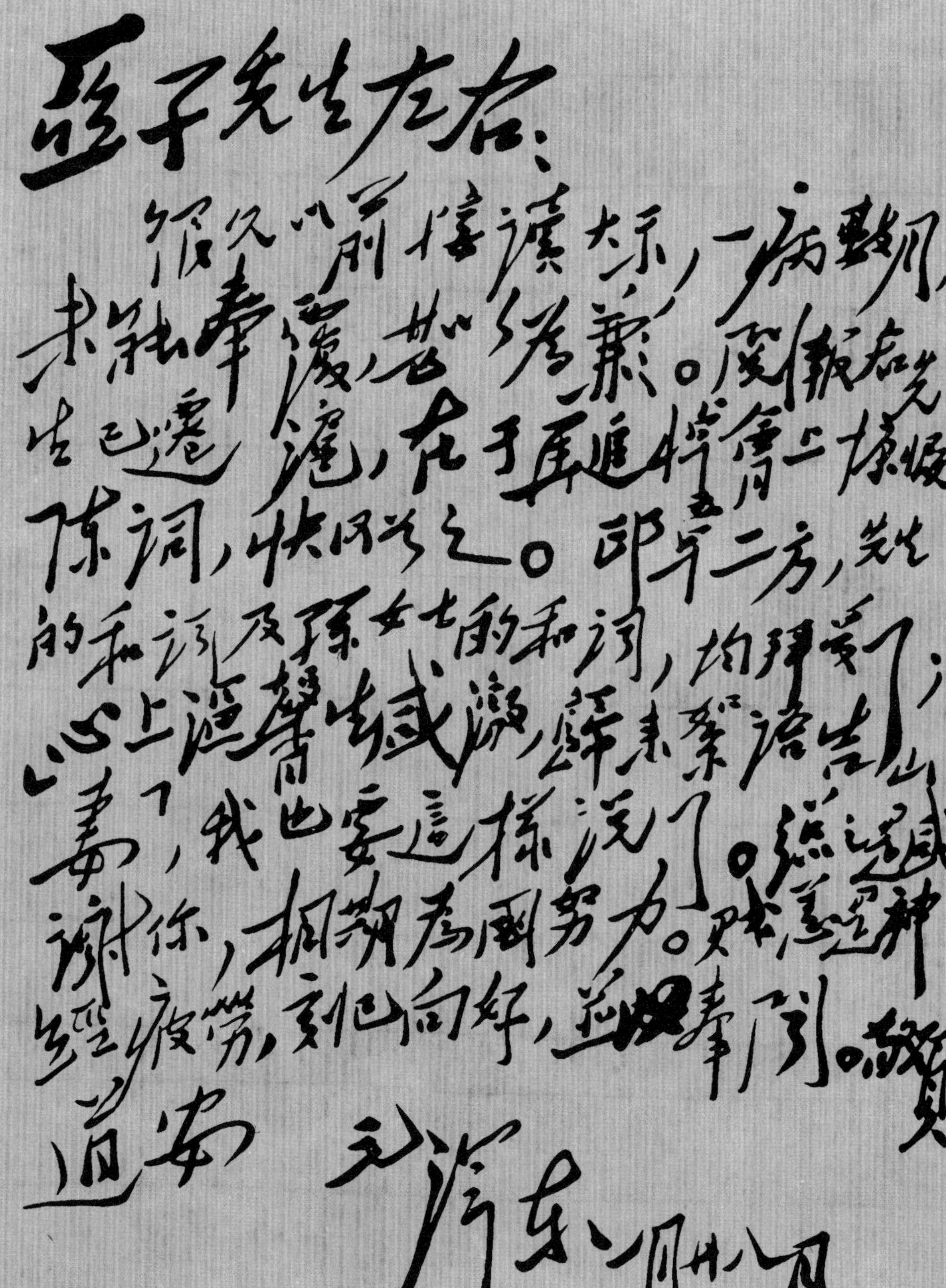
亞子先生左右：
很久以前接讀大示，一病數月，未能奉復，甚以為歉。閱報知先生已遷滬，在[illegible]讀[illegible]陳詞，快何如之。[illegible]二方，先生的和詞及孫女士的和詞，均拜讀了；"心上溫馨生感激，歸來絮語告山妻"，我也要這樣說了。總之感謝你，相期為國努力。賤恙[illegible]，神經疲勞，亦已向好，並以奉聞。敬頌
道安
毛澤東 一月廿八日

致陈瑾昆

一九四七年一月十六日

瑾昆同志：

大示诵悉。从新的观点出发研究法律，甚为必要。新民主主义的法律，一方面与社会主义的法律相区别，另方面，又与欧美日本一切资本主义相区别，请本此旨加以研究。目前美蒋所提和谈，如过去一切和谈一样，全属欺骗性质，因其军事失败，企图取得休息时间，整军再战，我们切不可上当。

敬复。顺祝

健康！

毛泽东

一月十六日

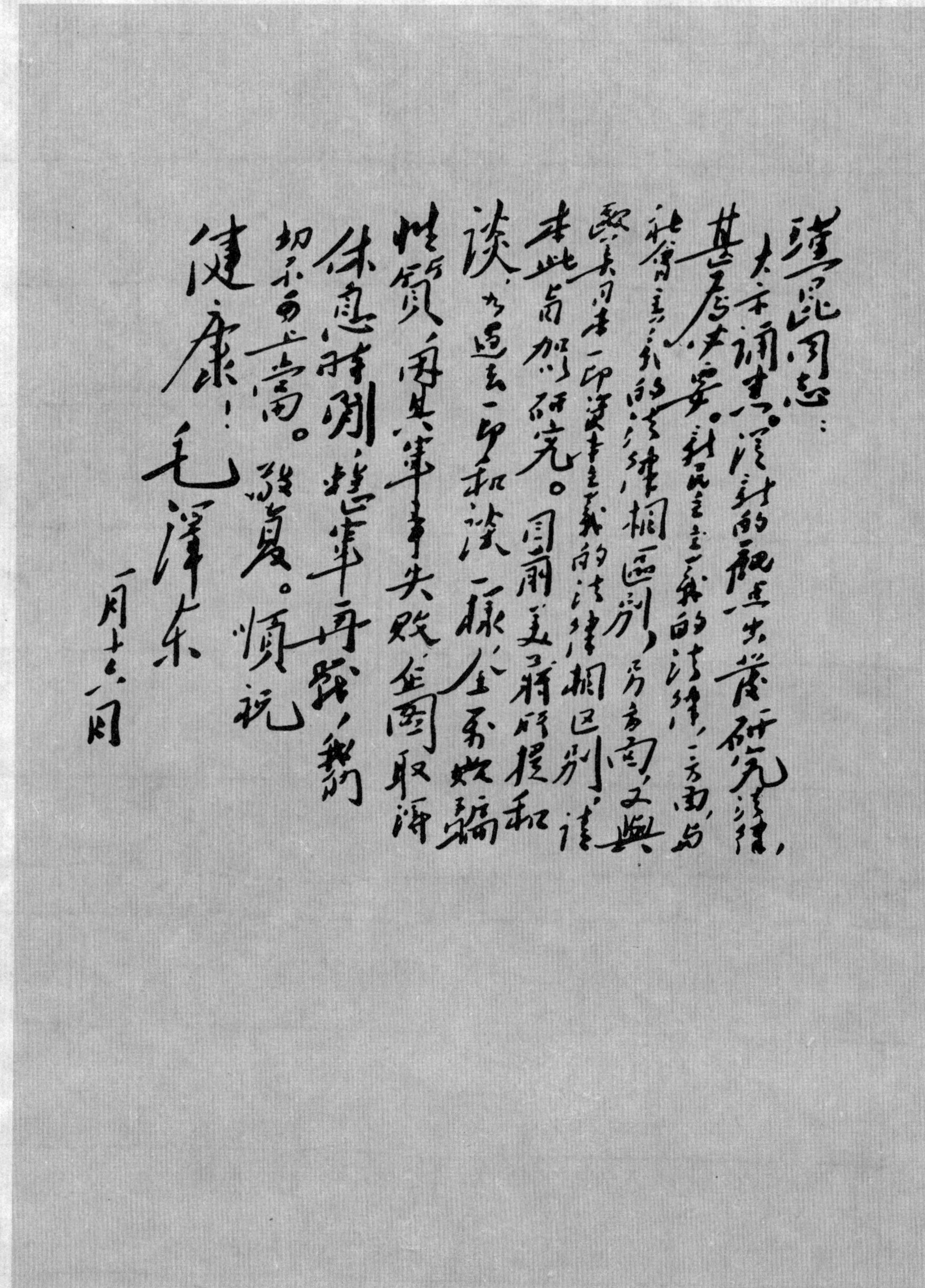

致毛岸英

一九四七年九月十二日

岸英儿：

别后，晋西北一信，平山一信，均已收到。看你的信，你在进步中，甚为喜慰。永寿这孩子有很大进步，他的信写得很好。复他一信，请你译成外国语，连同原文，托便带去。我们在此很好，我的身体比在延安要好得多，主要是脑子休息了。你要看历史小说，明清两朝人写的笔记小说（明以前笔记不必多看），可托周扬同志设法，或能找到一些。我们这里打了胜仗。打得敌人很怕我们。问你好！

毛泽东

一九四七年九月十二日

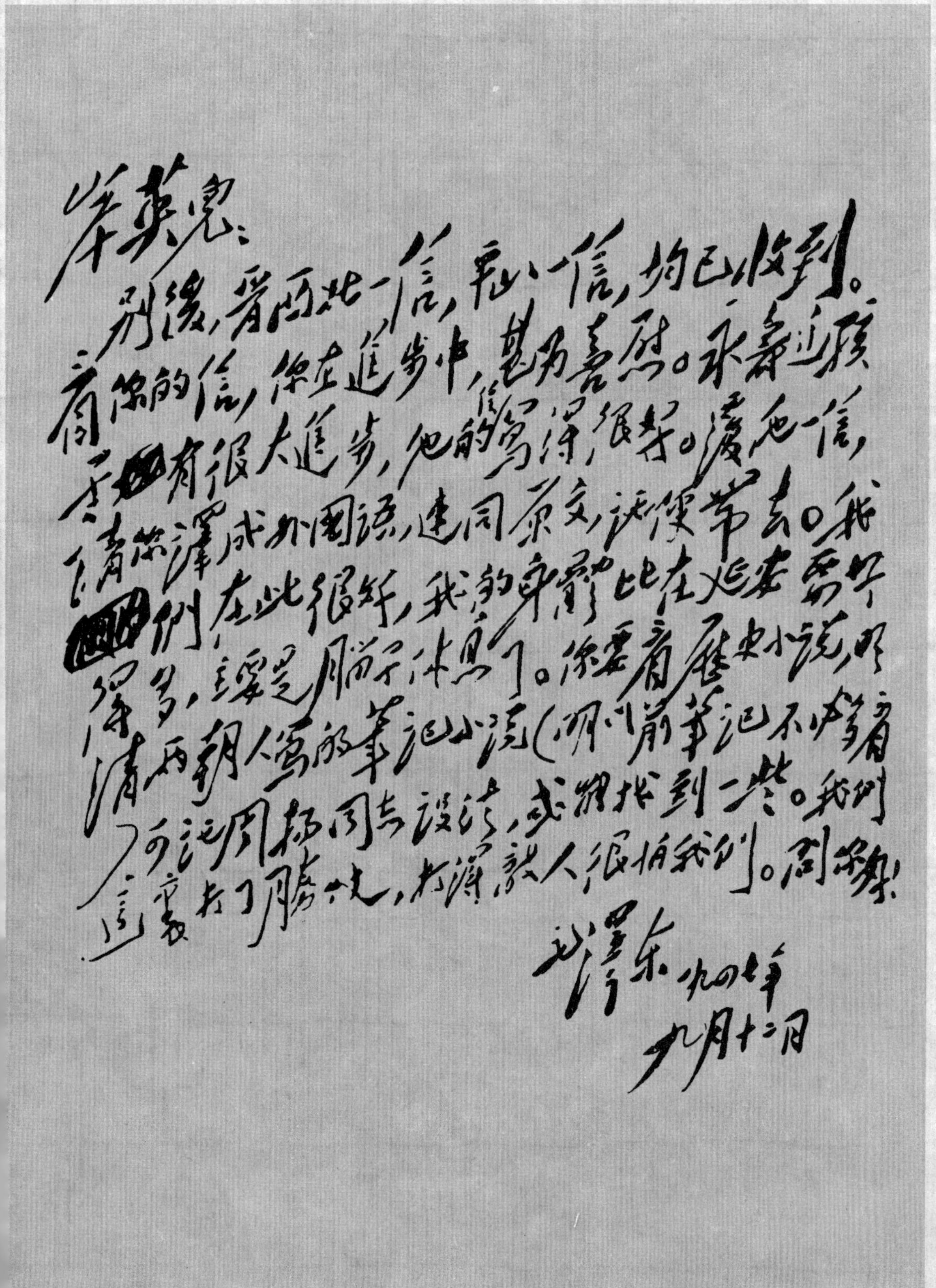

致蓝公武

一九四八年四月二十七日

公武先生：

三十年前，拜读先生在《晨报》及《国民公报》上的崇论宏议，现闻先生居所距此不远，甚思一晤，借聆教益。兹派车迎候，倘蒙拨冗枉驾，无任欢迎。敬颂大安！

毛泽东

一九四八年四月二十七日

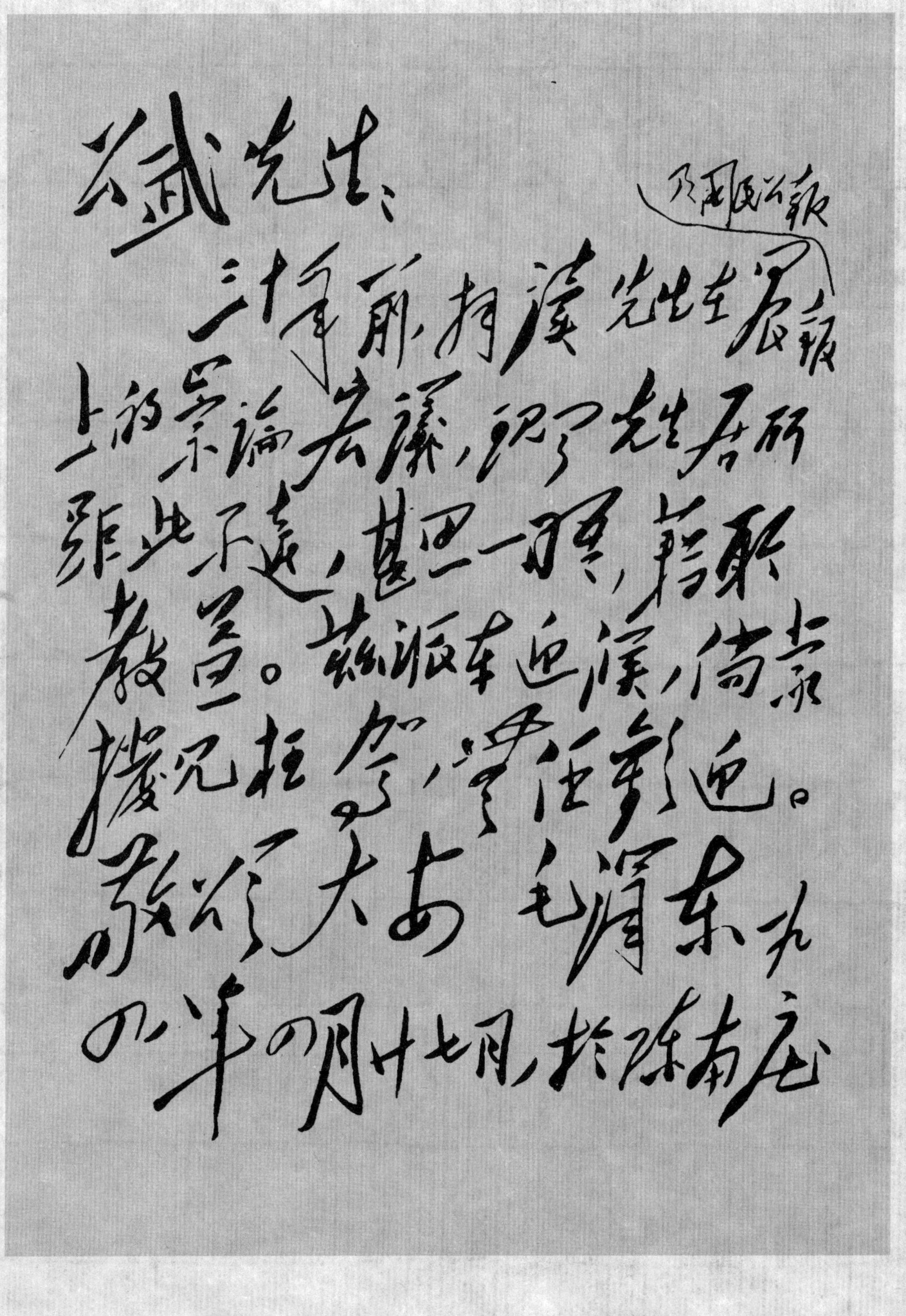

公武先生：三十年前，拜读先生在晨报（及国民公报）上的崇论宏议，现闻先生居所距此不远，甚思一晤，借聆教益。兹派车迎候，倘蒙拨冗枉驾，无任欢迎。敬颂大安 毛泽东 一九四八年四月廿七日，于陈南庄

致彭真

一九四八年十月七日

彭真同志：

刘澜涛来信阅悉。中组应发一指示给各中央局、分局的组织部，规定请示报告制度，其中规定若干项重要事项必须报告和请示的，尔后，不断督催，建立起中组的业务来，请与安子文同志商酌办理为盼。

毛泽东

十月七日

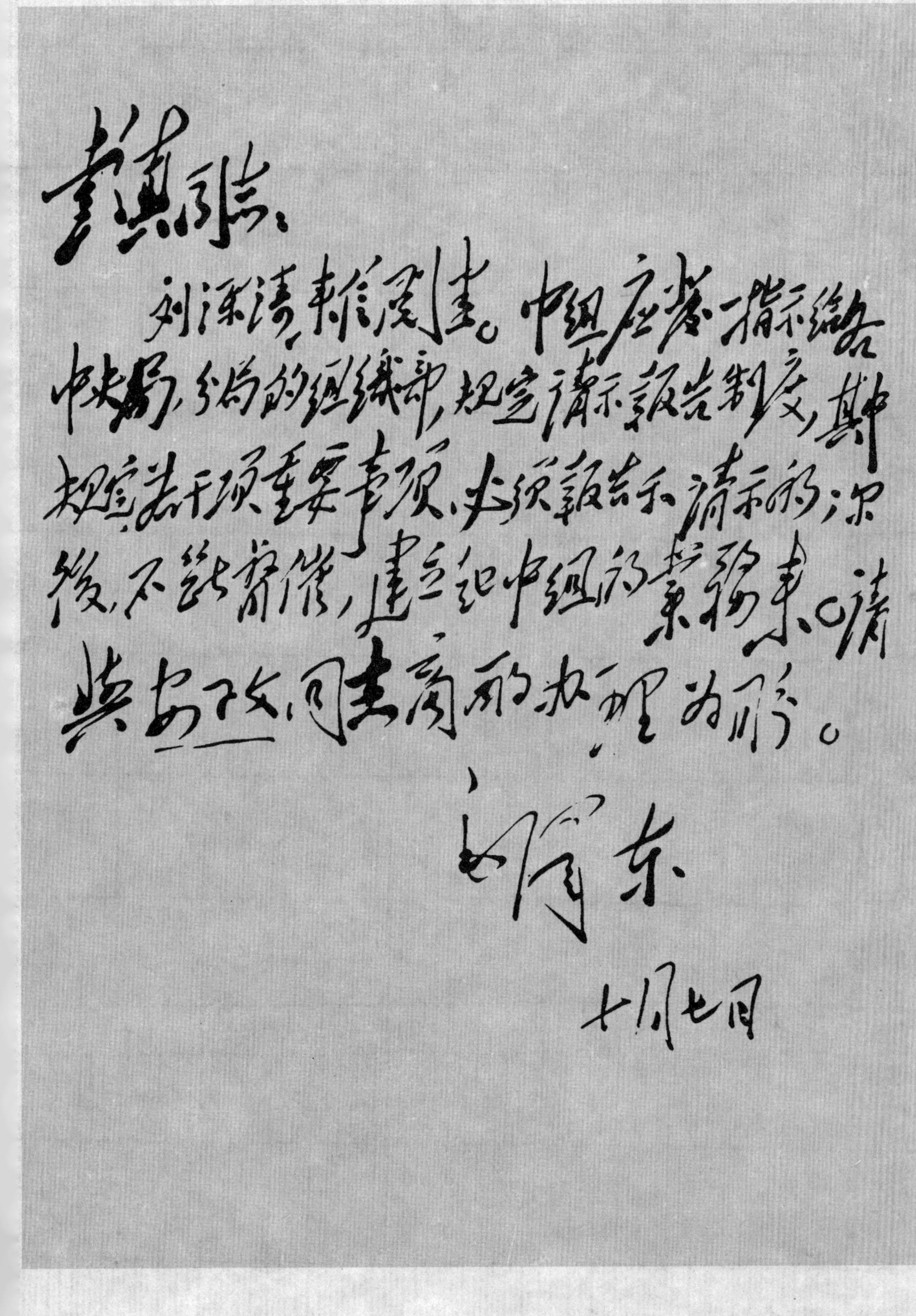

彭真同志：刘澜涛来信阅悉。中组应发一指示给各中央局、分局的组织部，规定请示报告制度，其中规定若干项重要事项，必须报告和请示的，尔后，不断督催，建立起中组的业务来。请与安子文同志商酌办理为盼。毛泽东 十月七日

致刘少白

一九四八年十月三十日

少白同志：

九月十五大示读悉。我们的工作是有错误的。好在现已一般地纠正，并在继续纠正中，正如你在五事中第二项所说那样。情形既已明白，则事情好办，你也就可以安心了。大函已转付彭真同志，党籍一事，请与彭真商酌。敬颂

大安！

毛泽东

十月卅日

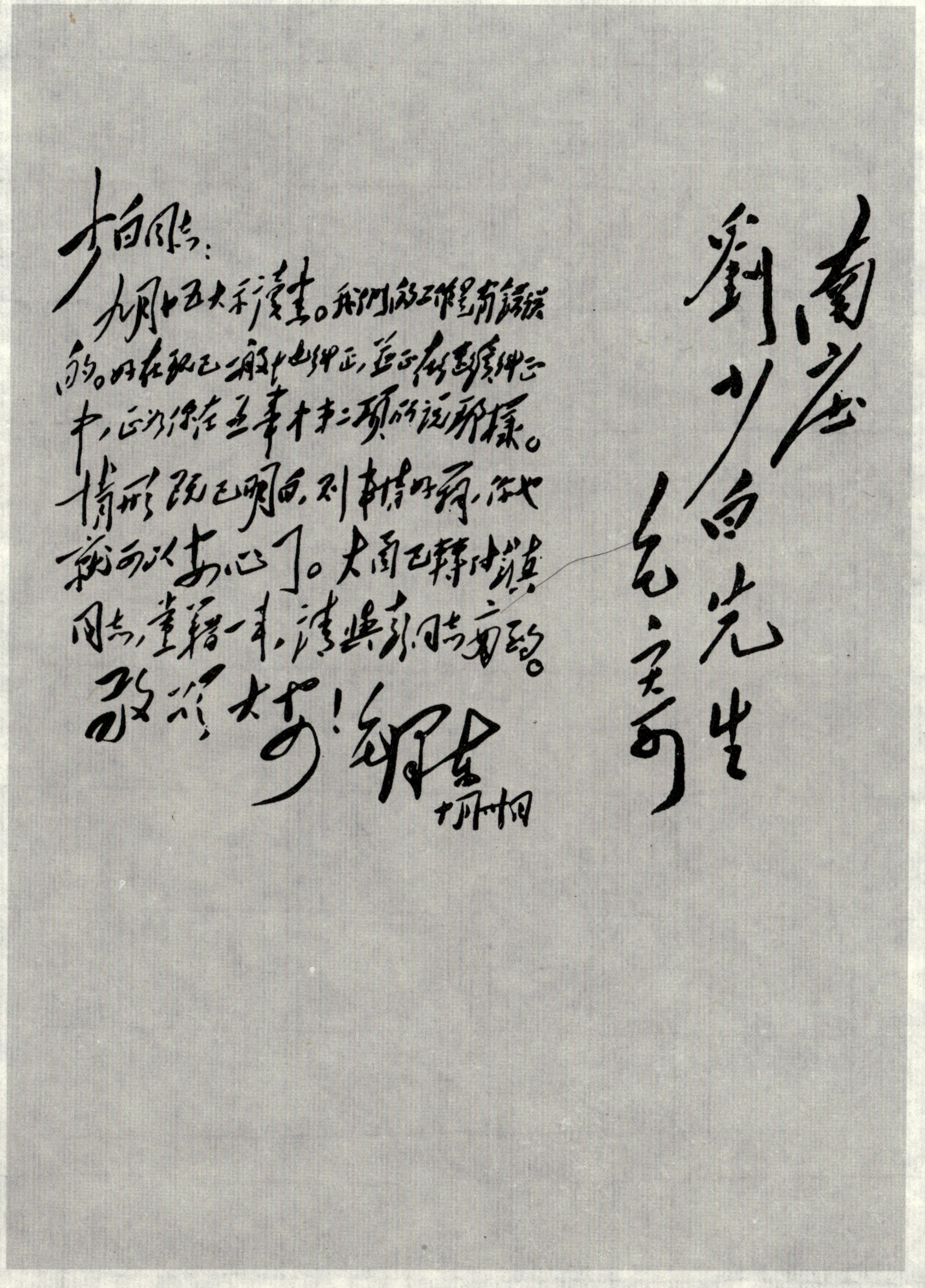

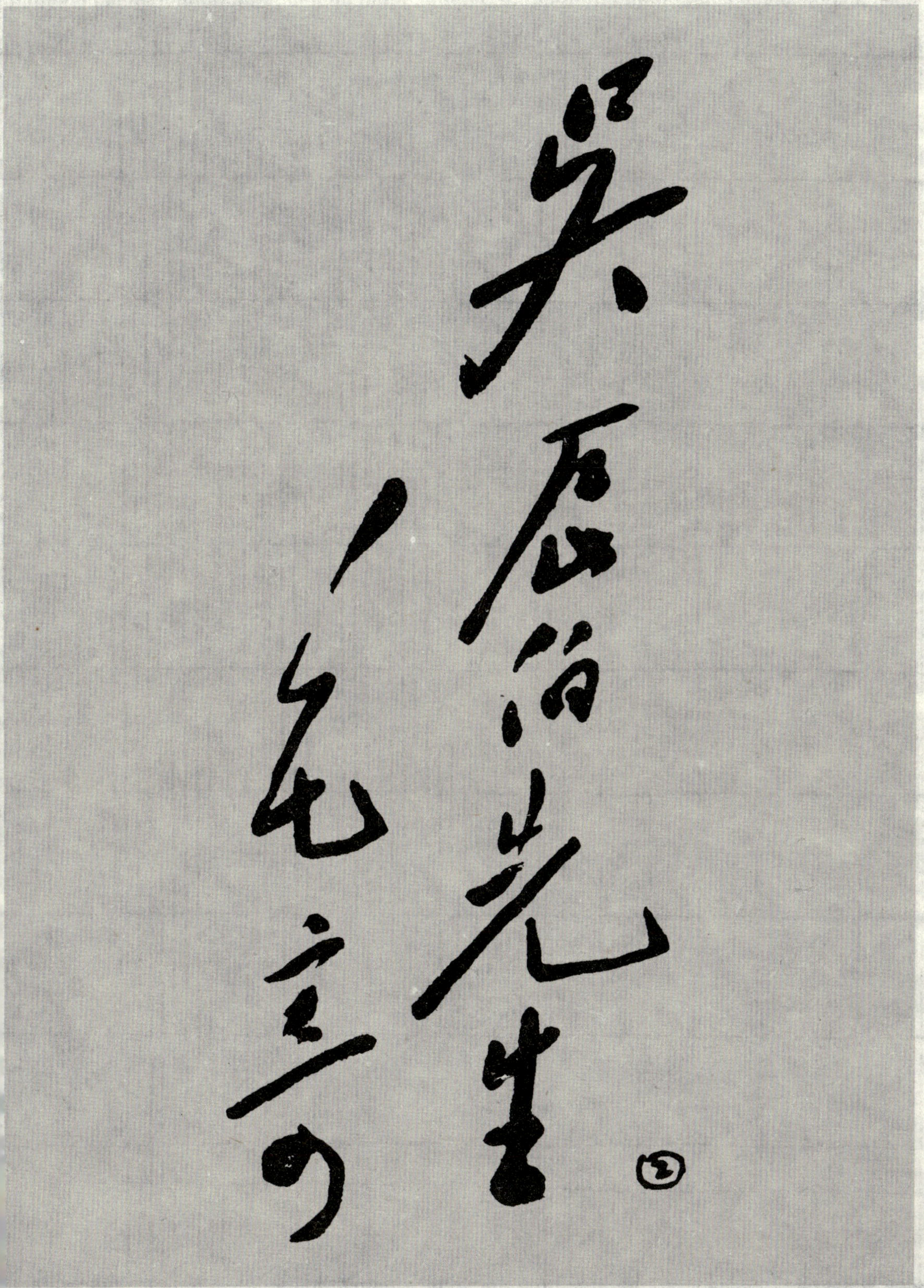

致吴晗

一九四八年十一月二十四日

辰伯先生：

两次晤谈，甚快。大著阅毕，兹奉还。此书用力甚勤，据发甚广，给我启发不少，深为感谢。有些不成熟的意见，仅供参考，业已面告。此外尚有一点，即在方法问题上，先生似尚未完全接受历史唯物主义作为观察历史的方法论。倘若先生于这方面加力用一番功夫，将来成就不可限量。谨致

革命的敬礼！

毛泽东

十一月廿四日

介绍乔木同志来见，乞加指教。他是我这里的秘书，兼管新华社工作。

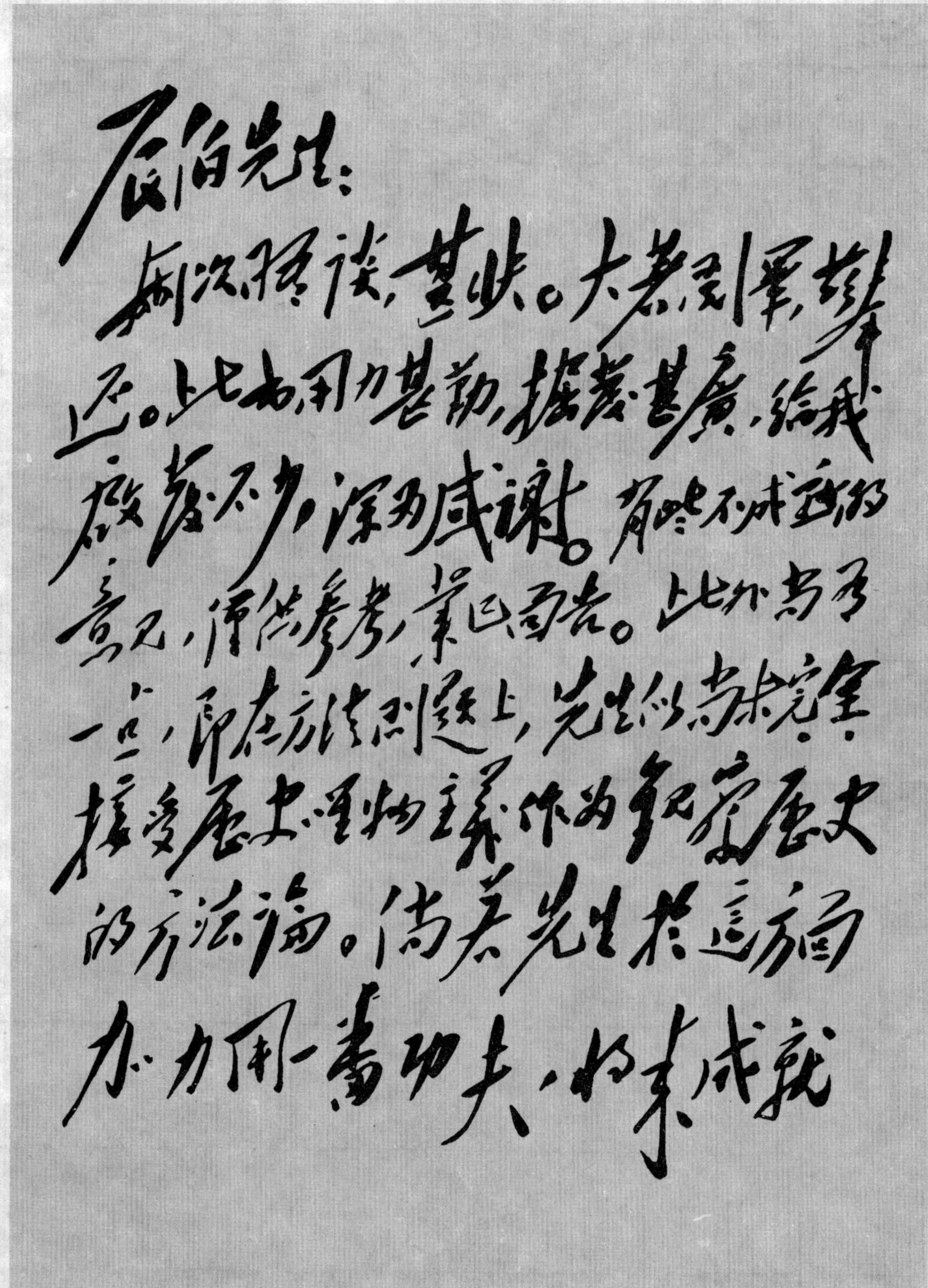

辰伯先生：两次晤谈，甚快。大著阅毕，兹奉还。此书用力甚勤，据发甚广，给我启发不少，深为感谢。有些不成熟的意见，仅供参考，业已面告。此外尚有一点，即在方法问题上，先生似尚未完全接受历史唯物主义作为观察历史的方法论。倘若先生于这方面加力用一番功夫，将来成就

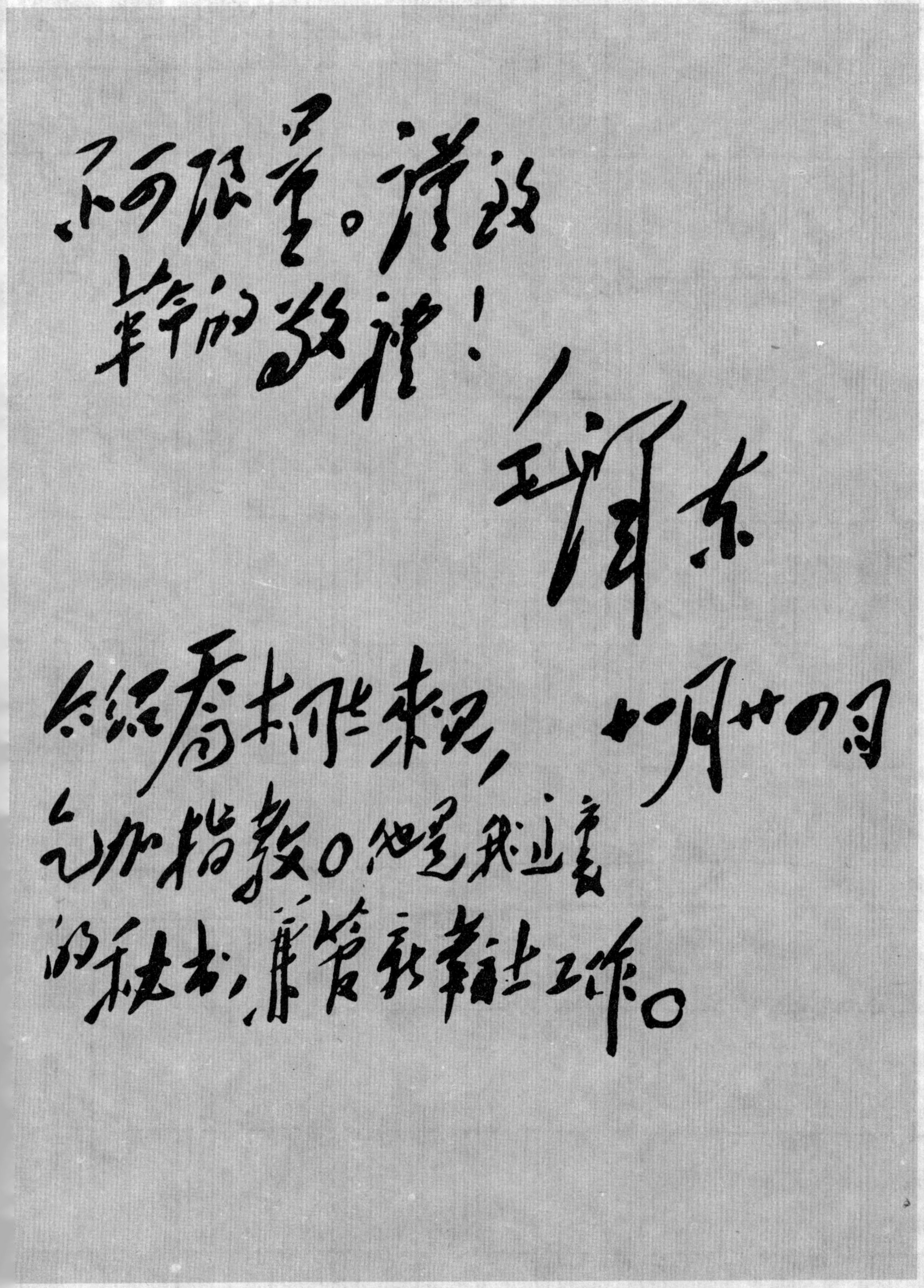

不可限量。谨致革命的敬礼！毛泽东 十一月廿四日

介绍乔木同志来见，乞加指教。他是我这里的秘书，兼管新华社工作。

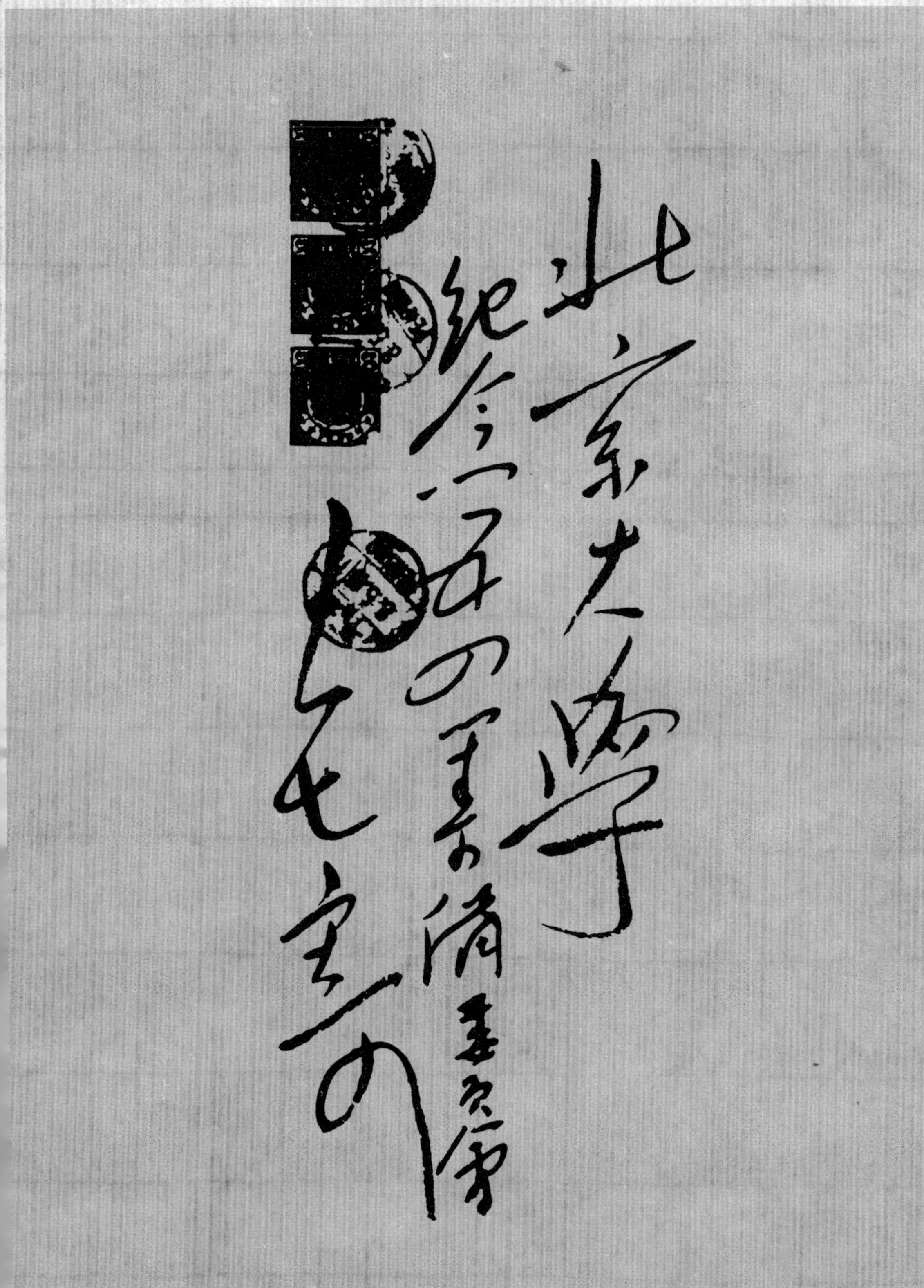

毛澤東手書真迹

第三时期·书信

第三时期·书信

致胡乔木

一九四八年十一月乃

乔木：

此件请酌发。

请注意写些综合报导。其办法是借着一个适当的题目如像占领南阳类去写。并要各地方社负责人（普通记者不能写此类通讯）或党的负责的人学会写这类综合性的报导。而我们是长久缺少此类报导的。

毛泽东　即

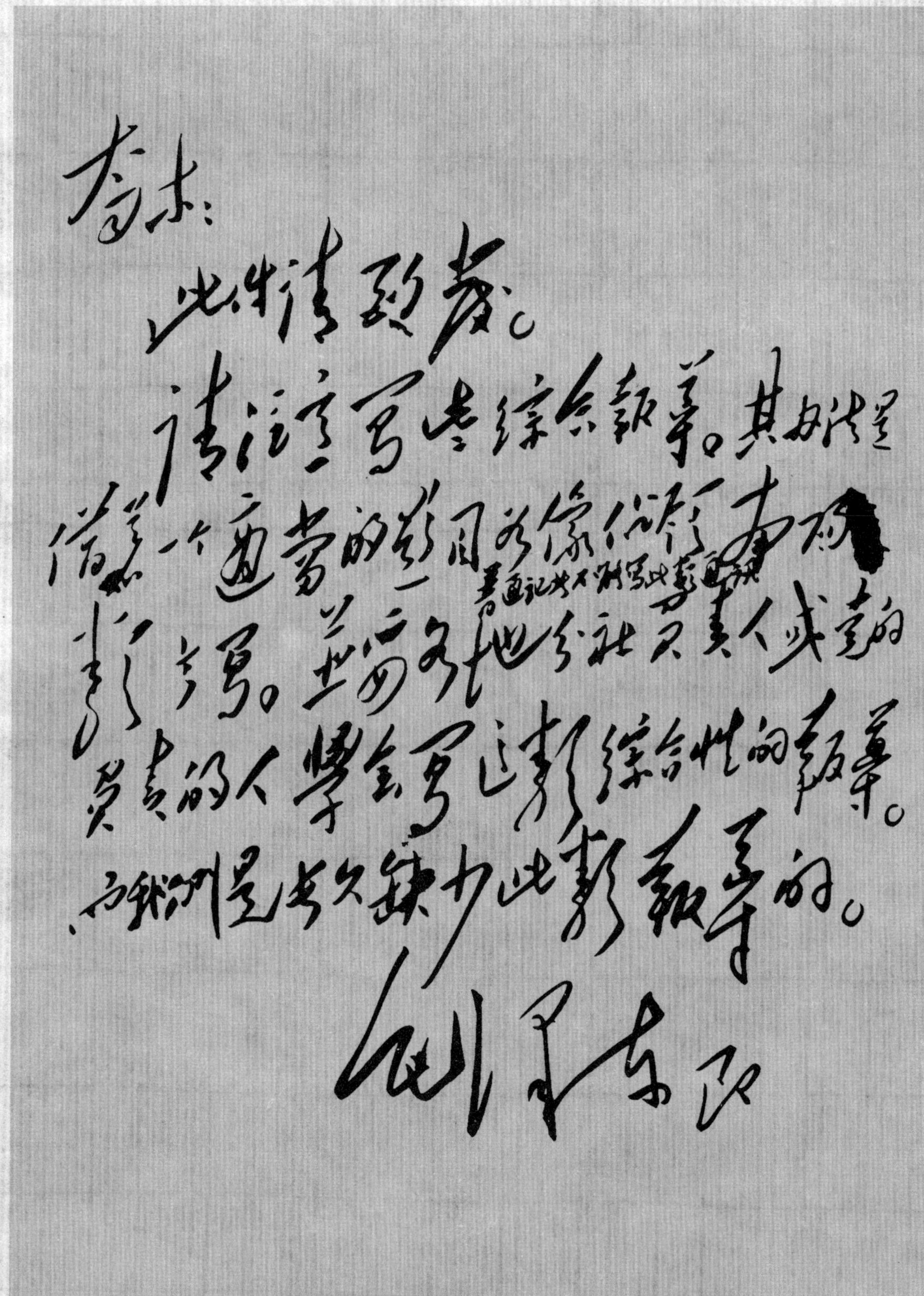

致北京大学纪念五四筹备委员会

一九四九年四月三十日

北京大学纪念五四筹备委员会诸先生：

四月二十八日的信收到。感谢你们的邀请。因为工作的原故，我不能到你们的会，请予原谅。

庆祝北大的进步！

毛泽东

四月卅日

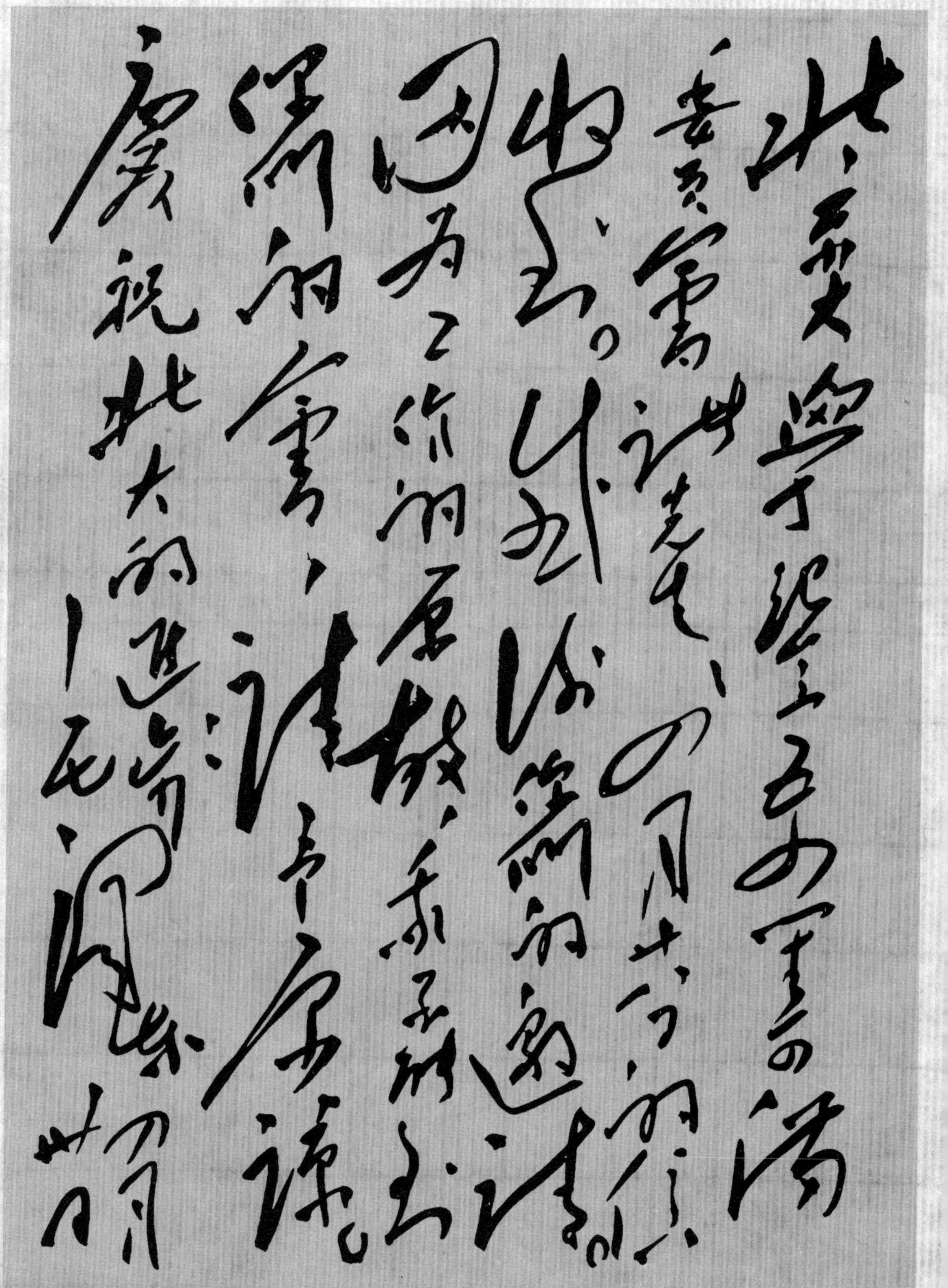

北京大學紀念五四籌備委員會諸先生：四月廿八日的信收到。感謝你們的邀請。因為工作的原故，我不能到你們的會，請予原諒。慶祝北大的進步！毛澤東 四月卅日

第三时期 · 书信

第三时期·书信

致宋庆龄

一九四九年六月十九日

庆龄先生：

重庆违教，忽近四年。仰望之诚，与日俱积。兹者全国革命胜利在即，建设大计，亟待高筹，特派邓颖超同志趋前致候，专诚欢迎先生北上。敬希命驾莅平，以便就近请教，至祈勿却为盼！专此。敬颂大安

毛泽东

一九四九年六月十九日

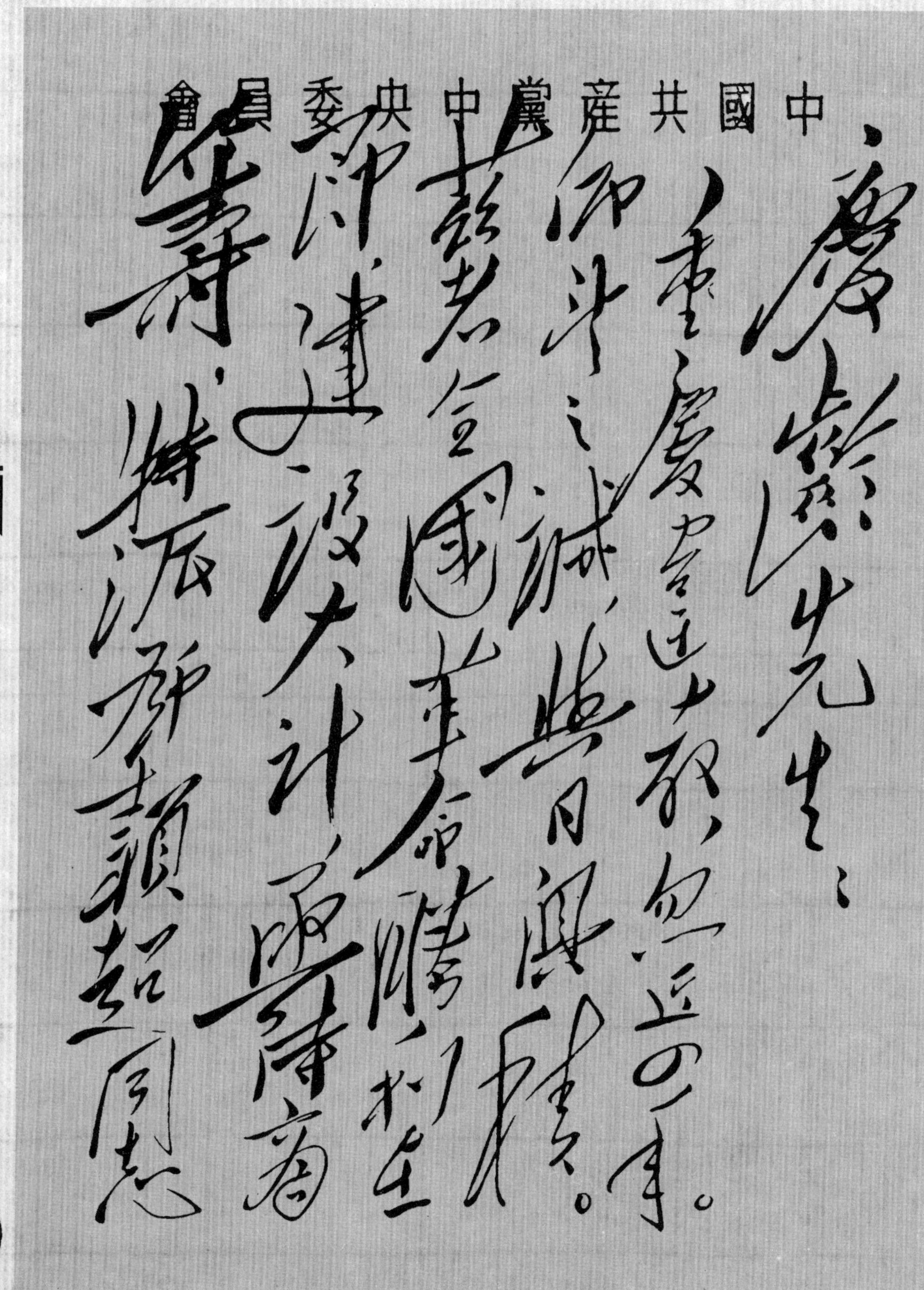
中國共產黨中央委員會

庆龄先生：重庆违教，忽近四年。仰望之诚，与日俱积。兹者全国革命胜利在即，建设大计，亟待高筹，特派邓颖超同志

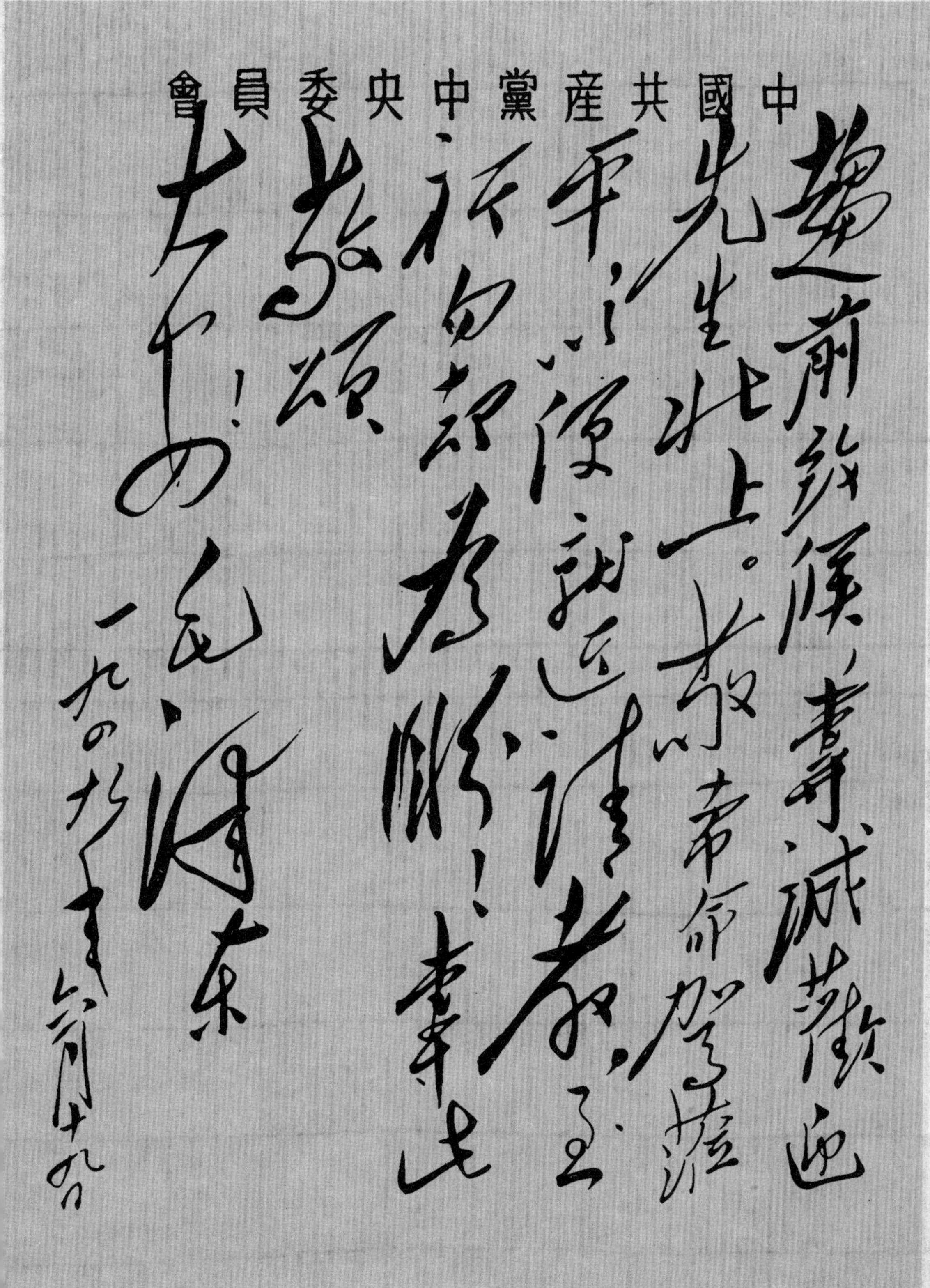
中國共產黨中央委員會

趋前致候，专诚欢迎先生北上。敬希命驾莅平，以便就近请教，至祈勿却为盼！专此。敬颂大安

毛泽东

一九四九年六月十九日

致江庸

一九四九年八月十九日

翊云先生：

大示敬悉。时局发展甚快，新政协有迅速召开之必要，拟请先生及颜俊人先生参加，不识可以成行否？许先生事，已嘱法学方面的同志注意延接。率复。敬颂

道安！

毛泽东

八月十九日

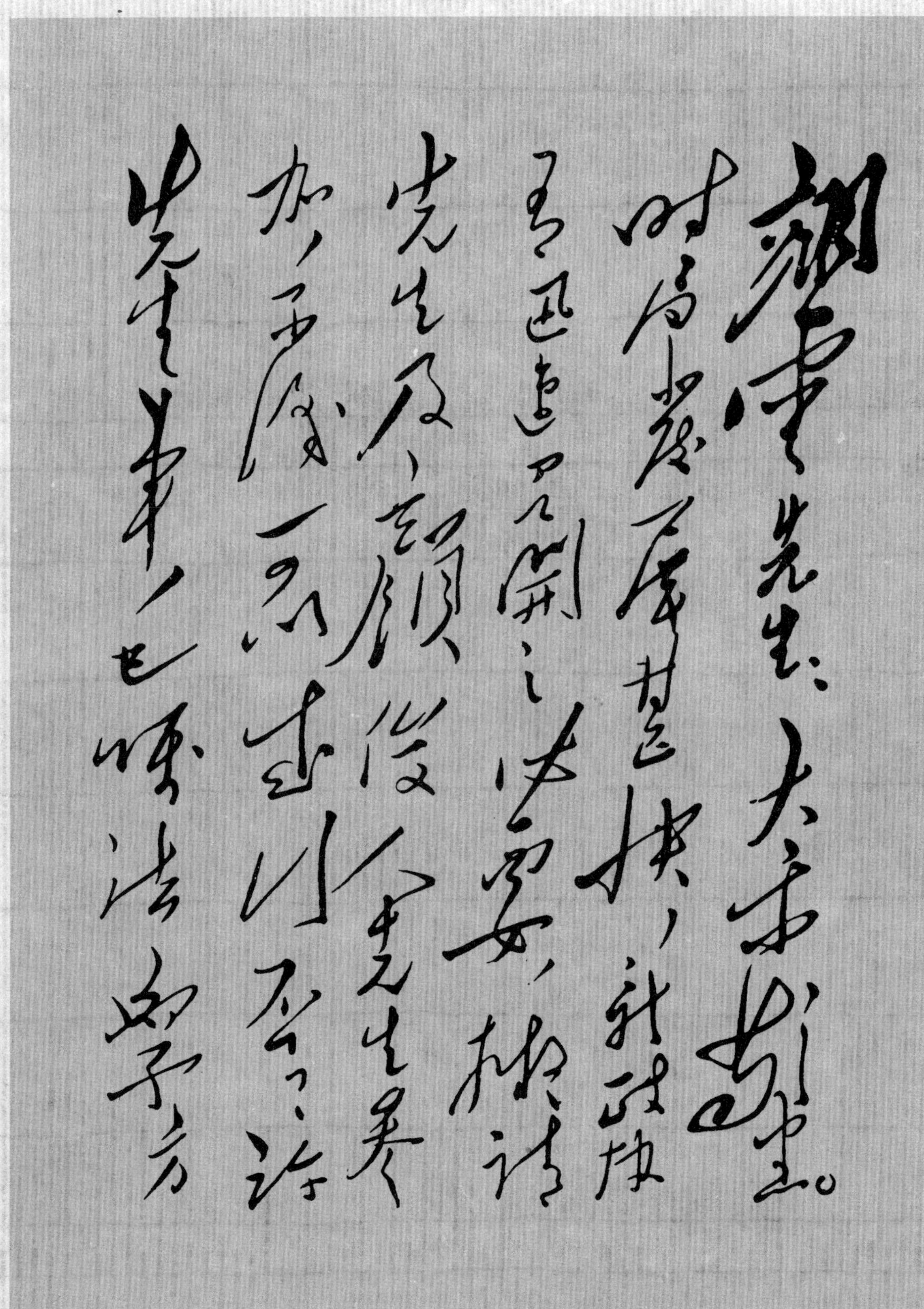

翊云先生：大示敬悉。时局发展甚快，新政协有迅速召开之必要，拟请先生及颜俊人先生参加，不识可以成行否？许先生事，已嘱法学方

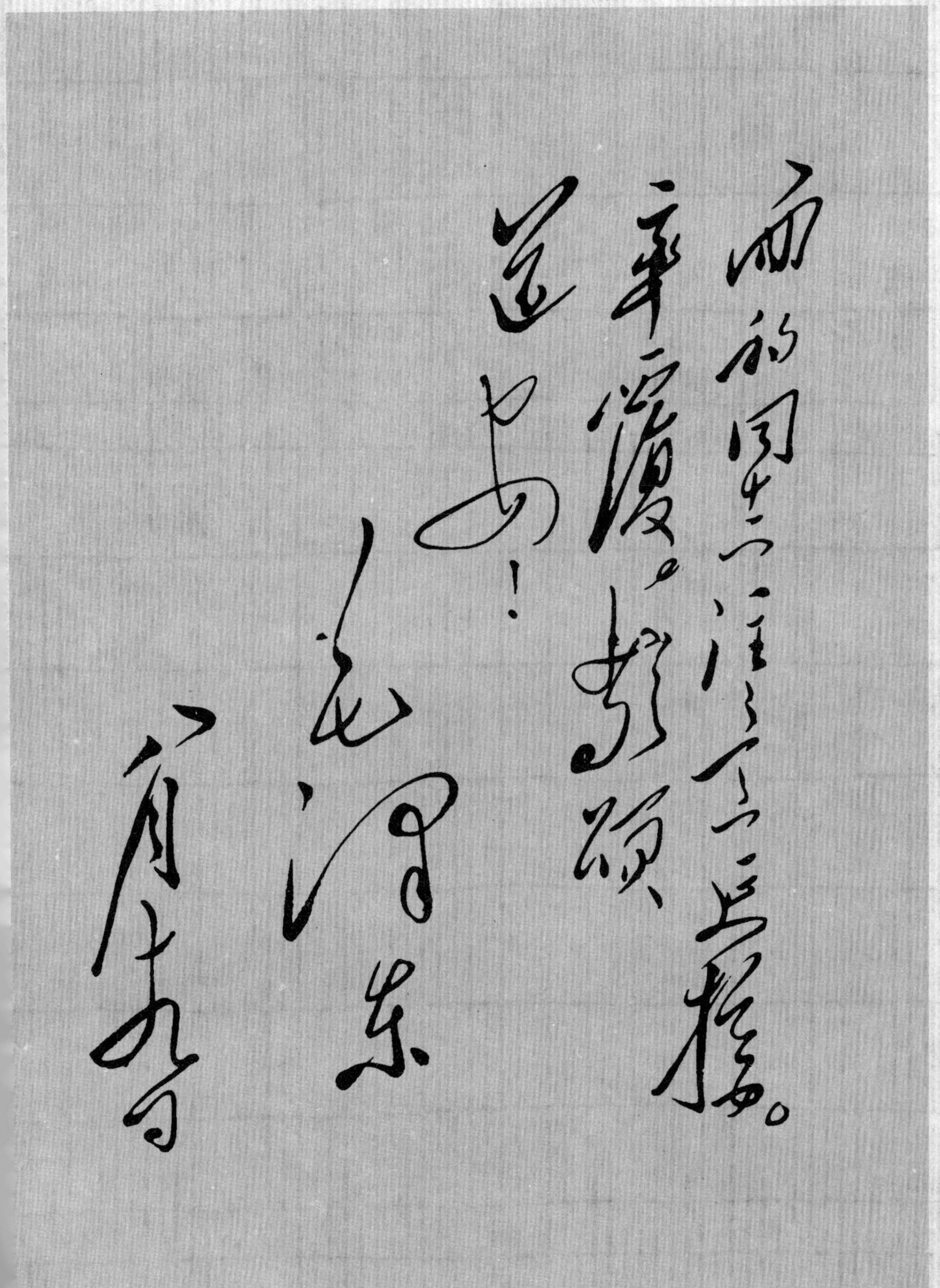

面的同志注意延接。率复。敬颂

道安！

毛泽东

八月十九日

致张治中

一九四九年九月二十一日

文伯先生：

迪化方面复先生两电，今付上。前次先生致陶峙岳电，我在电尾加了几句话，要陶与中共联络员邓力群妥为接洽。邓力群（邓飞黄之弟）已由伊宁于十五日至迪化与陶鲍见了面，谈得还好。关于周黄两军，自向甘凉肃退后，现至何地不明。已电彭德怀同志注意与该两军联络，不采歼灭方针而取改编方针，未知能如所期否？要紧的，除由迪化派代表去兰州谈判外，周、黄自己应迅速主动派代表去前线认真谈判，表示诚意。因我军已由兰州、青海分两路向张掖疾进；而周、黄自天水西撤后，沿途派人谈判均未表示诚意，一面谈，一面跑（大概是惧歼），图至河西集中保全），使我前线将领有些不耐烦。（兄给周嘉彬信已送达周部但未知周本人看到否？）现在先生如有电给周，可由邓力群交陶峙岳转去。敬问日安！

毛泽东

九月廿一日

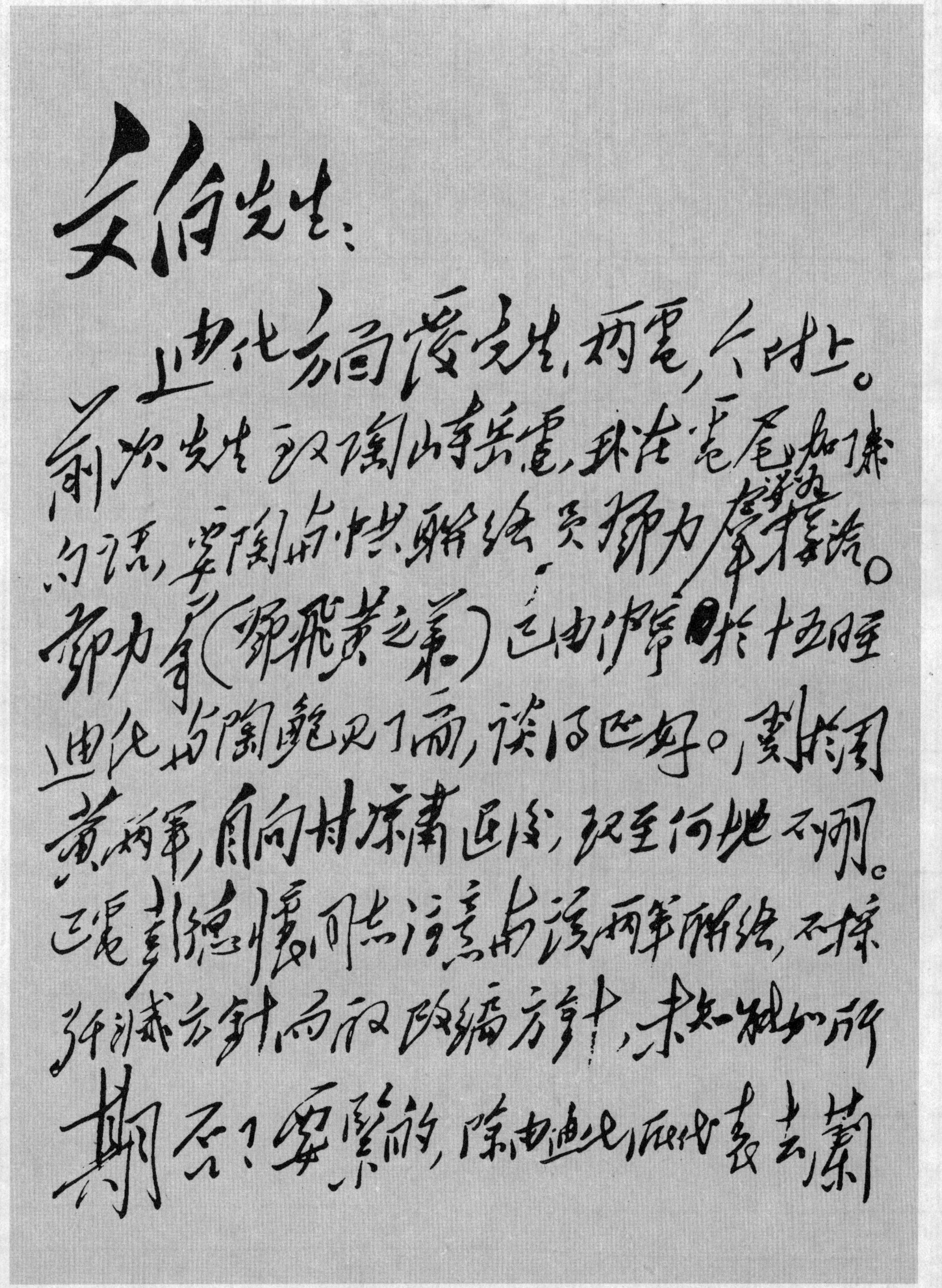

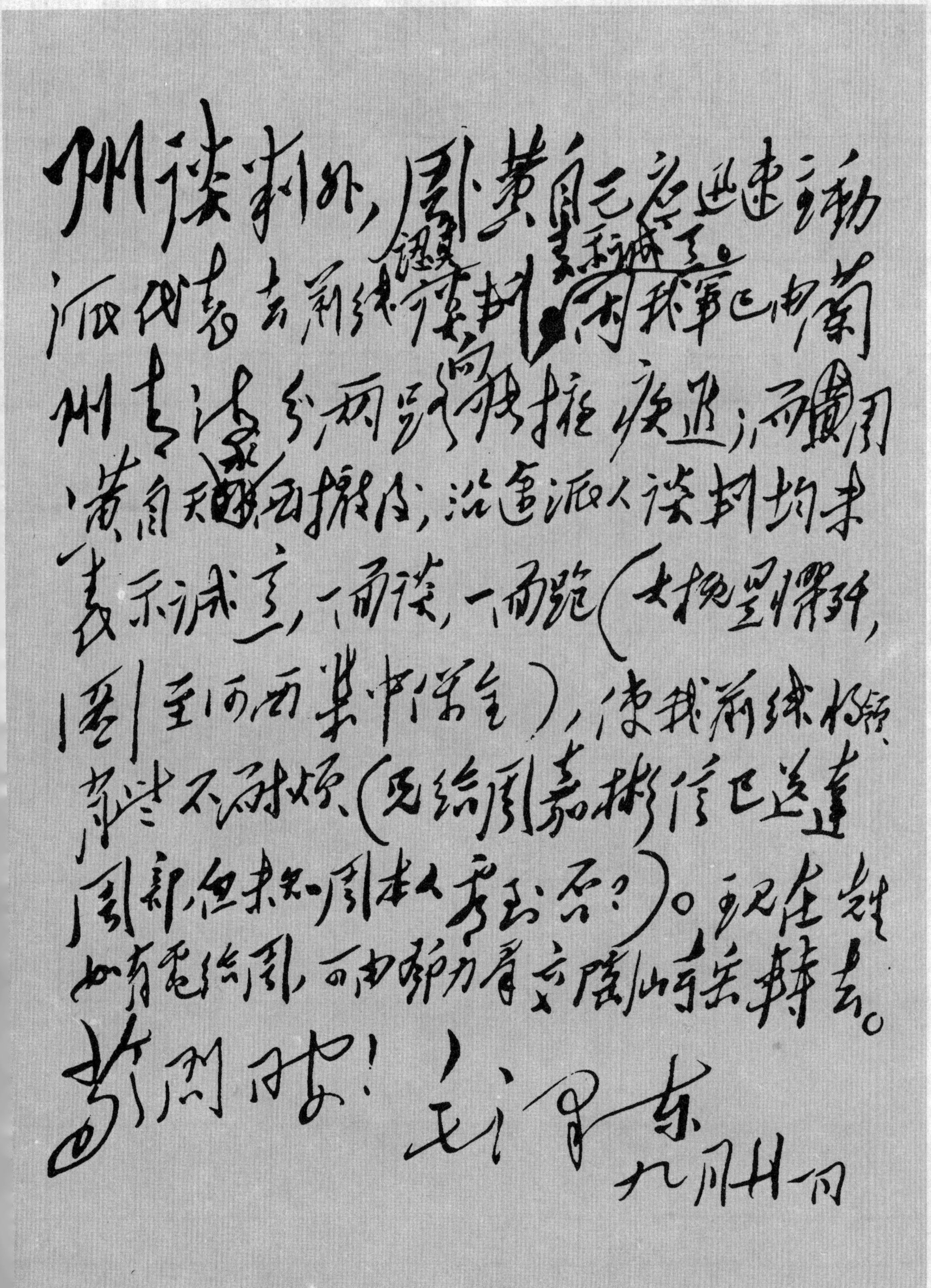

致冯友兰

一九四九年十月十三日

友兰先生：

十月五日来函已悉。

我们是欢迎人们进步的。像你这样的人，过去犯过错误，现在准备改正错误，如果能实践，那是好的。也不必急于求效，可以慢慢地改，总以采取老实态度为宜。此复。敬颂教祺！

毛泽东

十月十三日

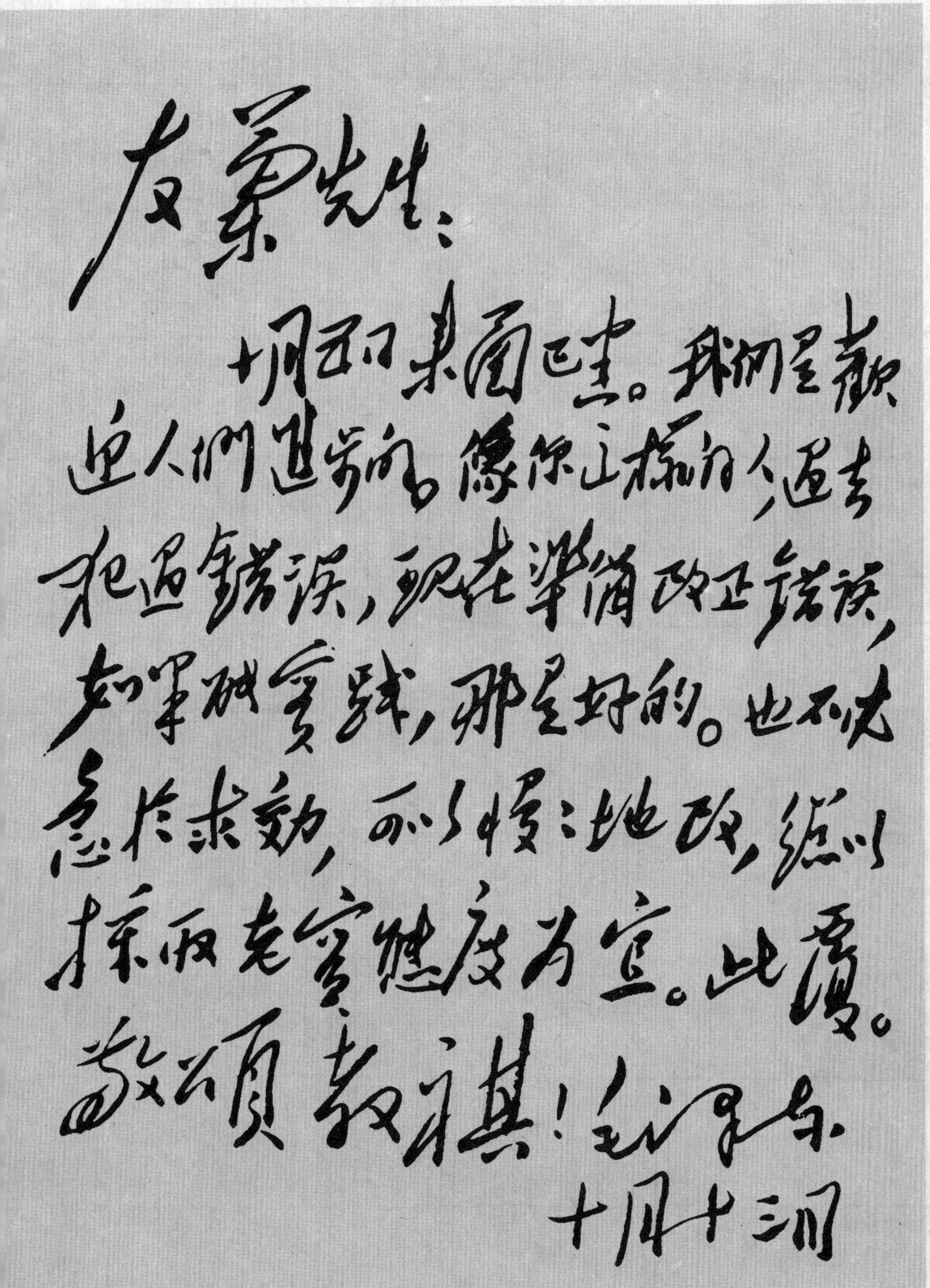
友兰先生：

十月五日来函已悉。我们是欢迎人们进步的。像你这样的人，过去犯过错误，现在准备改正错误，如果能实践，那是好的。也不必急于求效，可以慢慢地改，总以采取老实态度为宜。此复。敬颂教祺！毛泽东

十月十三日

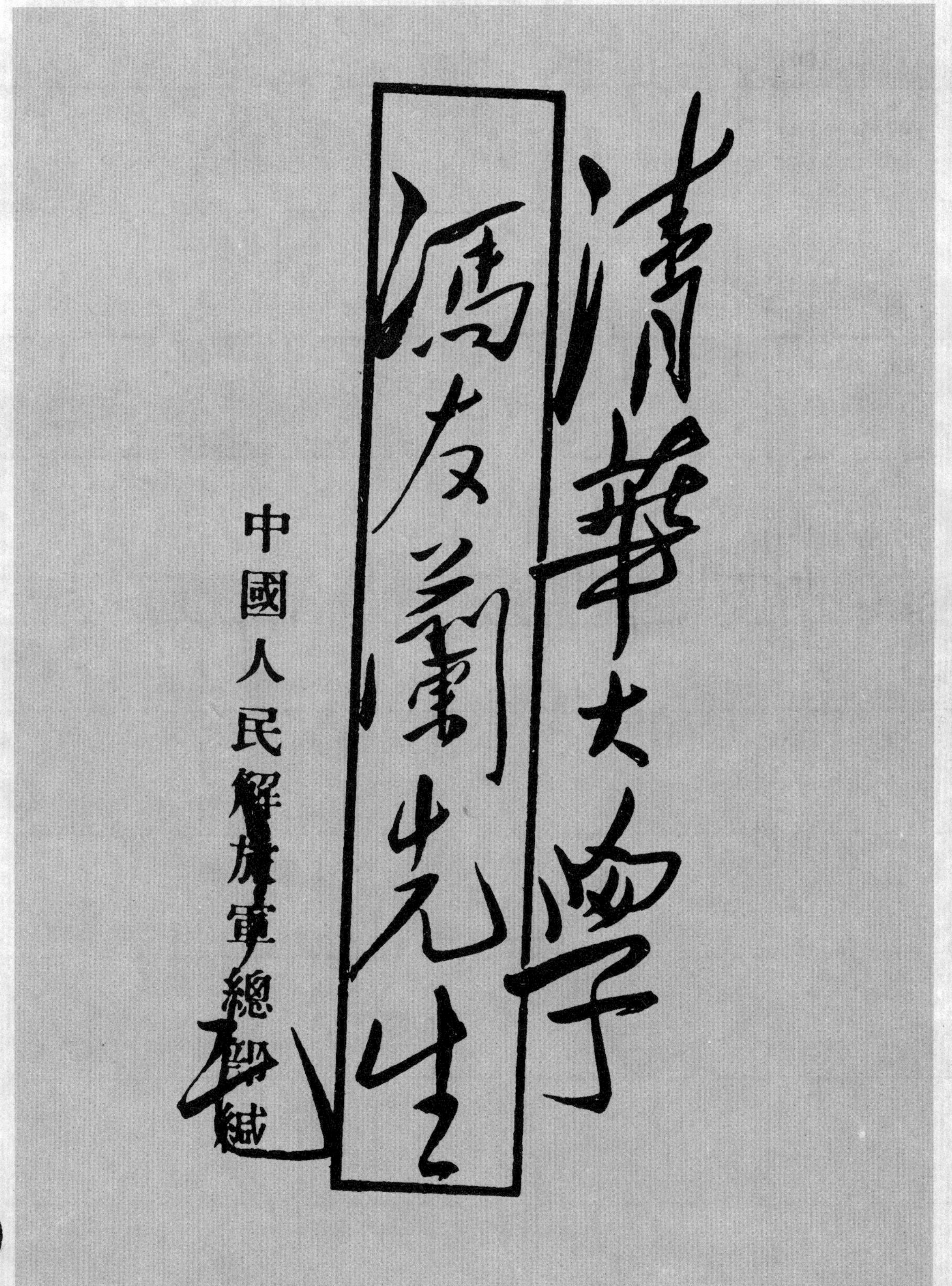
清华大学

冯友兰先生

中國人民解放軍總部緘

致周世钊

一九四九年十月十五日

敦元学长兄：

迭接电示，又得十〔九〕月二十八日长书，勤勤恳恳，如见故人。延安曾接大示，寄重庆的信则未收到。兄过去虽未参加革命斗争，教书就是有益于人民的。城南学社诸友来电亦已收到，请兄转告他们，感谢他们的好意。兄为一师校长，深庆得人，可见骏骨未凋，尚有生气。倘有可能，尊著旧诗尚祈抄寄若干，多多益善。除台湾、西藏外，全国各地大约几个月内即可完成军事占领。但大难甫平，民生憔悴，须有数年时间，方能恢复人民经济，完成土地制度的改革及提高人民政治觉悟水平，这些任务均有待于文教工作的协助。

陈泽同先生的意见书已收阅，当交此间工业机关研究，请兄为我代致谢意。他的工作问题请告他直接向湖南当局要求解决，不要等候我的答复。谨此奉复。敬颂

教祺！

毛泽东

一九四九年十月十五日

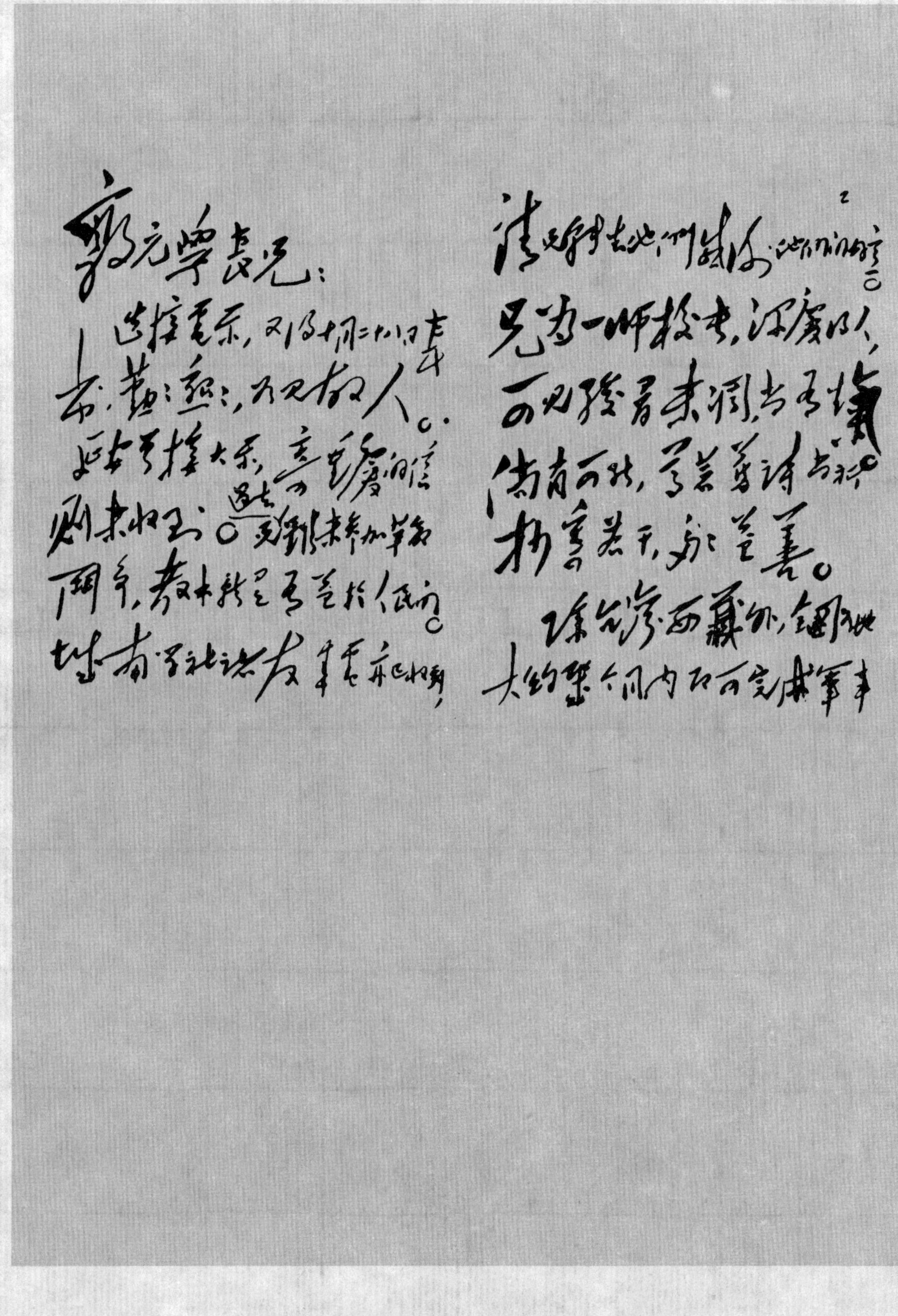

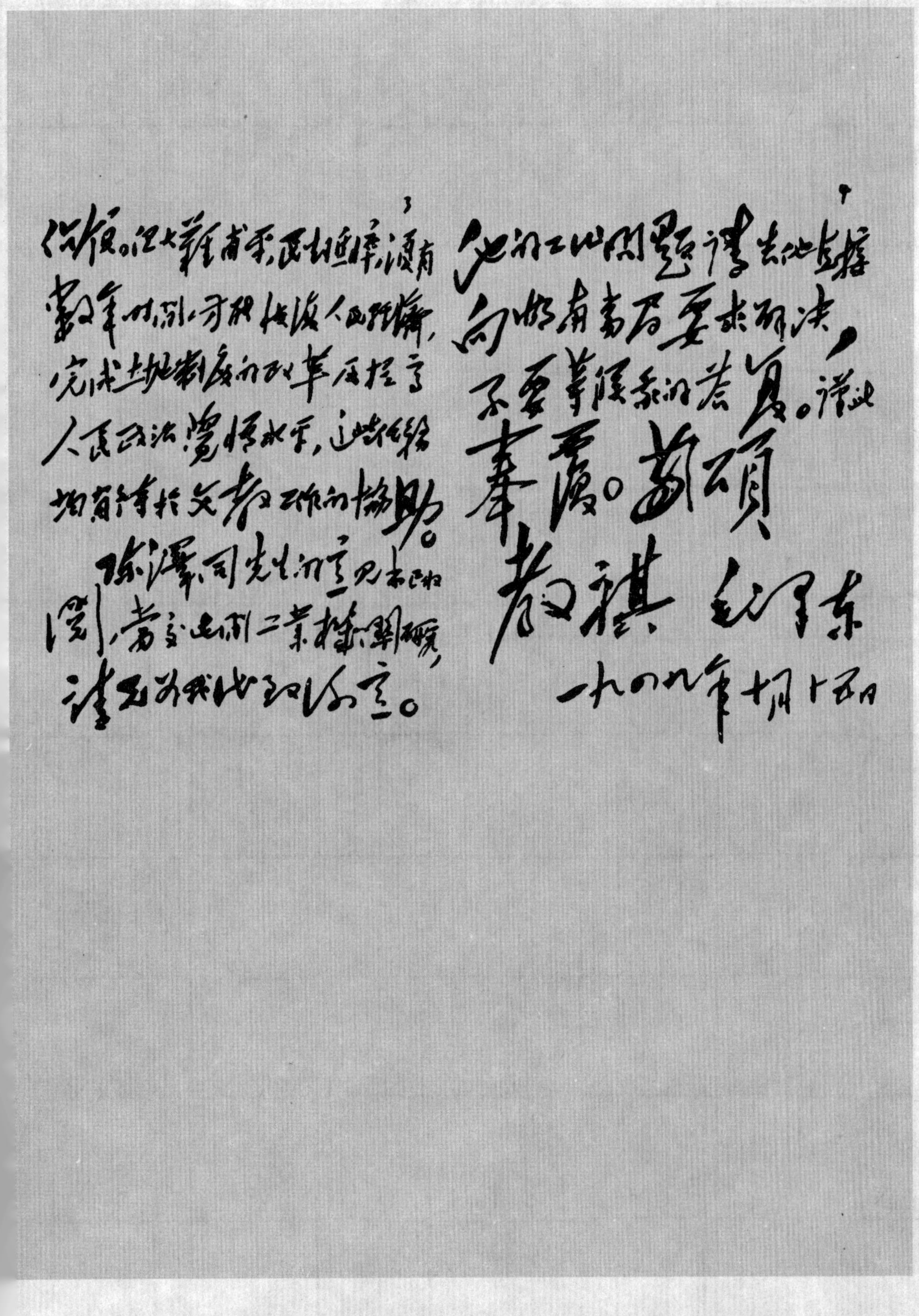

致毛煦生

一九四九年十一月十五日

煦生先生：

前后三函奉悉，迟复为歉。先生仍以在乡间做事为适宜，不要来京。家计困难，在将来土地制度改革过程中可能获得解决。先生过去在辎重营担任何职，记不清楚了，便时尚祈见示。毛紫奇尚在人间否？敬颂

健安！

毛泽东

一九四九年十一月十五日

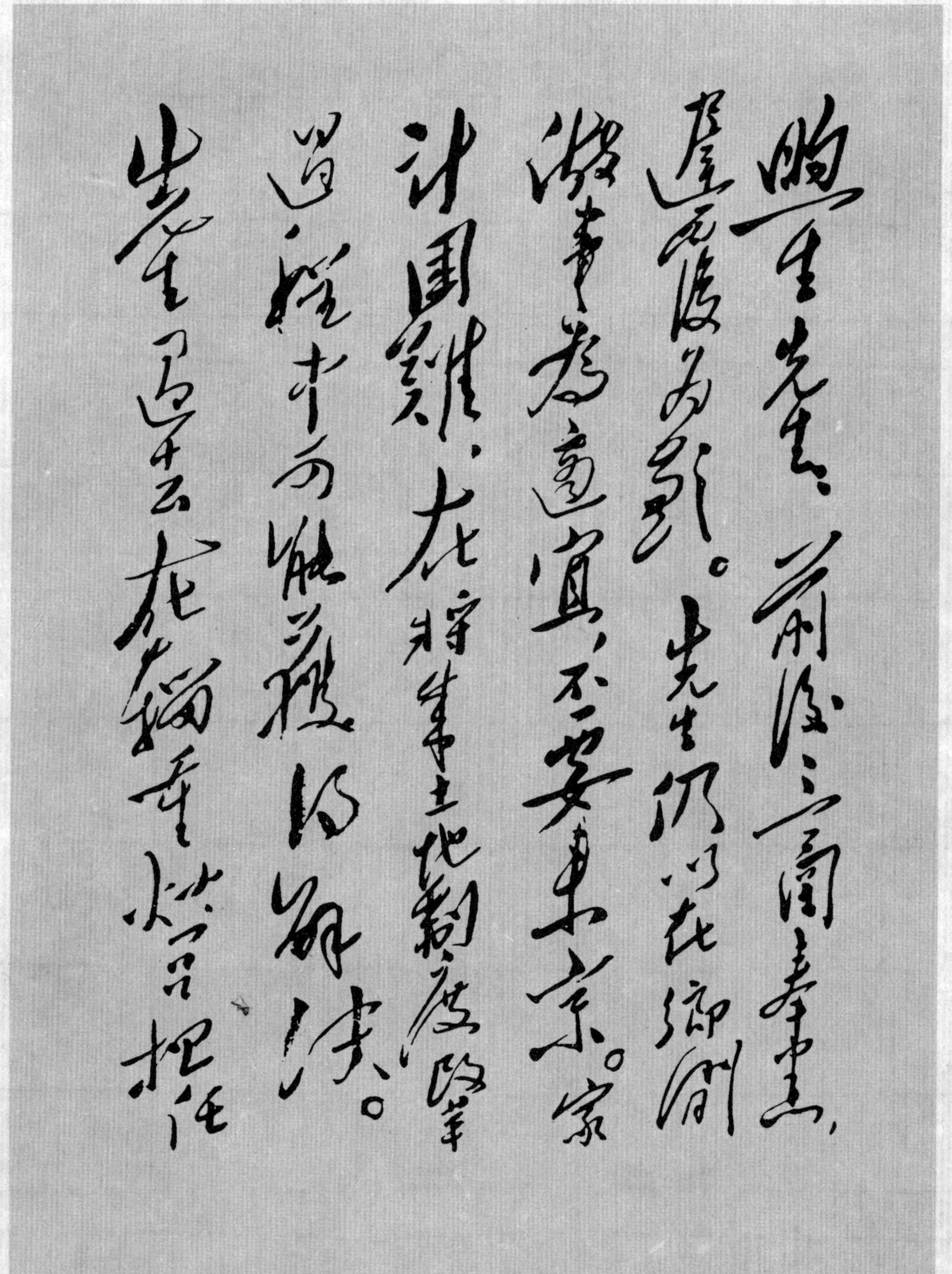
煦生先生：前后三函奉悉，迟复为歉。先生仍以在乡间做事为适宜，不要来京。家计困难，在将来土地制度改革过程中可能获得解决。先生过去在辎重营担任

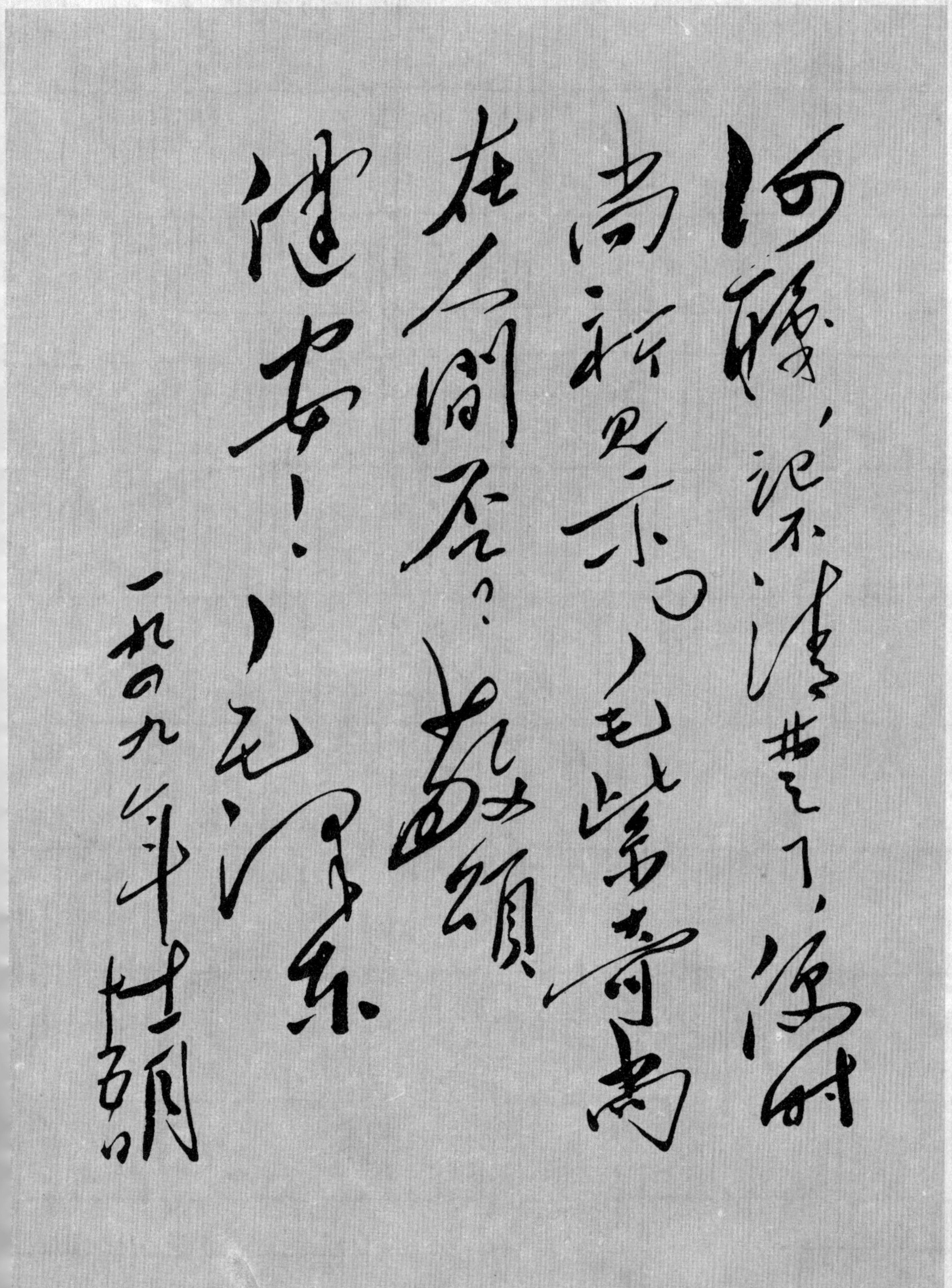
何职，记不清楚了，便时尚祈见示。毛紫奇尚在人间否？敬颂

健安！

毛泽东

一九四九年十一月十五日

致柳亚子

一九四九年十二月二日

柳老：

十一月四日信早已收到，因忙迟复为歉。车中信未见，厚意敬领。题字册便时当代询，周公确有吐握之劳，或且忘记了。文史机关事大略亦因此，便当询之。

此复，顺致

敬意！

毛泽东

十二月二日

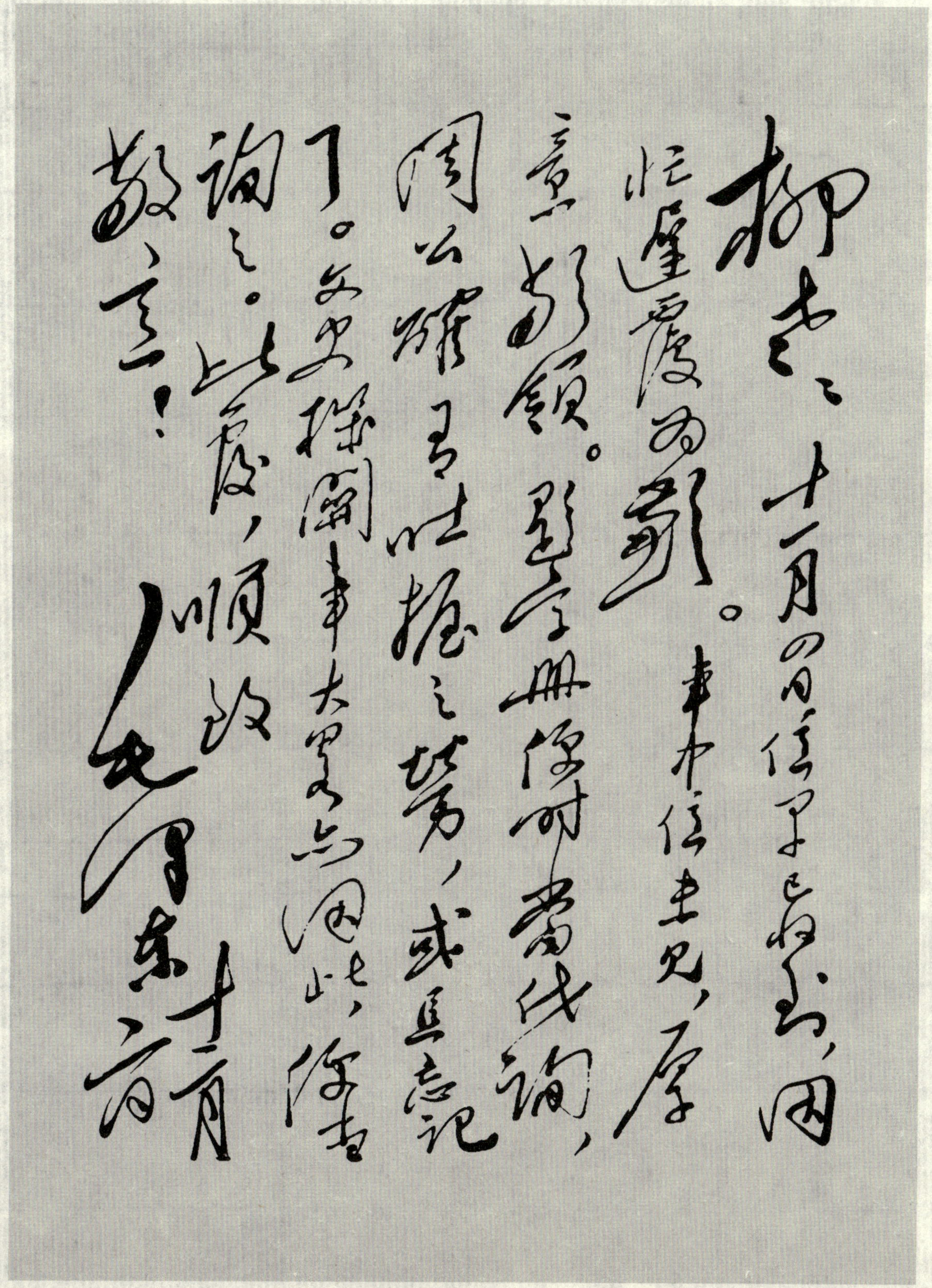

致龙伯坚

一九五〇年三月十四日

伯坚先生：

去年十一月十一日大示收到读悉。吾兄参加革命，从事卫生工作，极为欣慰。《新湖南报》名是湖南同志们起的，与从前报名偶合，引起你的高兴，我亦与有荣幸。旧词无足取，不必重写。尚望努力工作，为民服务。顺颂

大安！

毛泽东

一九五〇年三月十四日

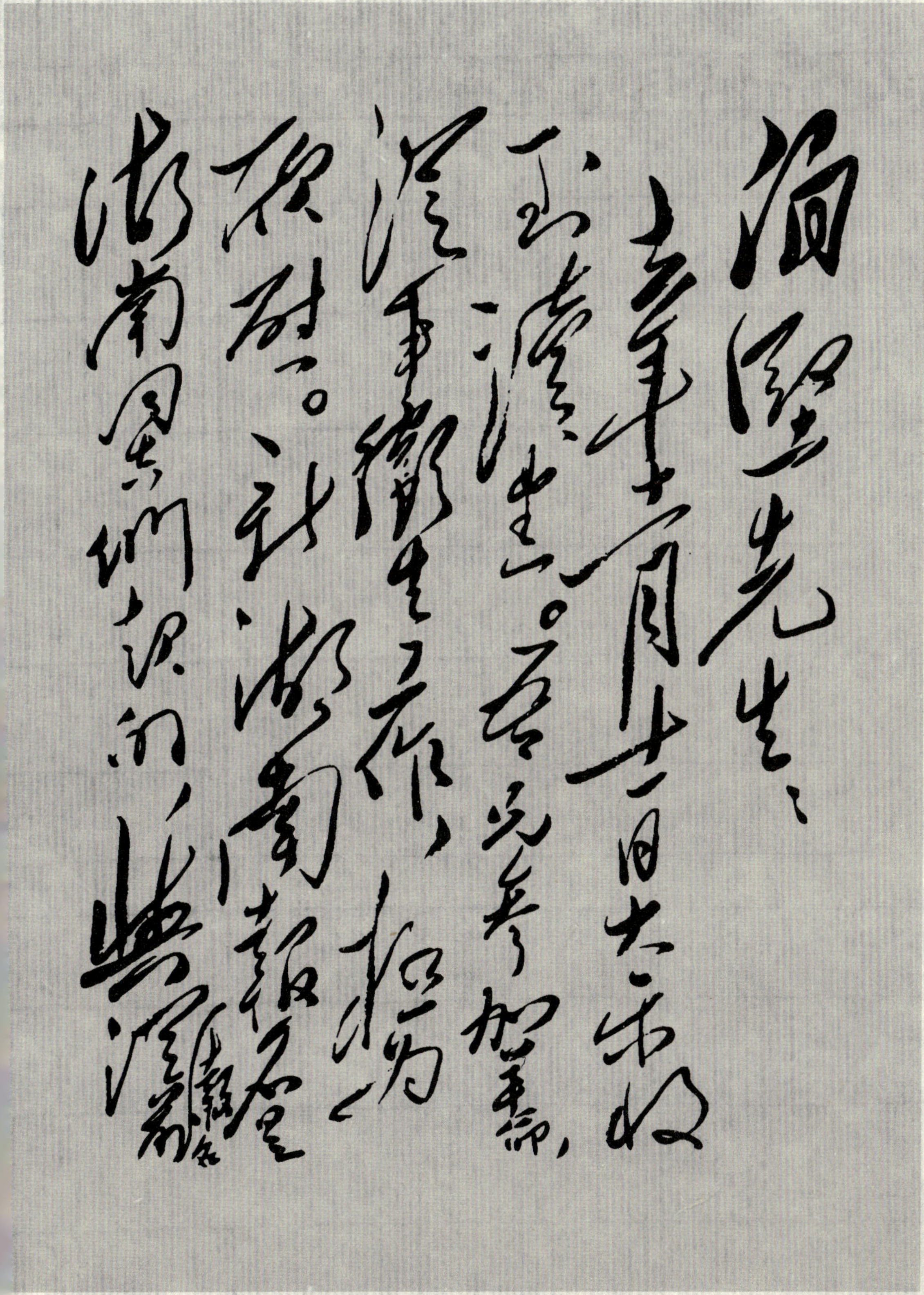

第四时期·书信

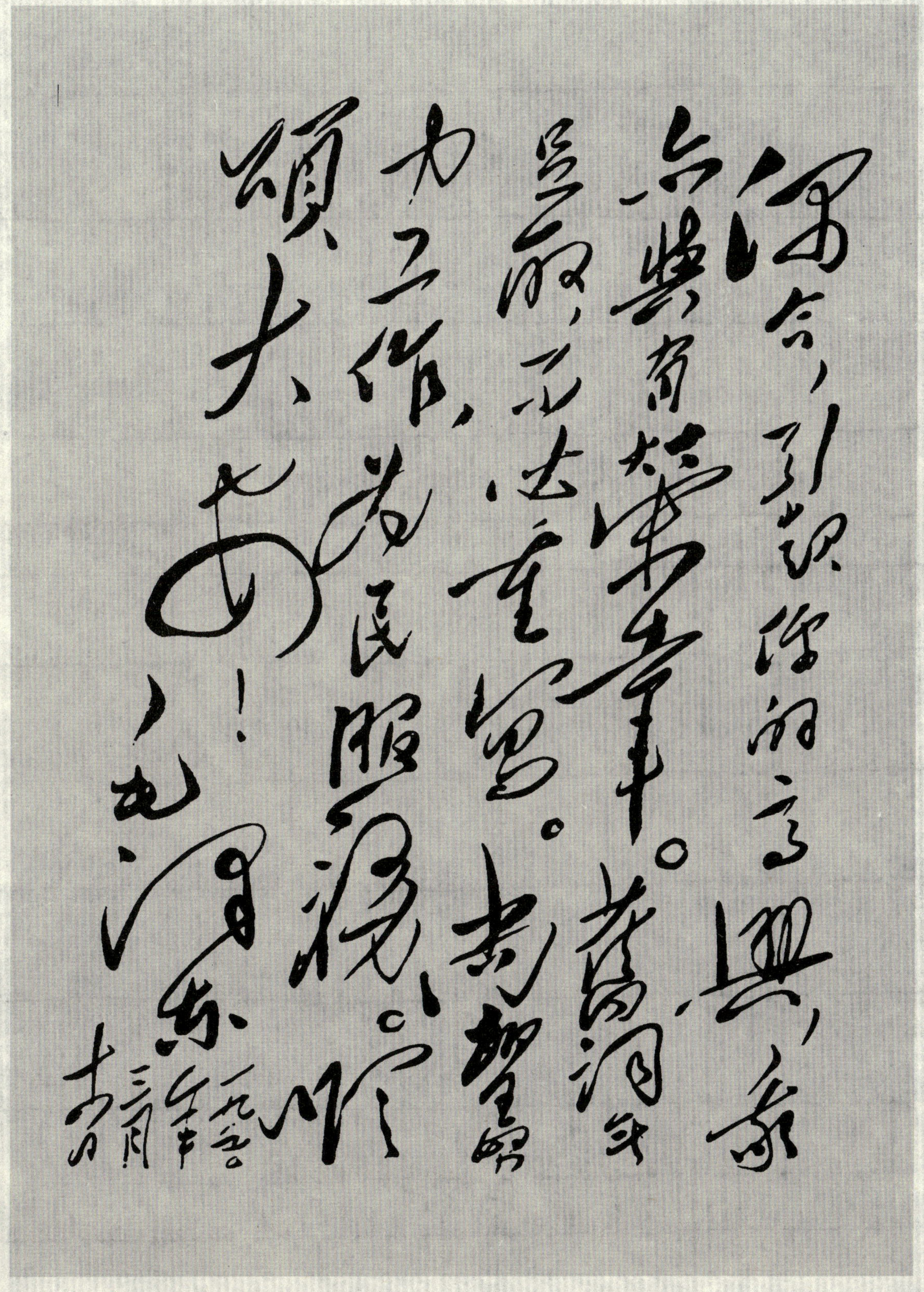

致刘揆一

一九五〇年三月十四日

霖生先生有道：

去年十二月廿七日大示奉悉，极为欣慰，迟复为歉。征粮流弊，政府已发令纠正，不知近日有所缓和否？匪祸必剿，首恶必办，是为定则；惟剿办须有策略步骤，以期迅速解决，安定全境。湖南匪患闻已大体解决，是否如此，先生所知如何，尚祈便中见告。敬颂大安。不具！

毛泽东

一九五〇年三月十四日

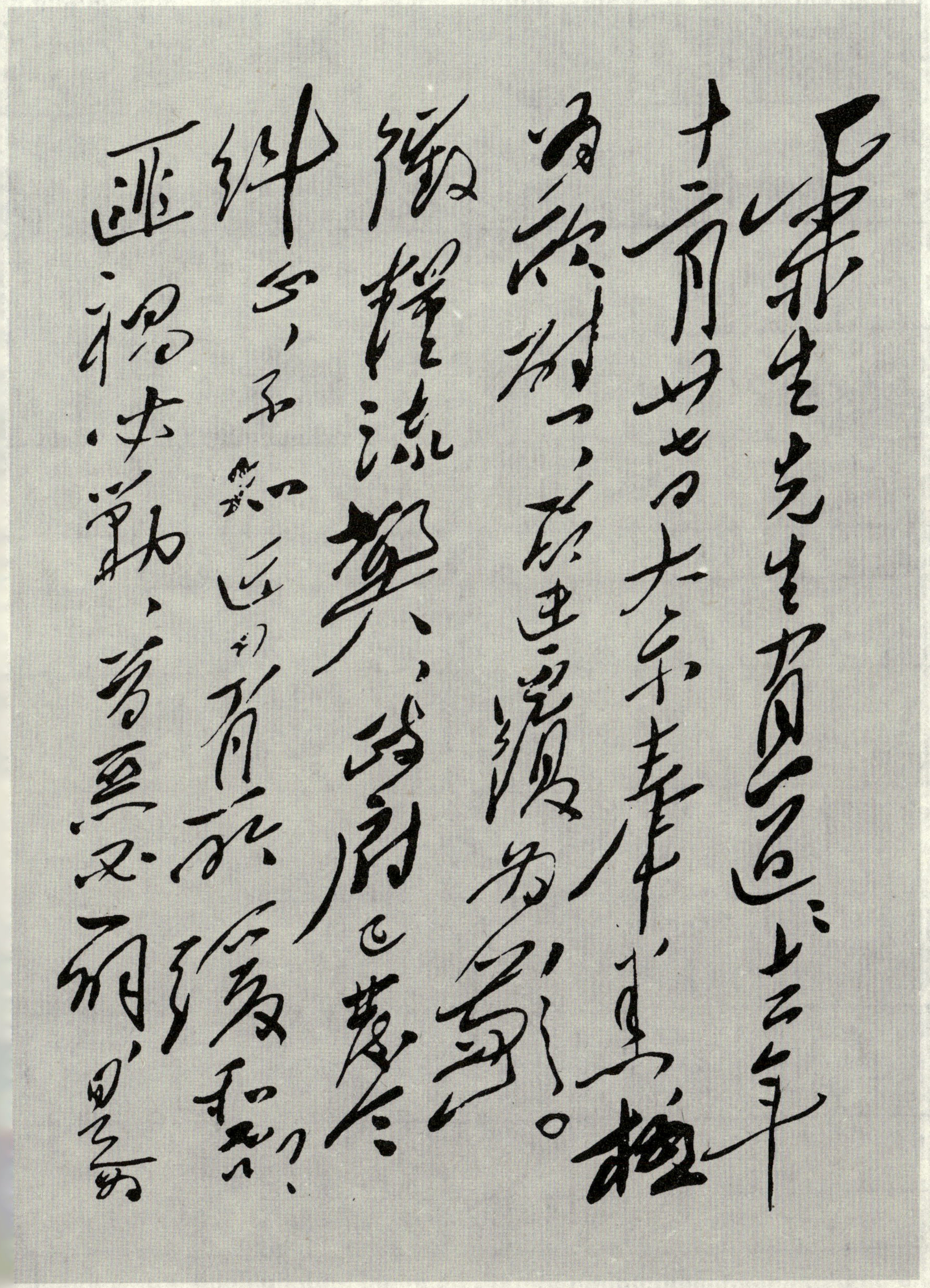

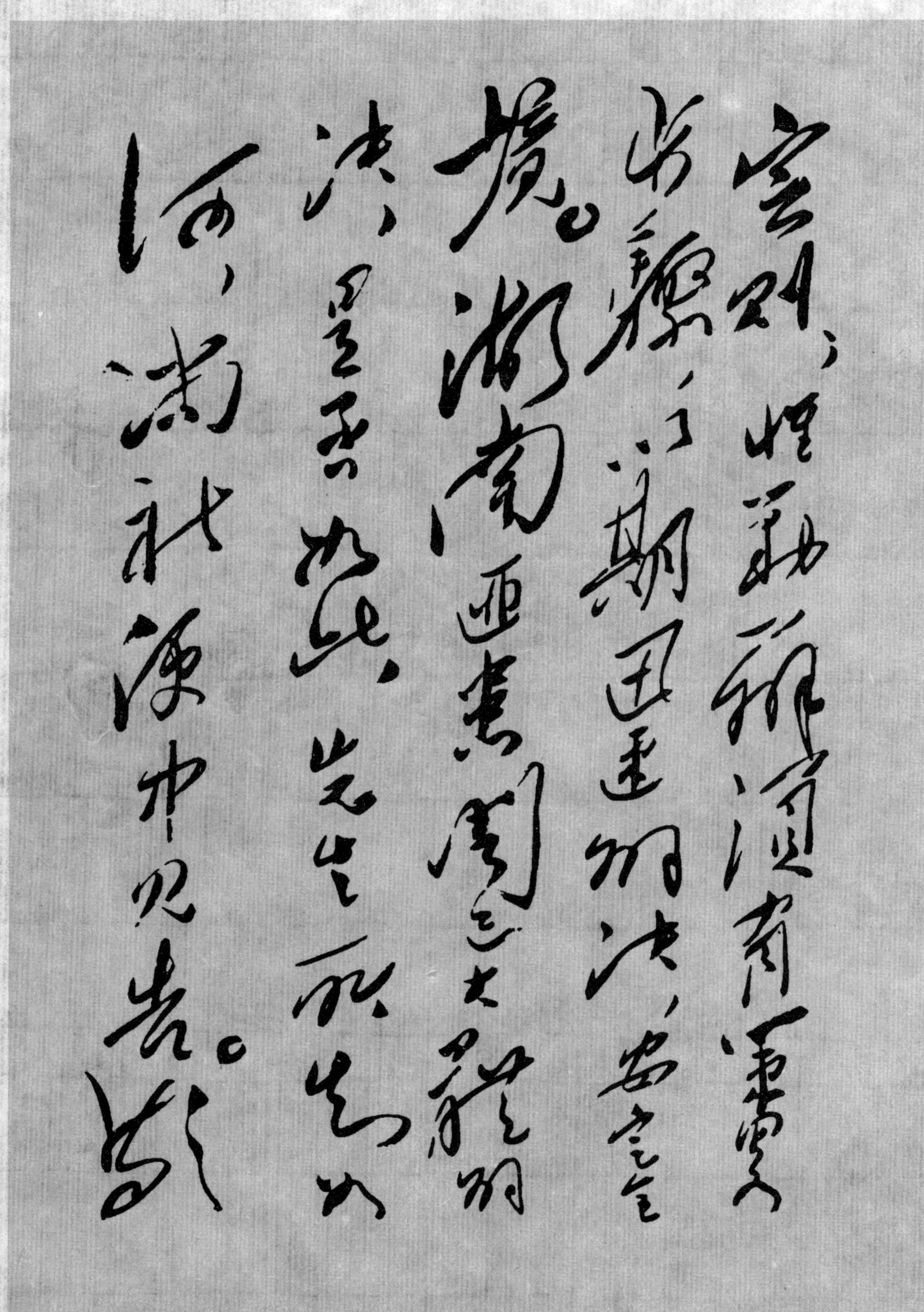

第四时期·书信

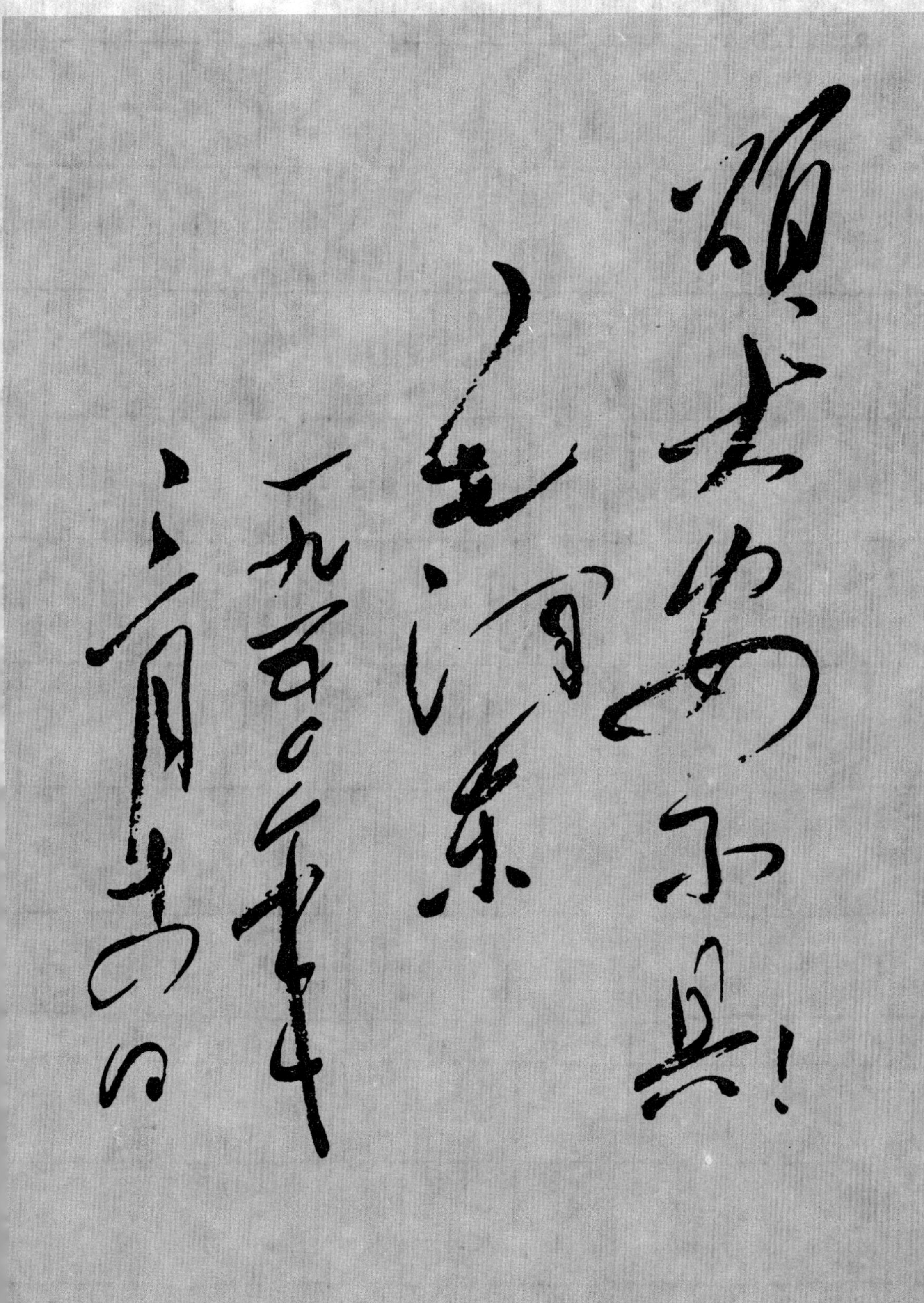

致杨开智、李崇德

一九五〇年四月十三日

子珍、崇德同志：

来信收到。你们在省府工作，甚好。望积极努力，表现成绩。小儿岸英回湘为老太太上寿，并为他母亲扫墓，同时看望你们，请你们给他以指教为荷。此问

近佳！

毛泽东

一九五〇年四月十三日

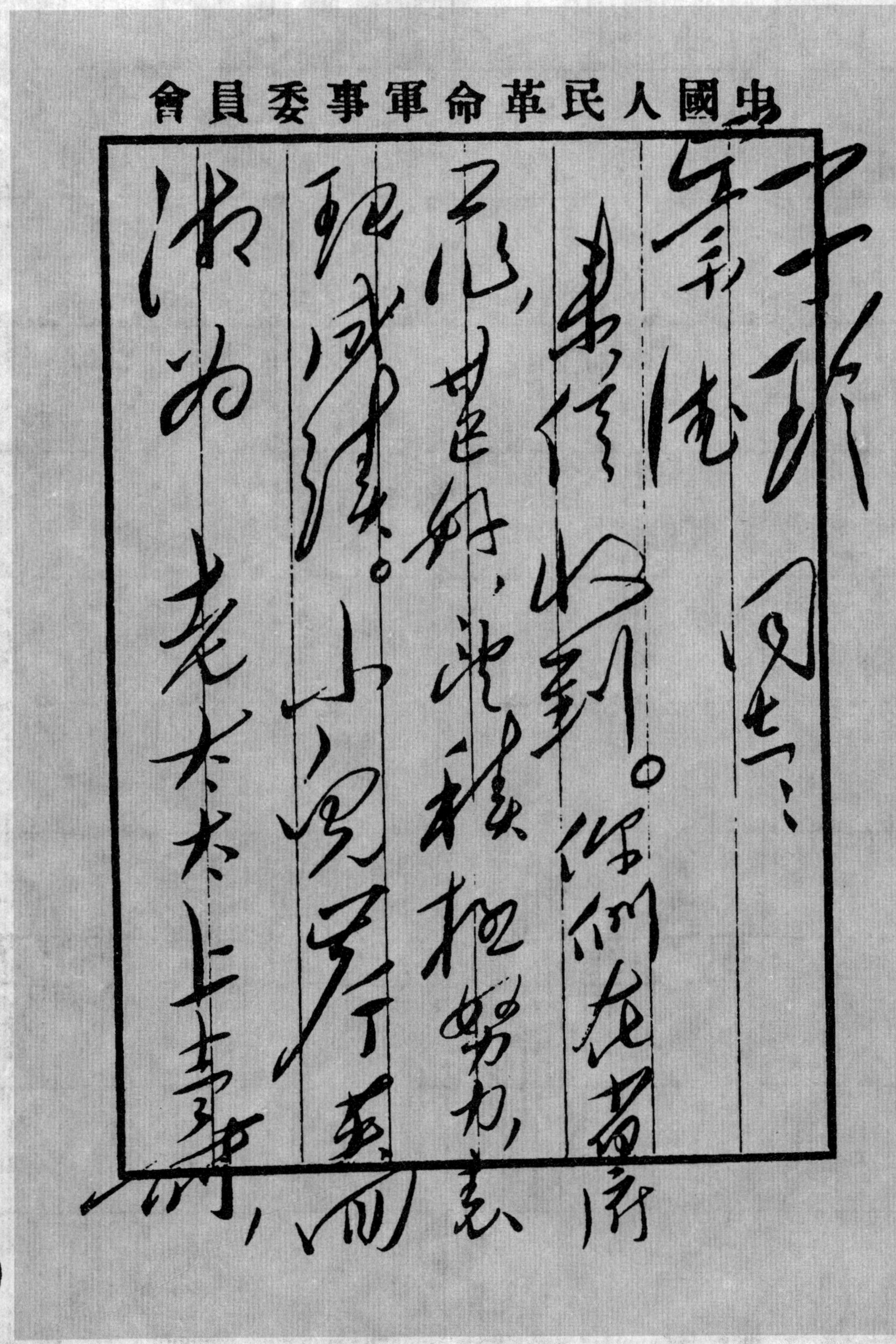
中國人民革命軍事委員會

子珍、崇德同志：来信收到。你们在省府工作，甚好。望积极努力，表现成绩。小儿岸英回湘为老太太上寿，

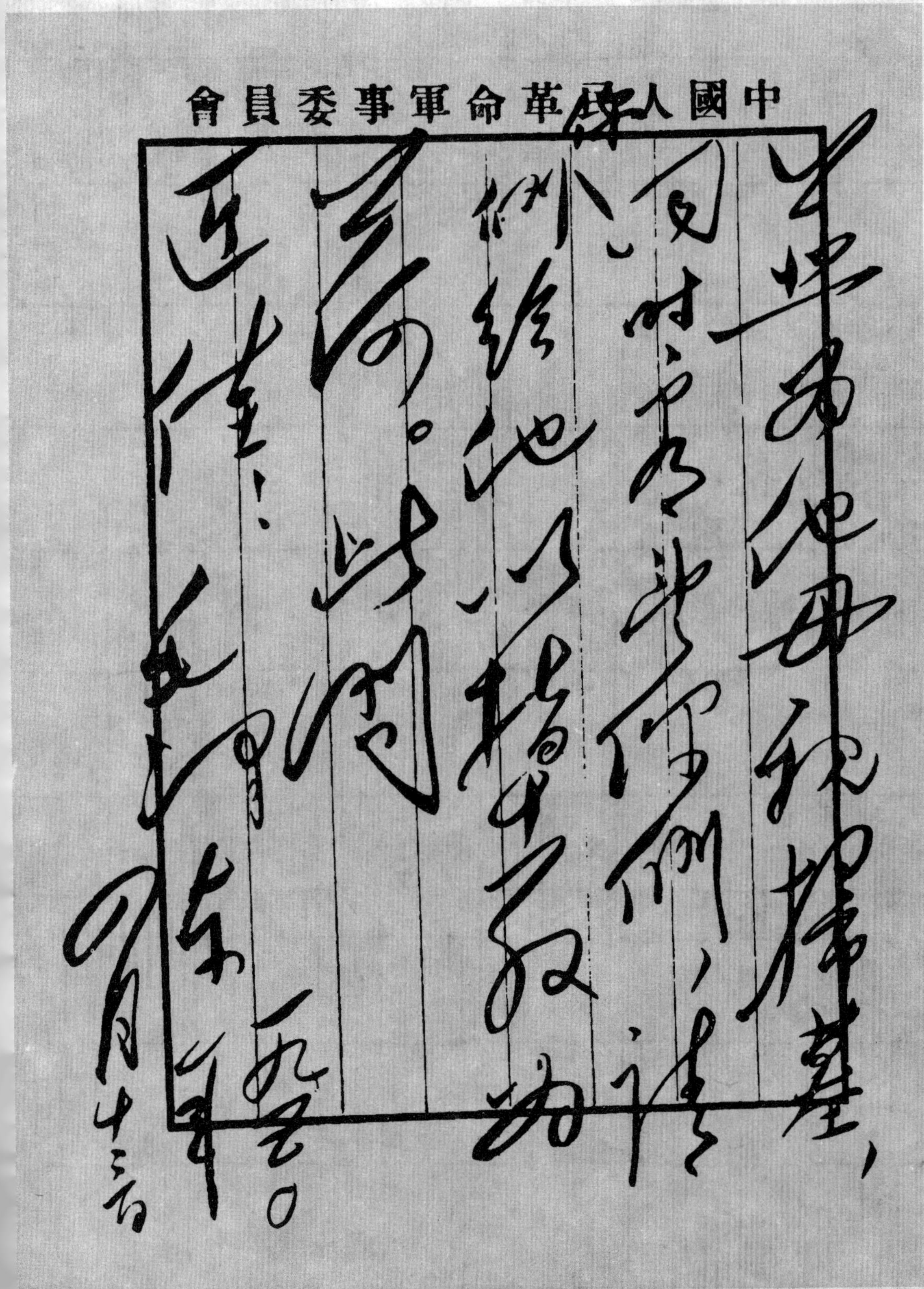
中國人民革命軍事委員會

并为他母亲扫墓，同时看望你们，请你们给他以指教为荷。此问近佳！毛泽东 一九五〇年四月十三日

致毛森品

一九五〇年四月十八日

森品学兄如晤：

前后两信均收甚慰，因事迟复为歉。钦明兄为革命牺牲，不胜叹惜，亦是光荣之事。所述干部工作中之缺点，所在多有，现正加力整顿，期能有所改进。吾兄出任工作极为赞成，其步骤似宜就群众利益方面有所赞助表现，为人所重，自然而然参加进去，不宜由弟推荐，反而有累清德，不知以为然否？风便尚祈随时惠示周行。敬祝健进。不具。

毛泽东

一九五〇年四月十八日

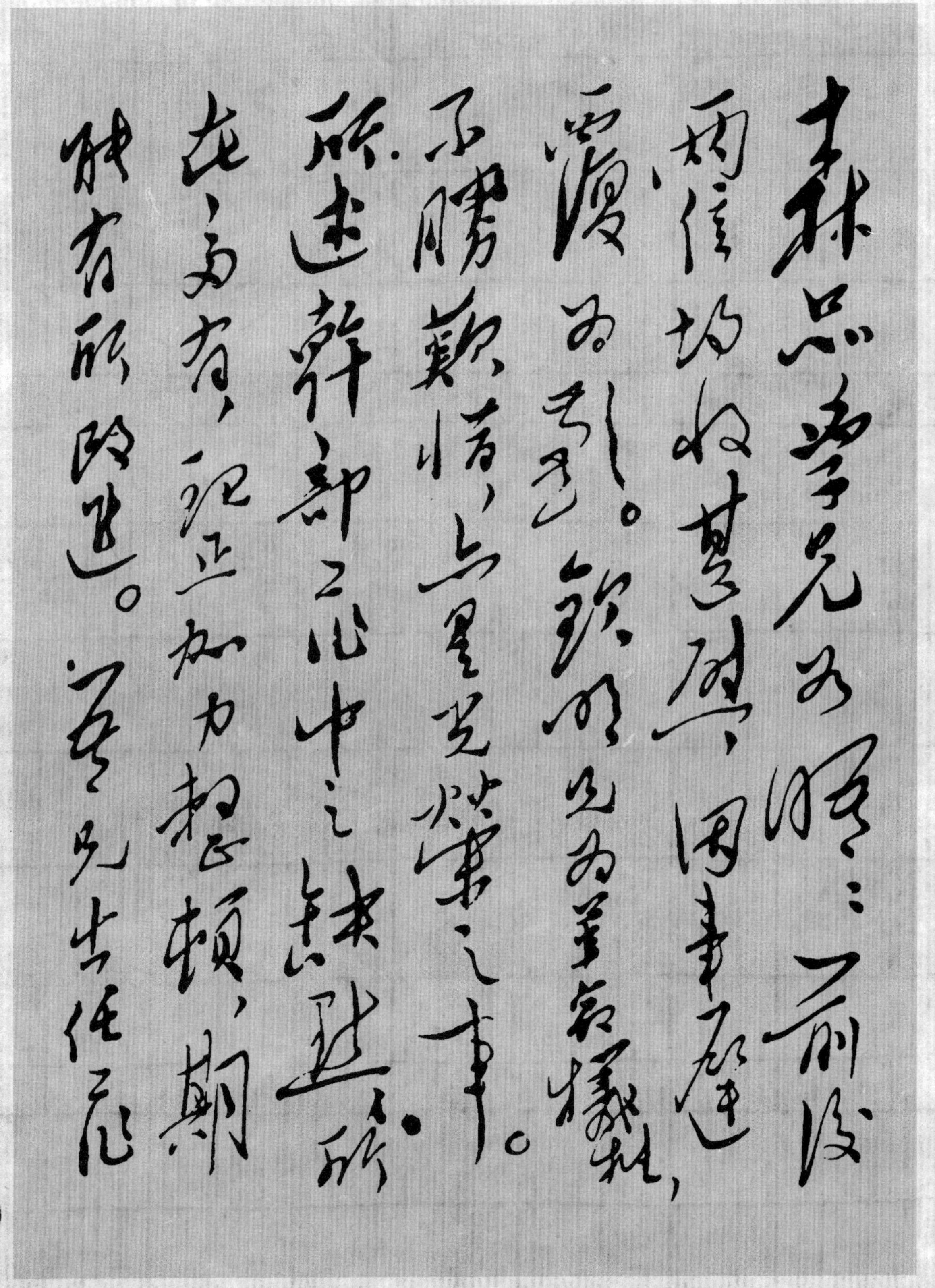

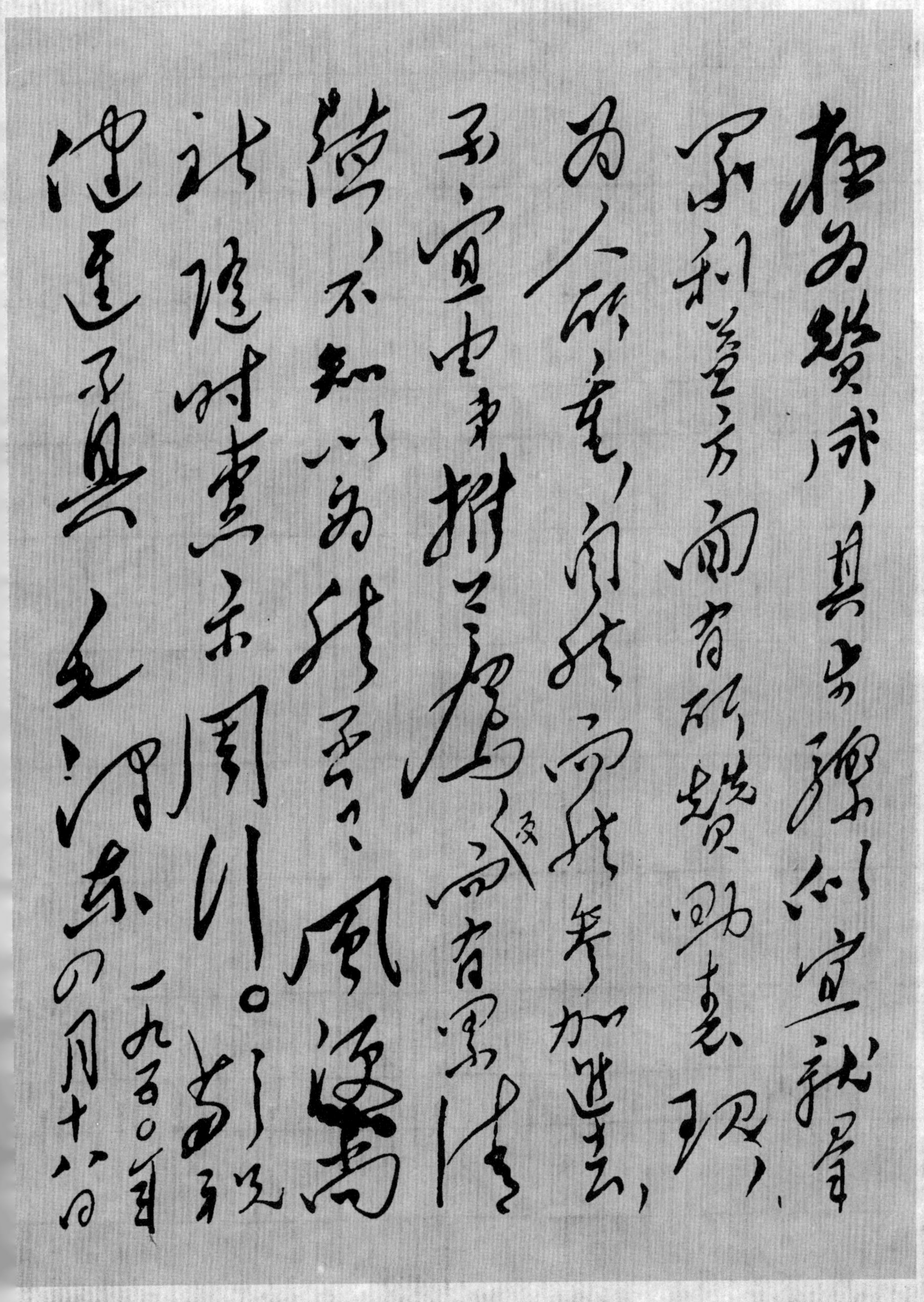

致李淑一

一九五〇年四月十八日

淑一同志：

来信收到。直荀牺牲，抚孤成立，艰苦备尝，极为佩慰。学习马列主义，可于工作之暇为之，不必远道来京，即可达到目的。肖聃、午亭两位老先生前乞为致候。顺颂健康。

毛泽东

一九五〇年四月十八日

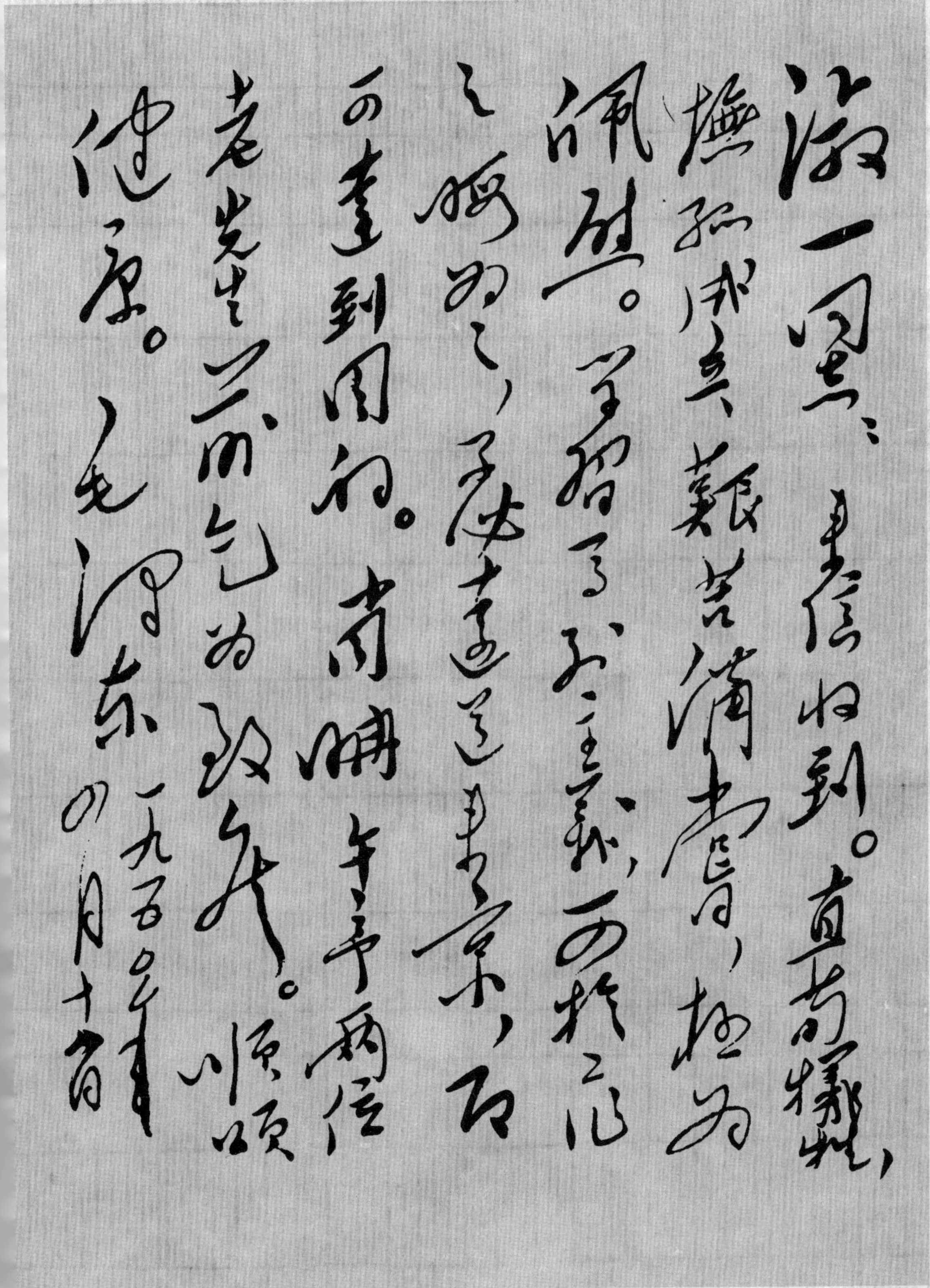

淑一同志：来信收到。直荀牺牲，抚孤成立，艰苦备尝，极为佩慰。学习马列主义，可于工作之暇为之，不必远道来京，即可达到目的。肖聃午亭两位老先生前乞为致候。顺颂健康。

毛泽东 一九五〇年四月十八日

长沙湘福女中

李淑一先生

中央人民政府人民革命军事委员会

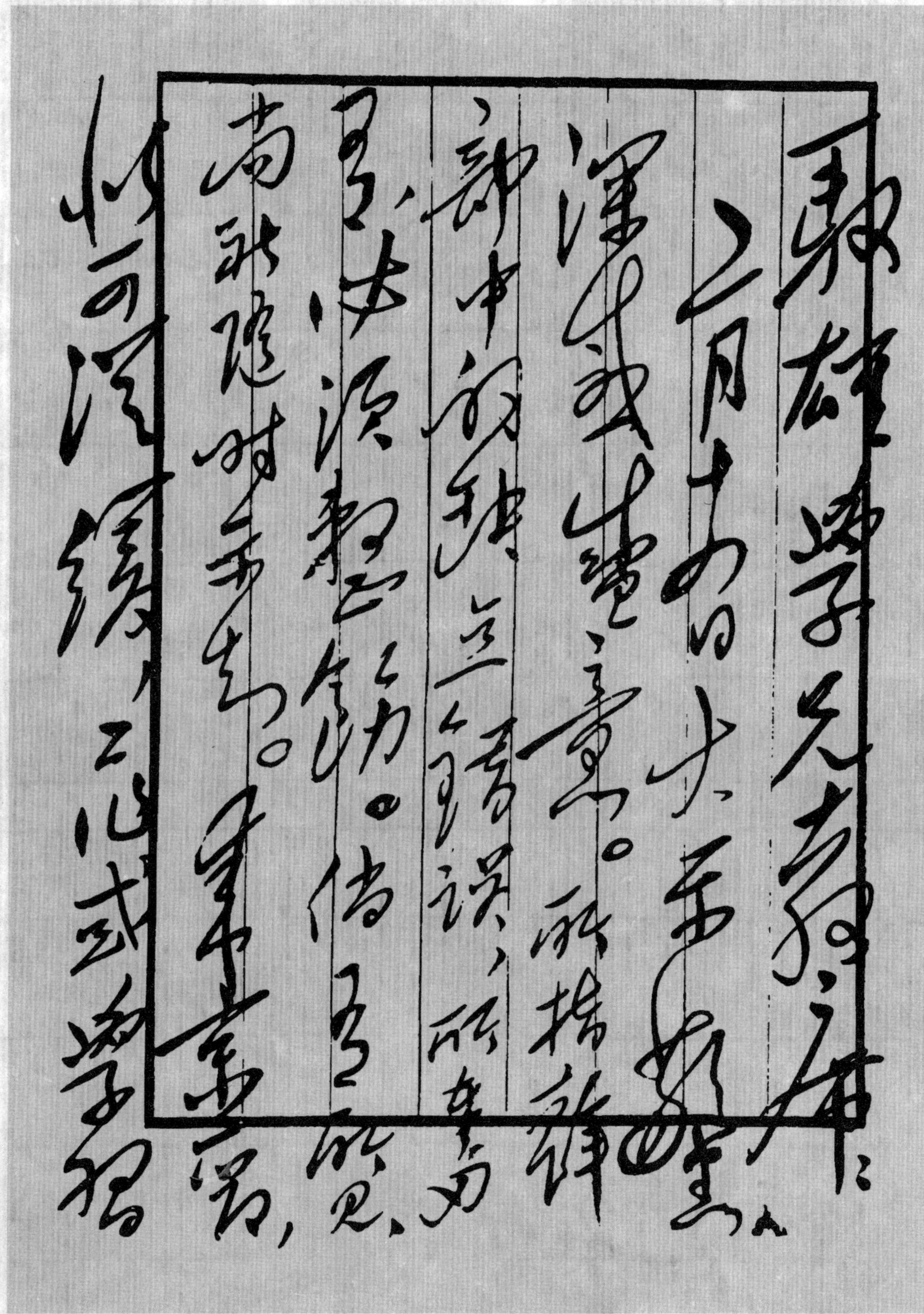

驭雄学兄教席：二月十四日大示敬悉，深感盛意。所指干部中的缺点错误，所在多有，必须整饬。倘有所见，尚祈随时示知。来京一节，似可从缓，工作或学习均以就近从

致罗驭雄

一九五〇年四月十九日

驭雄学兄教席：

二月十四日大示敬悉，深感盛意。所指干部中的缺点错误，所在多有，必须整饬。倘有所见，尚祈随时示知。来京一节，似可从缓，工作或学习均以就近从事为宜，未审尊意以为然否？此复，敬颂

教安。

毛泽东

一九五〇年四月十九日

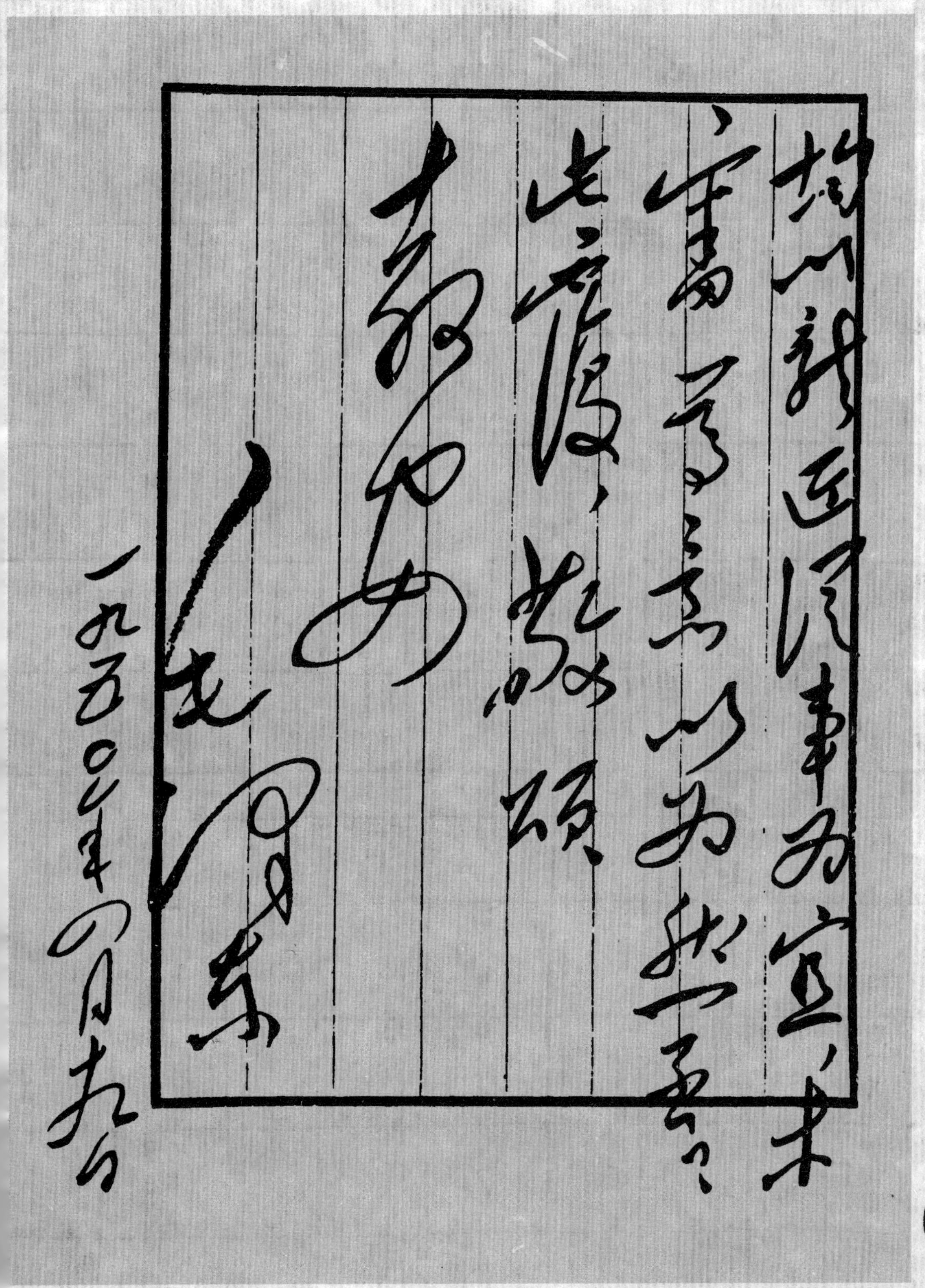

事为宜，未审尊意以为然否？此复，敬颂教安。毛泽东 一九五〇年四月十九日

第四时期·书信

致马叙伦

一九五〇年四月十九日

马部长：

四月十七日函读悉。休养甚好，时间可不限于一月，以病愈为度。此复。顺颂康吉。

毛泽东

四月十九日

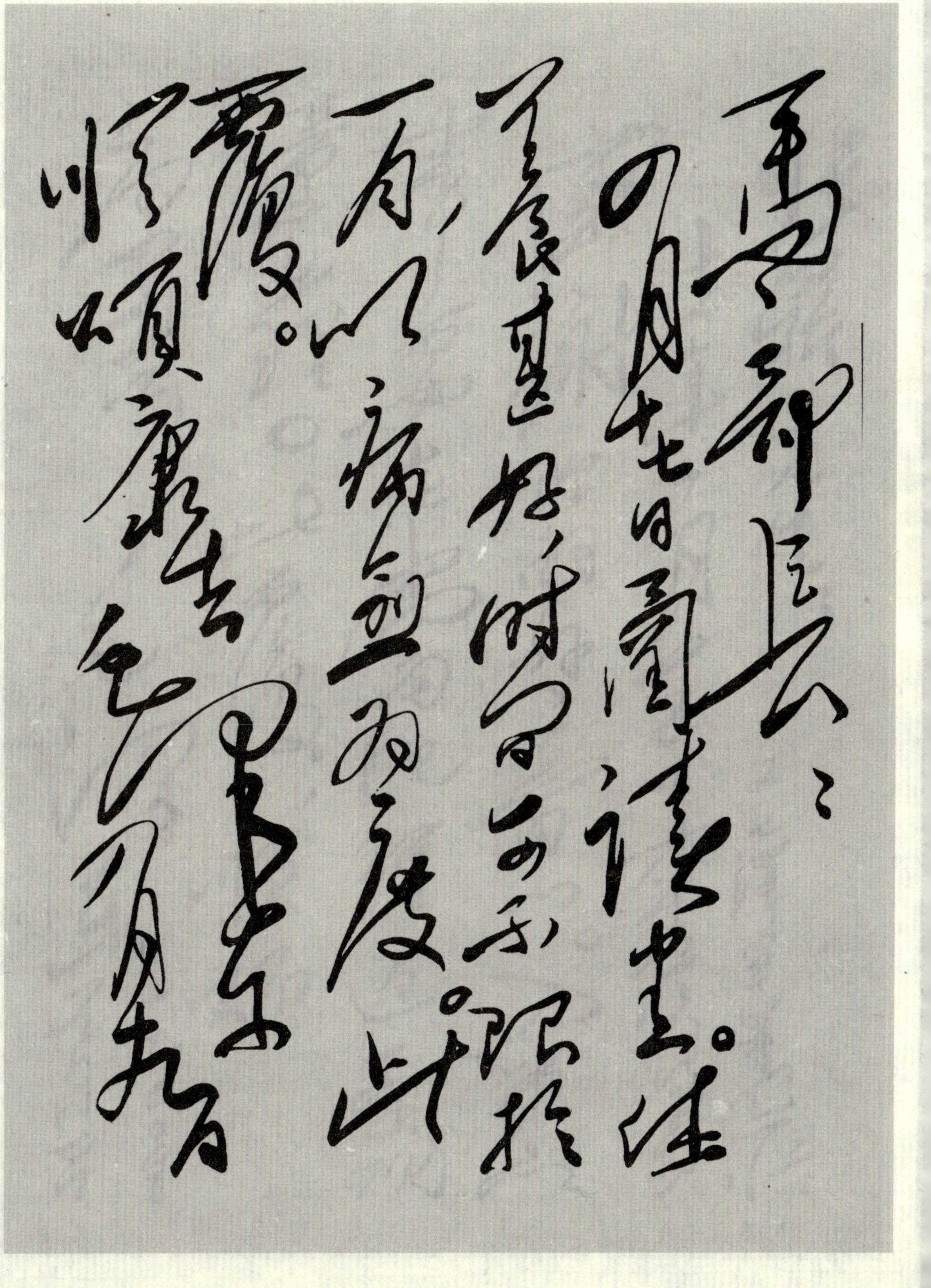

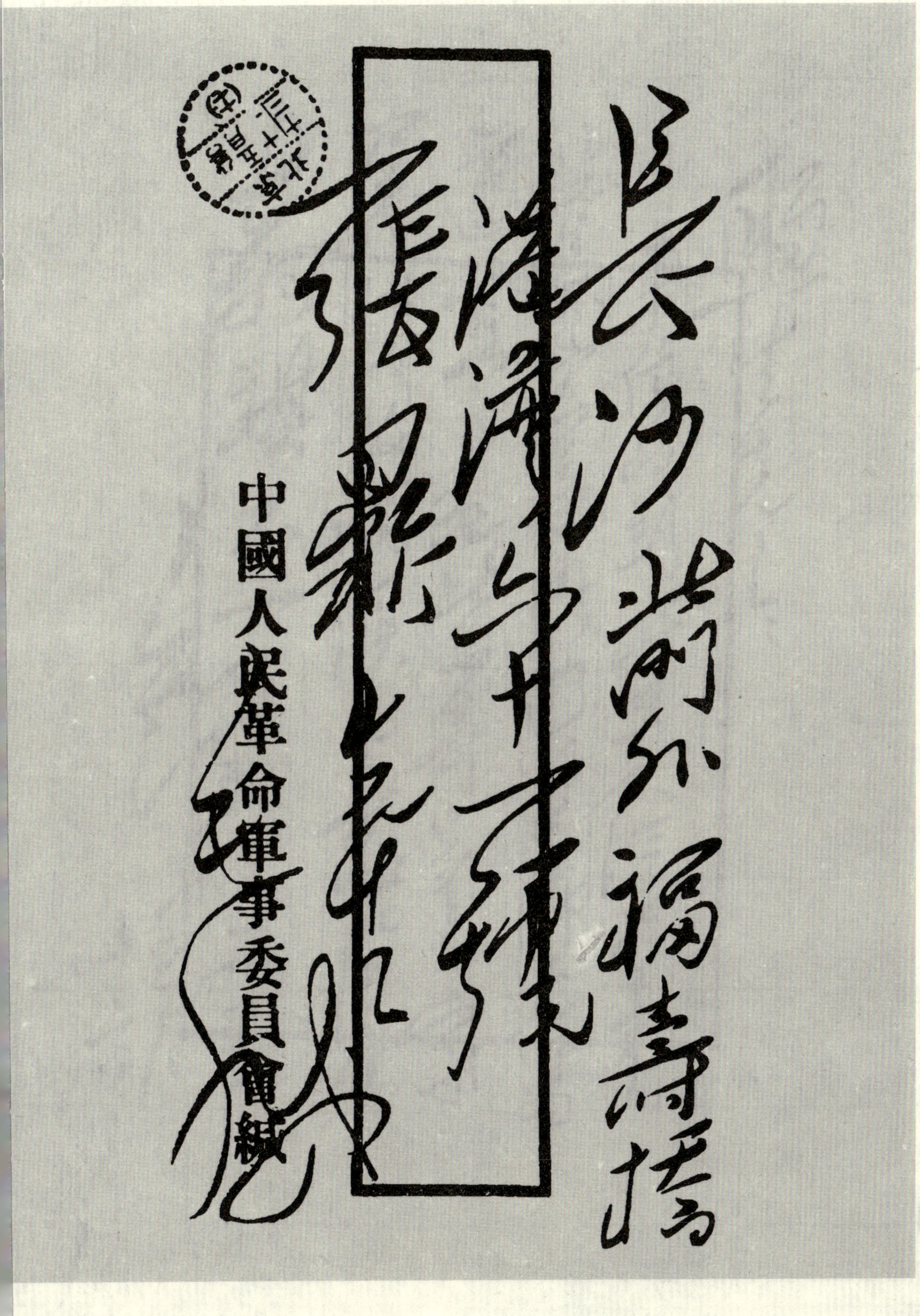

第四时期·书信

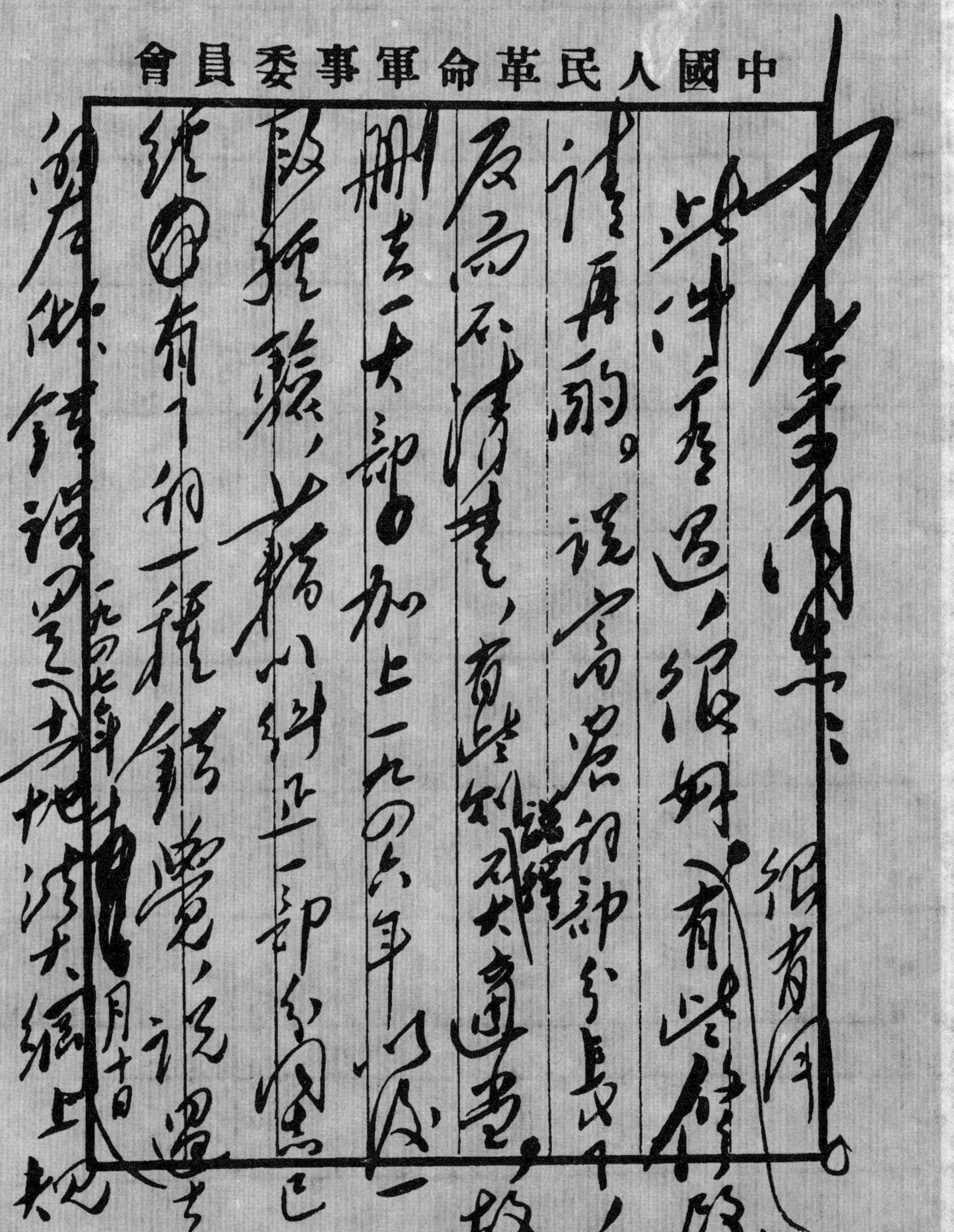

中國人民革命軍事委員會

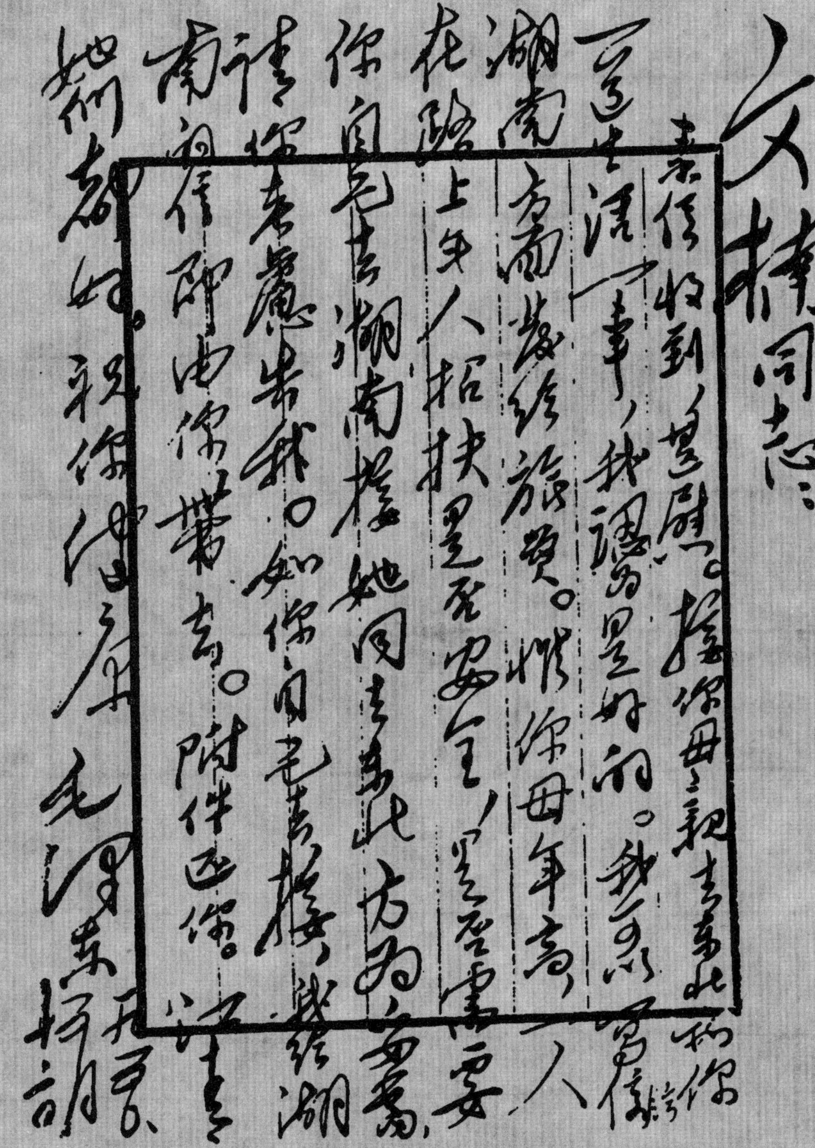

文楠同志：

来信收到，甚慰。接你母亲去东北和你一道生活一事，我认为是好的。我可以写信给湖南方面发给旅费。惟你母年高，一人在路上无人招扶是否安全，是否需要你自己去湖南接她同去东北方为妥当，请你考虑告我。如你自己去接，我给湖南的信即由你带去。附件还你。江青她们都好。祝你健康。

毛泽东

致周文楠

一九五〇年五月十二日

文楠同志：

来信收到，甚慰。接你母亲去东北和你一道生活一事，我认为是好的。我可以写信给湖南方面发给旅费。惟你母年高，一人在路上无人招扶是否安全，是否需要你自己去湖南接她同去东北方为妥当，请你考虑告我。如你自己去接，我给湖南的信即由你带去。附件还你。江青她们都好。

祝你健康。

毛泽东

一九五〇年五月十二日

中國人民革命軍事委員會

佔了沒收富農多餘土地財產的原故。如果有這段說明，則不致引起此種錯覺。所說生產力是指勞動者和生產資料（亦稱生產手段）兩部分。所謂生產資料，在農村中，首先是土地，其次是農

第四时期·书信

中國人民革命軍事委員會

具、牲畜、房屋等。糧食是農民利用生產資料生產出來的生活資料。我們將沒收地主手裏沒收的糧食亦和其他被沒收的東西列在一起稱為生產資料，也是可以的，因為這種糧食具有資金的性質。所

中國人民革命軍事委員會

说生产关係是指人们对生产资料的所有关係，或所有权关係。生产资料的使用关係，例如农民使用地主的土地，只是地主对于土地的所有关係的结果，这种所有关係即表现为地主对佃农的剥削关係，也是人与人的关係

中國人民革命軍事委員會

生产关係。过去许多同志在这个问题上犯了二元论（其实是多元论）的错误，将生产关係和使用关係并列了，又将生产资料的所有与生产资料的使用并列，作为划分阶级的标准，把剥削关係忽视了，对于这种错误，须加纠正

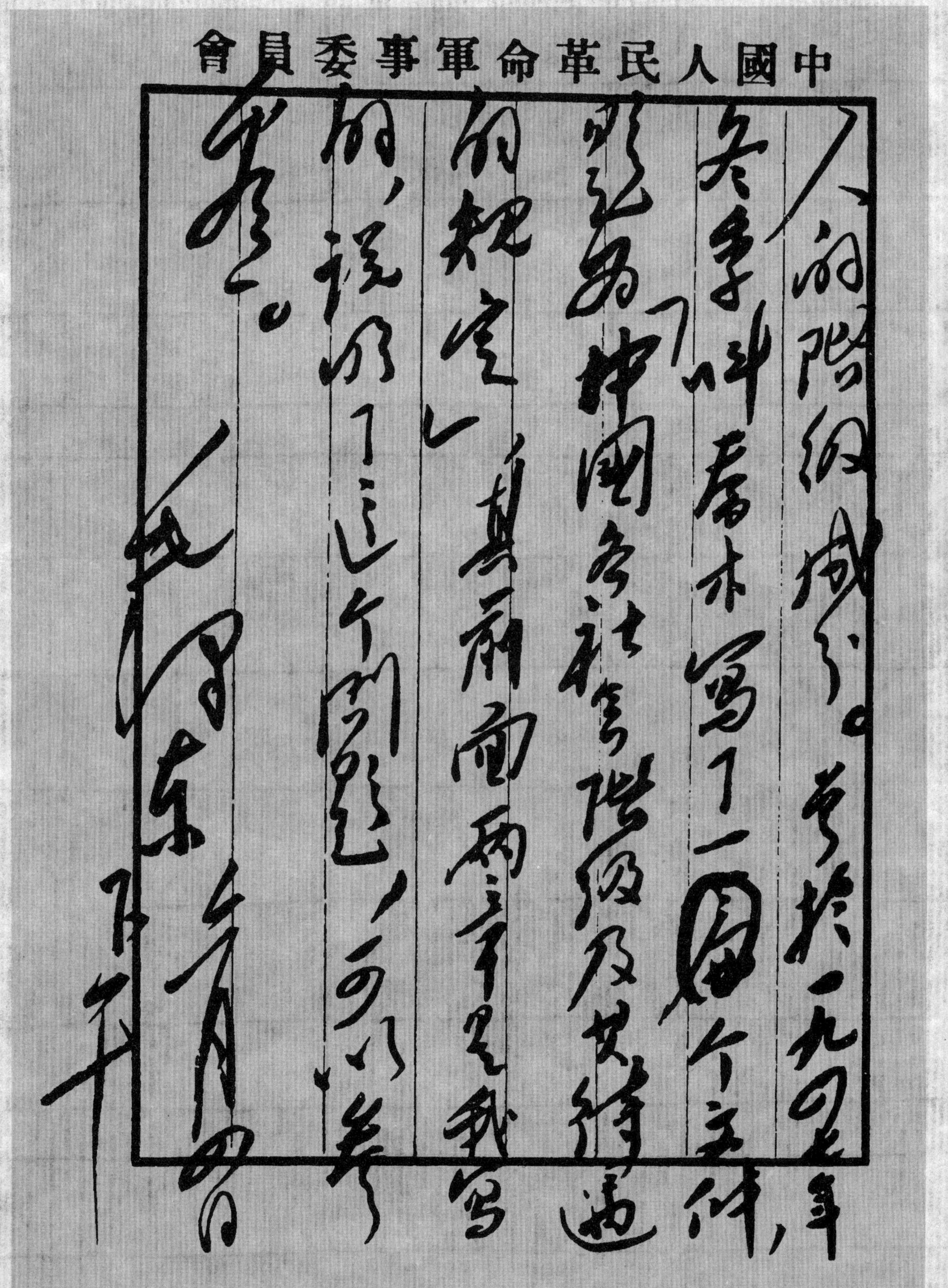
中國人民革命軍事委員會

人的阶级成份。至于一九四七年冬季叫乔木写了一个文件，题为中国各社会阶级及其待遇的规定，其前面两章是我写的，说明了这个问题，可以参看。

毛泽东

致刘少奇

一九五〇年六月四日

少奇同志：

此件看过，很好，很有用。有些修改，请再酌。说富农的部分长了，反而不清楚，有些则说得不太适当，故删去了一大部。加上一九四六年以后一段经验，借以纠正一部分同志已经有了的一种错觉，说过去的『左』倾错误是一九四七年十月十日土地法大纲上规定了没收富农多余土地财产的原故。如果没有这段说明，则不能纠正此种错觉。所谓生产力，是指劳动者和生产资料（亦称生产手段）两部。所谓生产资料，在农村中，首先是土地，其次是农具、牲畜、房屋等。粮食是农民利用生产资料生产出来的生活资料。我们将从地主手里没收的粮食亦和其他被没收的东西列在一起称为生产资料也是可以的，因为这种粮食具有资金的性质。所谓生产关系，是指人们对生产资料的所有关系，即财产的所有权关系。生产资料的使用，例如农民使用（租用）地主的土地，只是地主对于土地的所有关系的结果，这种所有关系表现为地主对佃农（应为『佃农对地主』。）的隶属关系（人与人的关系），即是生产关系。过去许多同志正在这个问题上犯了二元论（甚至是多元论）的错误，将生产关系和使用关系并列，又将生产资料与生活资料并列，作为划分阶级有标准，把问题弄得很糊涂，划错了许多人的阶级成分。曾于一九四七年冬季叫乔木写了一个文件，题为『中国各社会阶级及其待遇的规定』，其前面两章是我写的，说明了这个问题，可以参看。

毛泽东

一九五六年十二月四日

致陈铭枢

一九五〇年六月十二日

真如先生：

尊著略读，未能详研，不敢提出意见。惟觉其中若干观点似有斟酌之必要，便时再与先生商略，存放甚久，迟复为歉。敬颂健吉。

毛泽东

六月十二日

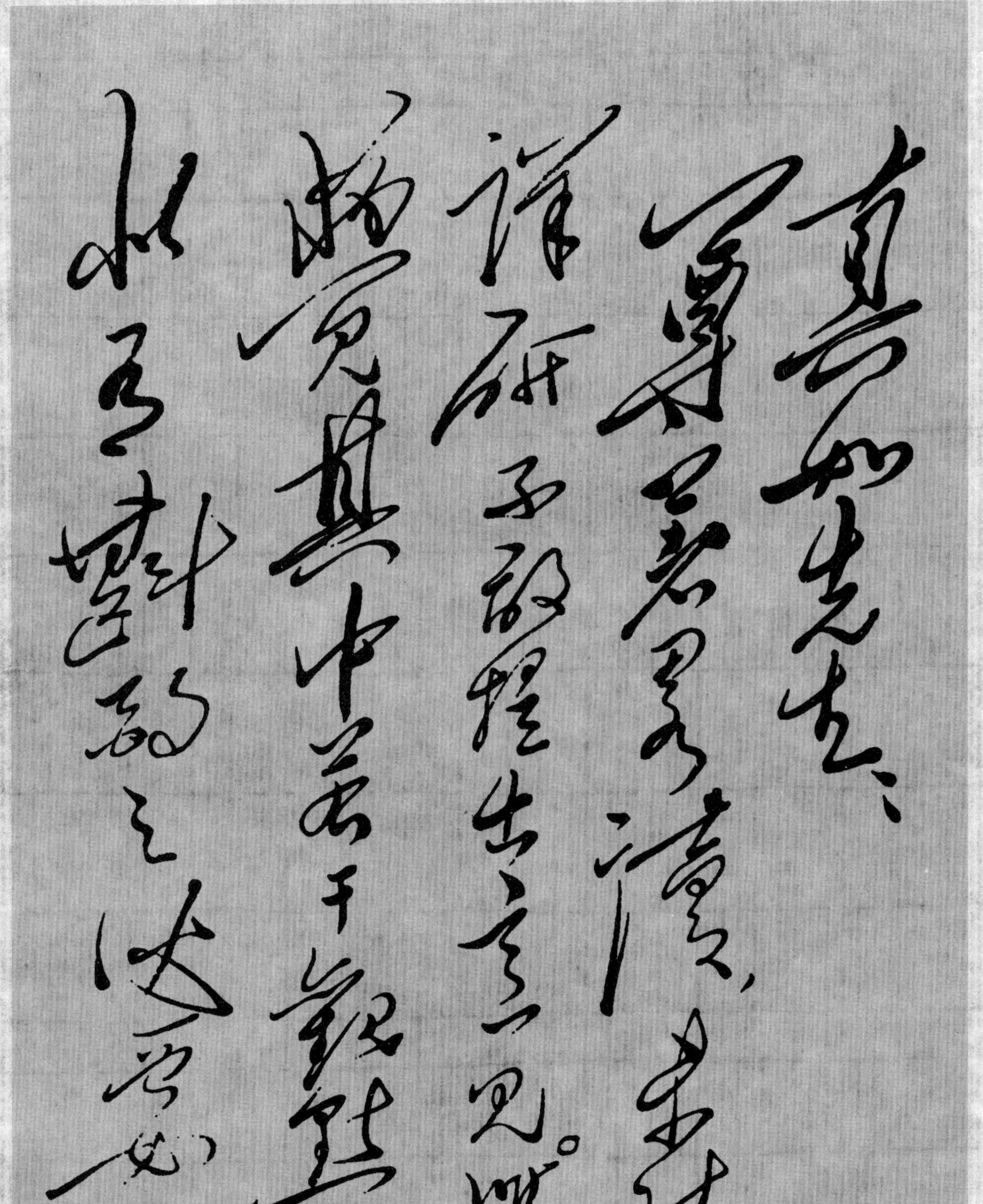

真如先生：尊著略读，未能详研，不敢提出意见。惟觉其中若干观点似有斟酌之必要，

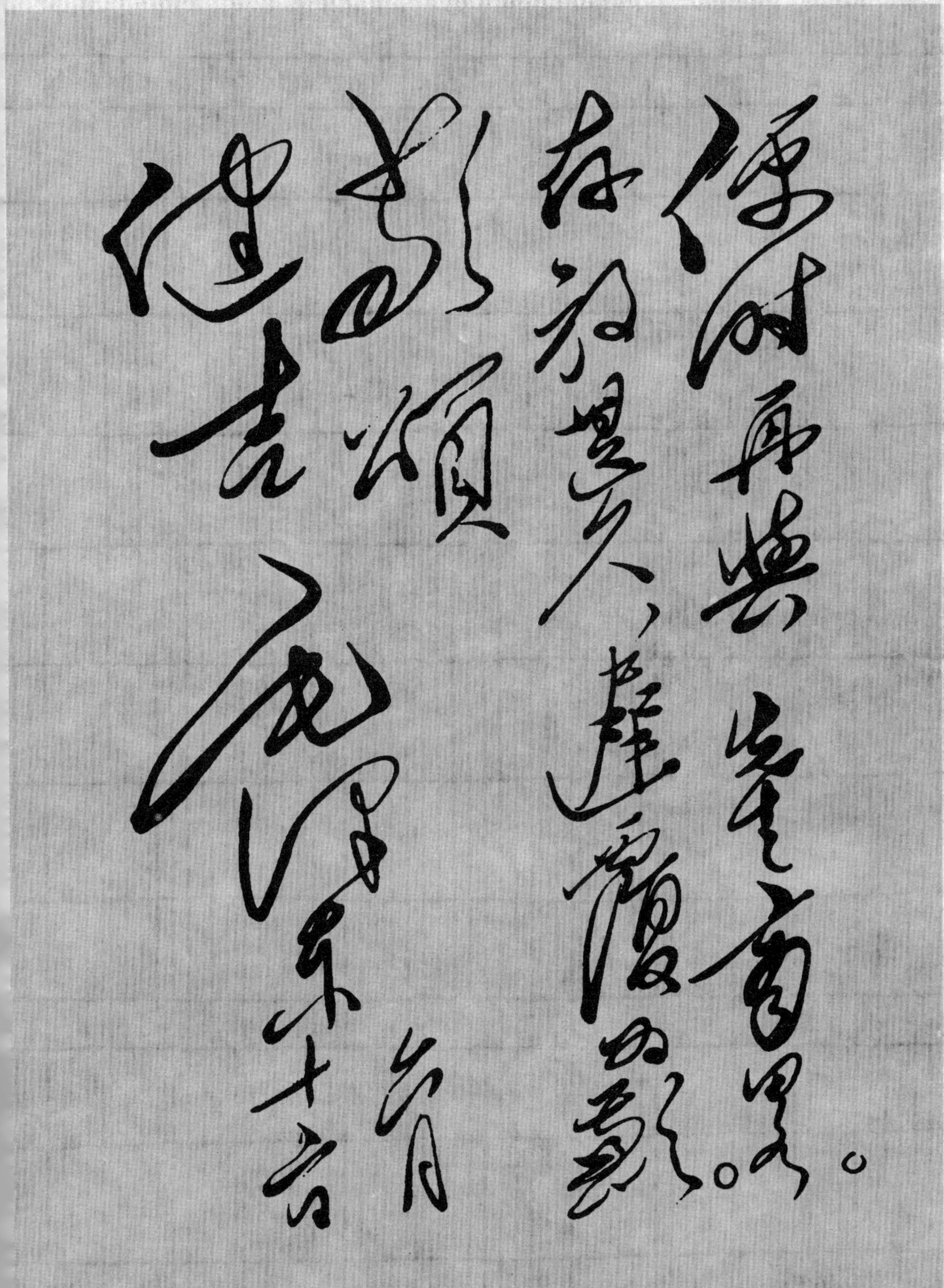

便时再与先生商略。存放甚久，迟复为歉。敬颂健吉。毛泽东 六月十二日

致马叙伦

一九五〇年六月十九日

马部长：

另件奉还。此事宜速解决，要各校注意健康第一，学习第二。营养不足，宜酌增经费。学习和开会的时间宜大减。病人应有特殊待遇。全国一切学校都应如此。高教会已开过，中小两级宜各开一次。以上请考虑酌办。此致

敬礼！

毛泽东

六月十九日

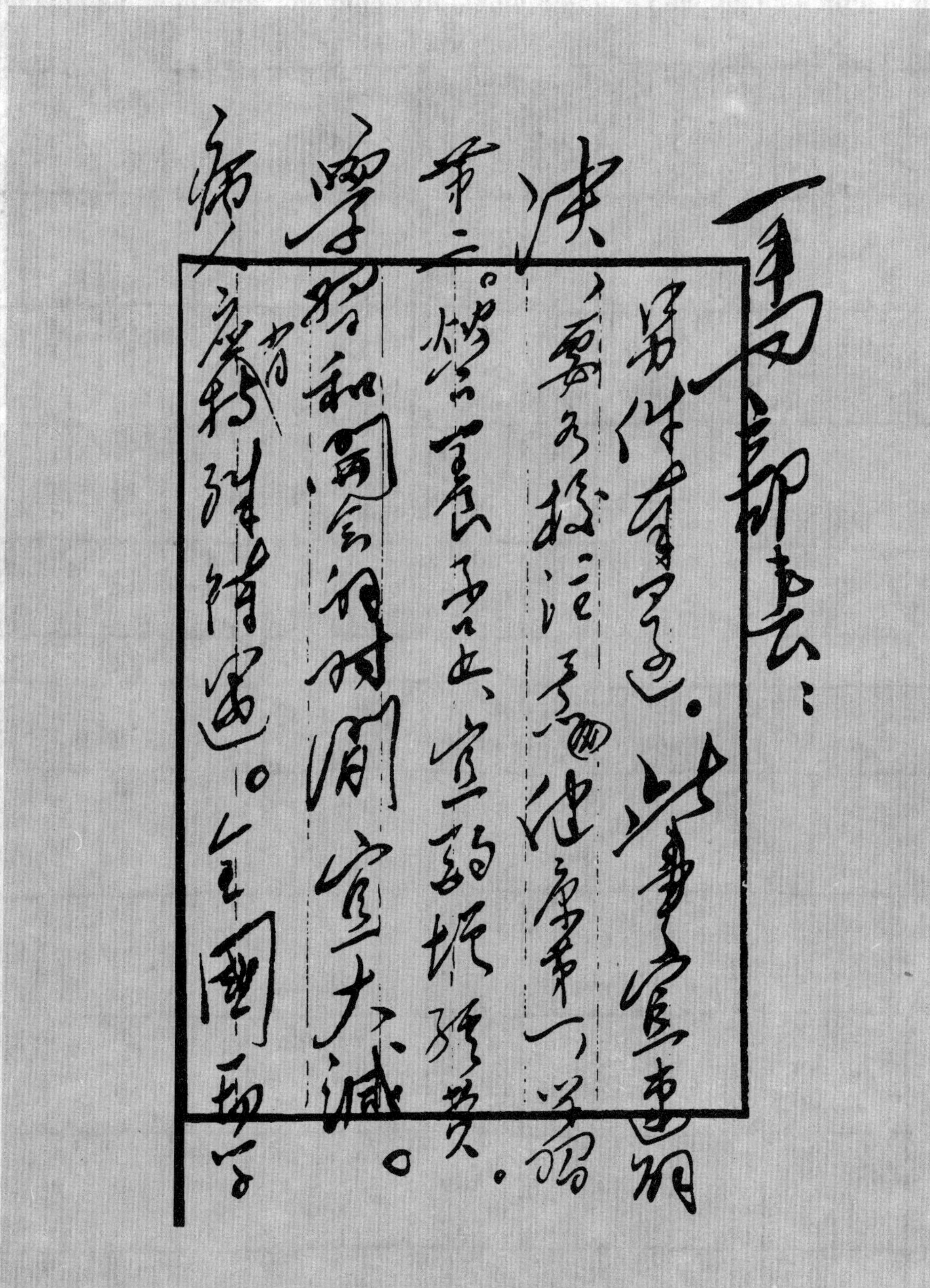

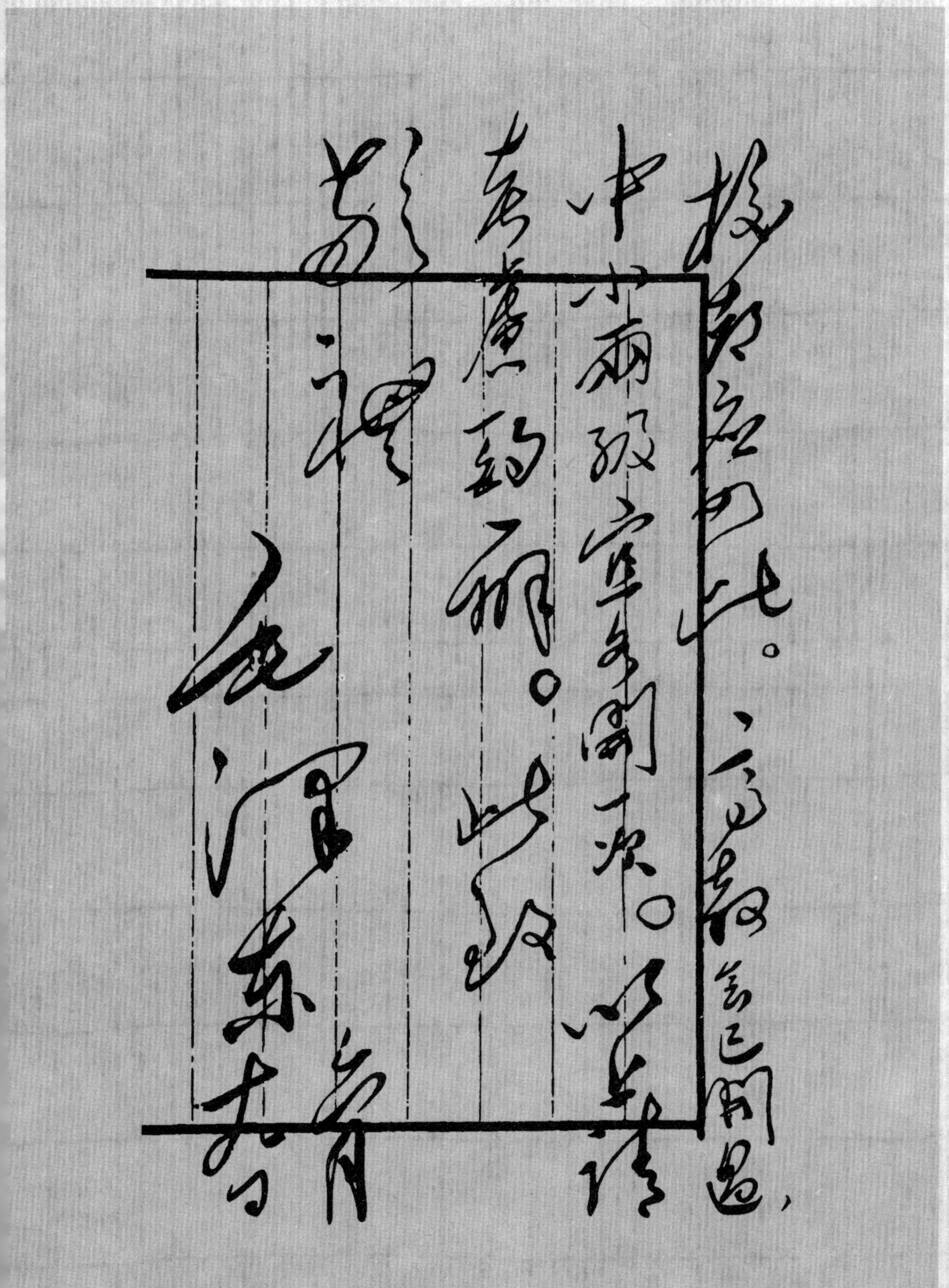

第四时期·书信

致聂荣臻

一九五〇年七月七日

荣臻同志：

本日会议决议事项同意，请即按此执行。原件存我处。

毛泽东

七月七日廿四时

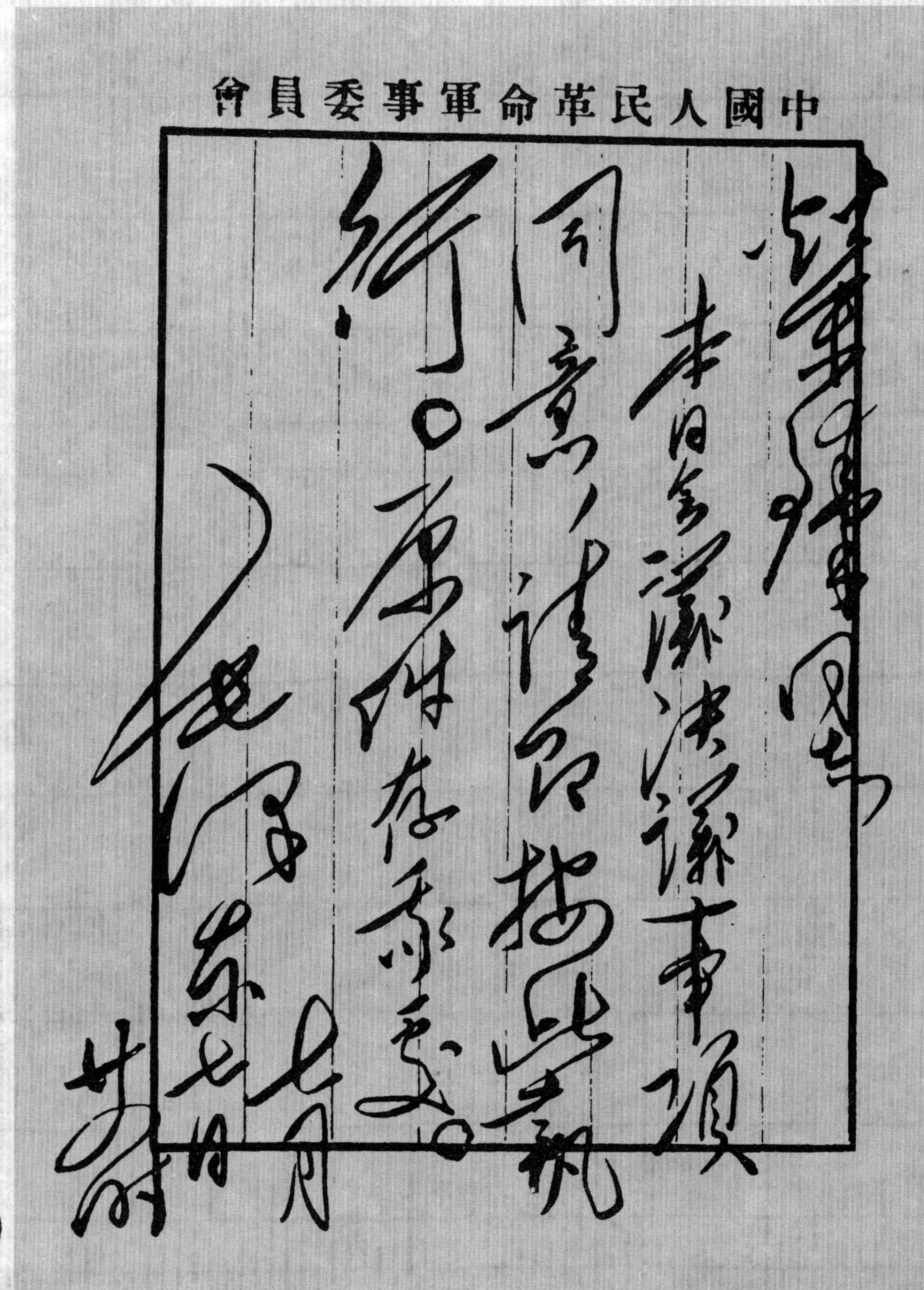
中國人民革命軍事委員會

荣臻同志：本日会议决议事项同意，请即按此执行。原件存我处。毛泽东 七月七日廿四时

致吴启瑞

一九五〇年七月十九日

启瑞先生：

五月来信收到，困难情形，甚为系念。所请准予你的三个小孩加入苏南干部子弟班，减轻你的困难事，请持此信与当地适当机关的负责同志商量一下，看是否可行。找什么人商量由你酌定，如有必要可去找苏南区党委书记陈丕显同志一商。我是没有不赞成的，就是不知道该子弟班有容纳较多的小孩之可能否？你是八个孩子的母亲。望加保重，并我问候你的孩子们。此复，

并颂

教棋。

毛泽东

七月十九日

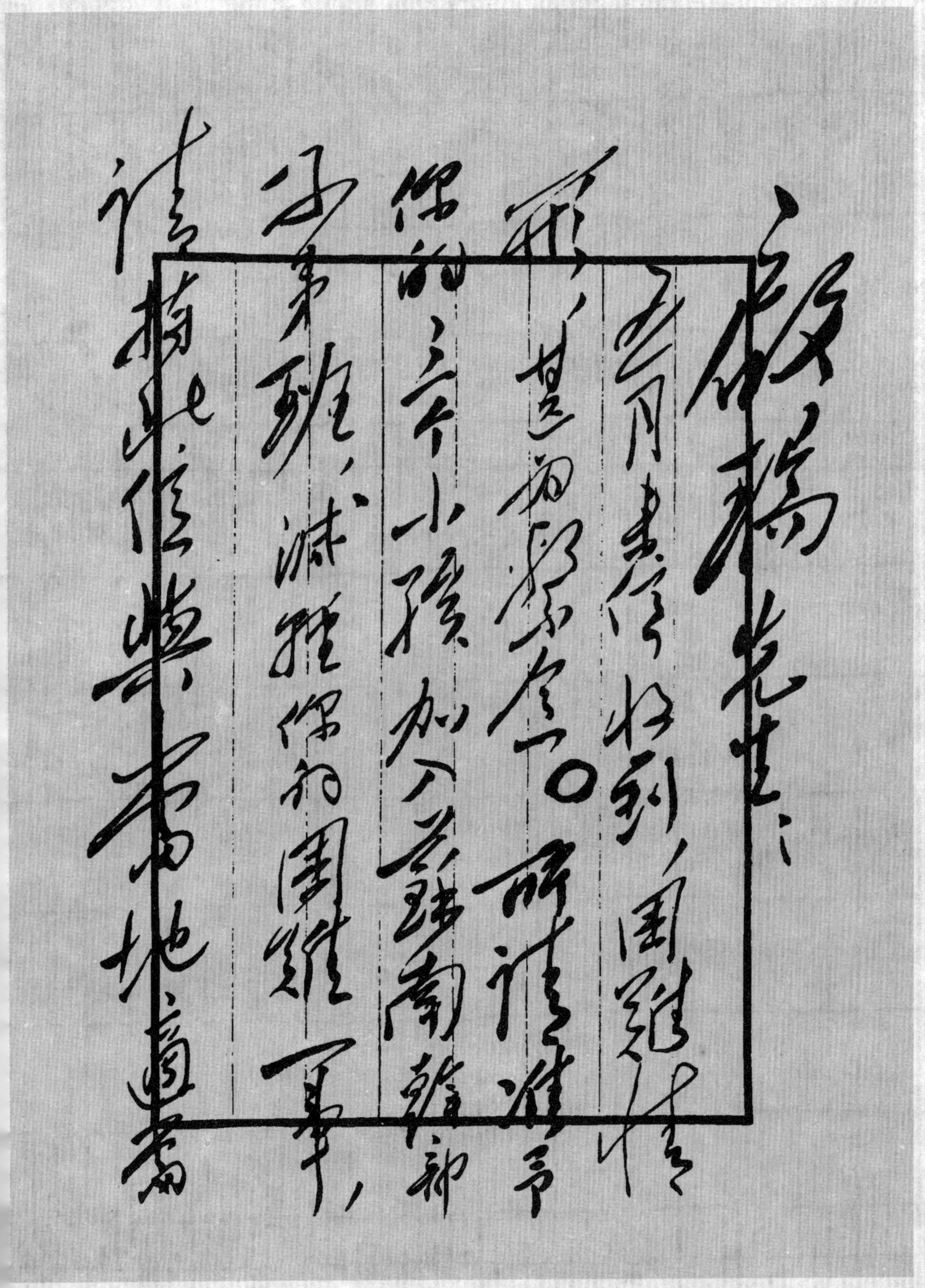
启瑞先生：五月来信收到，困难情形，甚为系念。所请准予你的三个小孩加入苏南干部子弟班，减轻你的困难事，请持此信与当地适

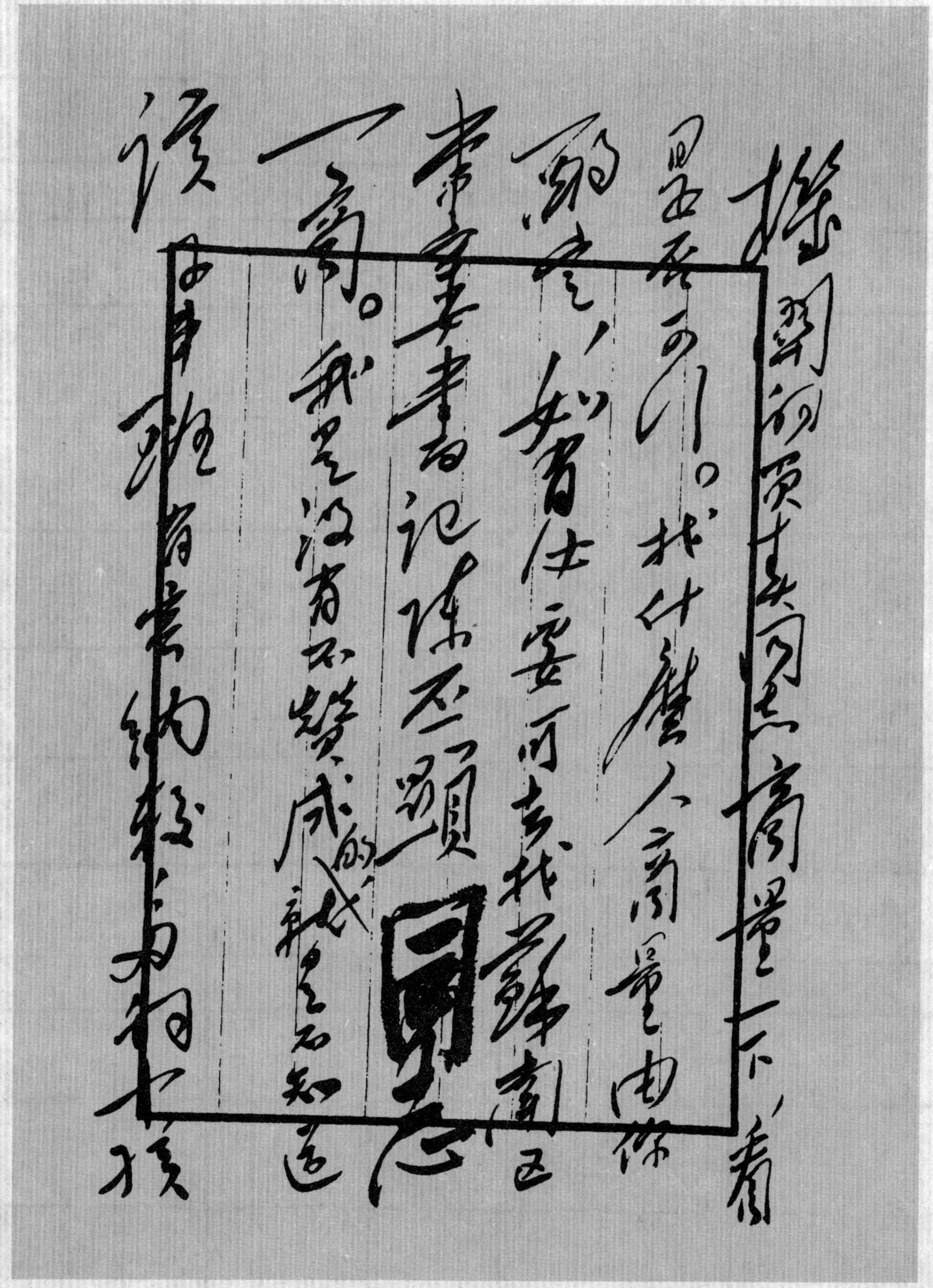

第四时期·书信

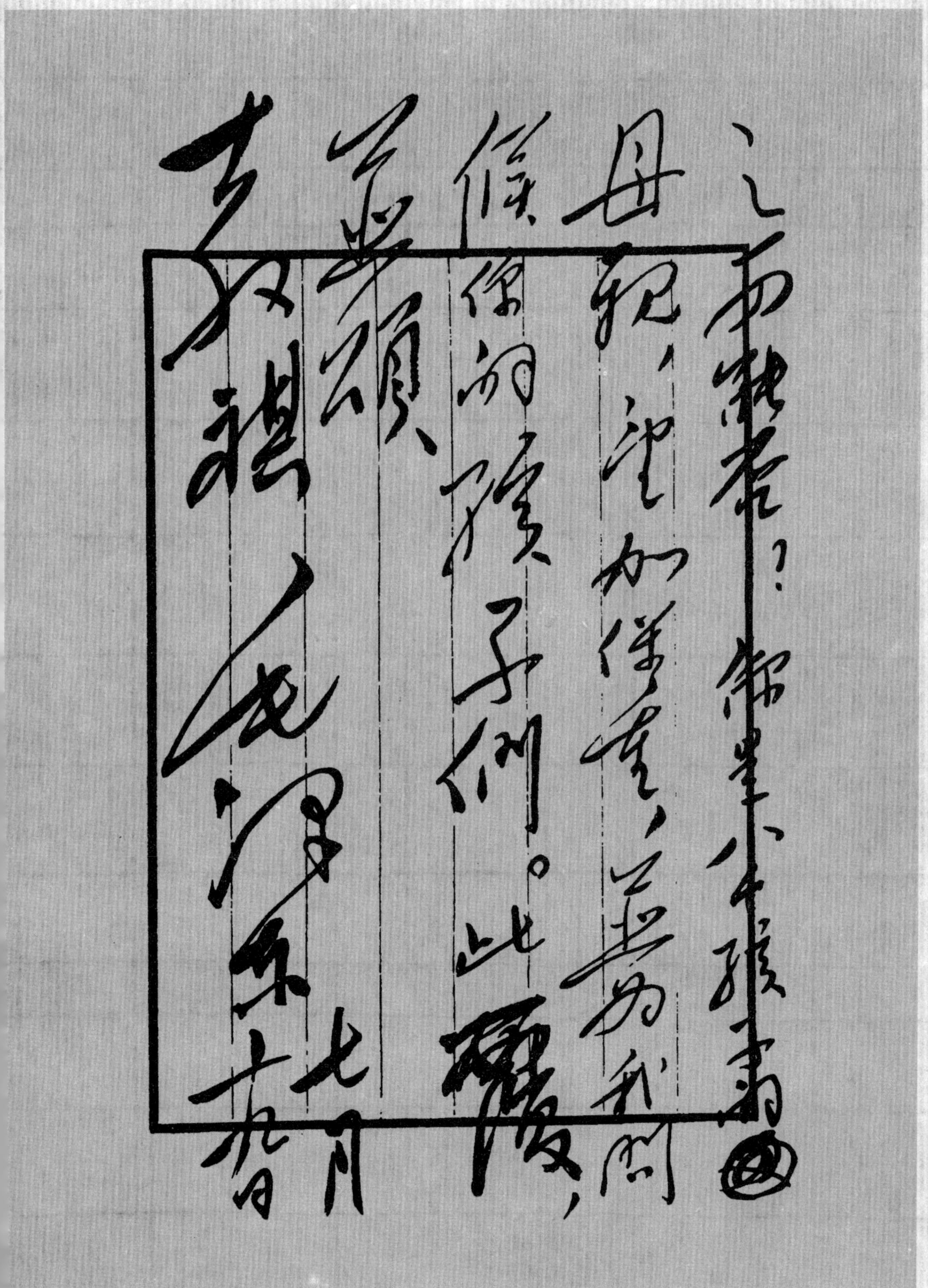

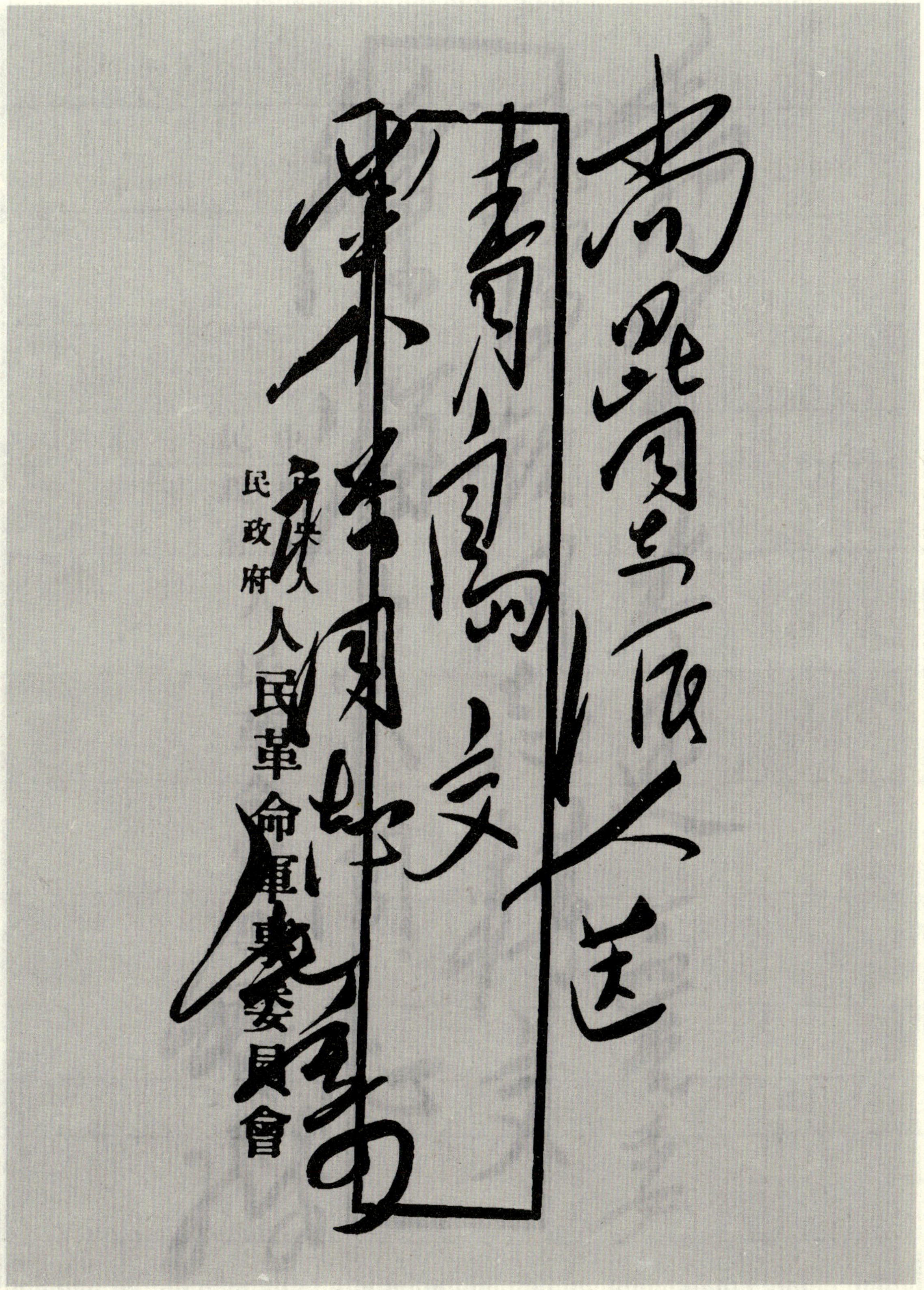

致粟裕

一九五〇年八月八日

粟裕同志：

罗瑞卿同志带来的信收到了，病情仍重，甚为系念。目前新任务不甚迫切，你可以安心休养，直至病愈。休养地点，如青岛合适则在青岛；如青岛不甚合适，可来北京，望酌定之。问好！

毛泽东

八月八日

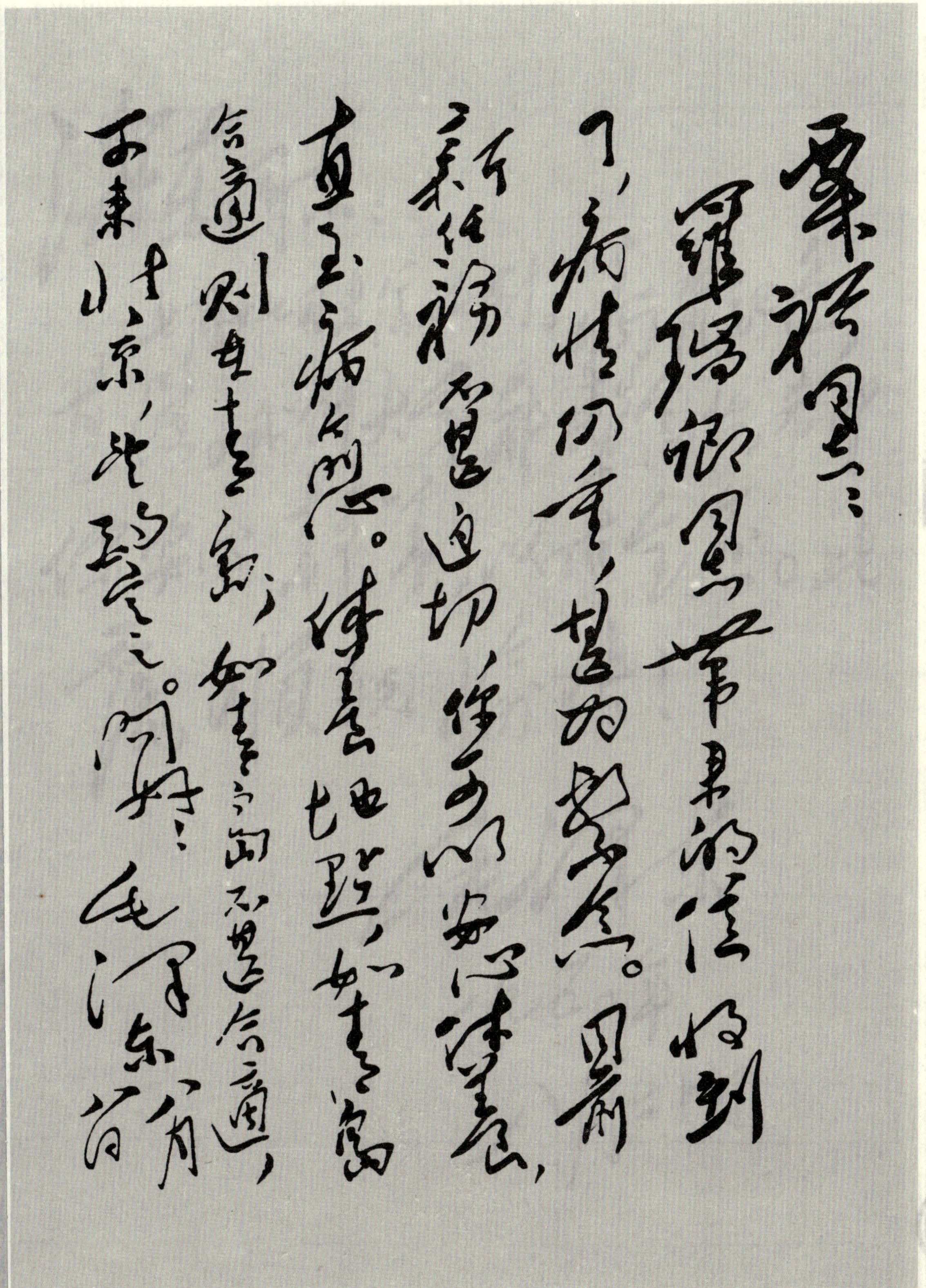

致陈叔通

一九五〇年十二月十八日

叔老：

来示诵悉，已告陈云、薄一波两同志酌办。全国有五百万工商户，其中商业行户大约有三百万，在整个经济事业由旧的轨道转入新民主主义轨道中，当有一大批商行和手工业需要转业和改组，这是不可避免的，政府应当妥为指导这件事。

敬问安好！

毛泽东

十二月十八日

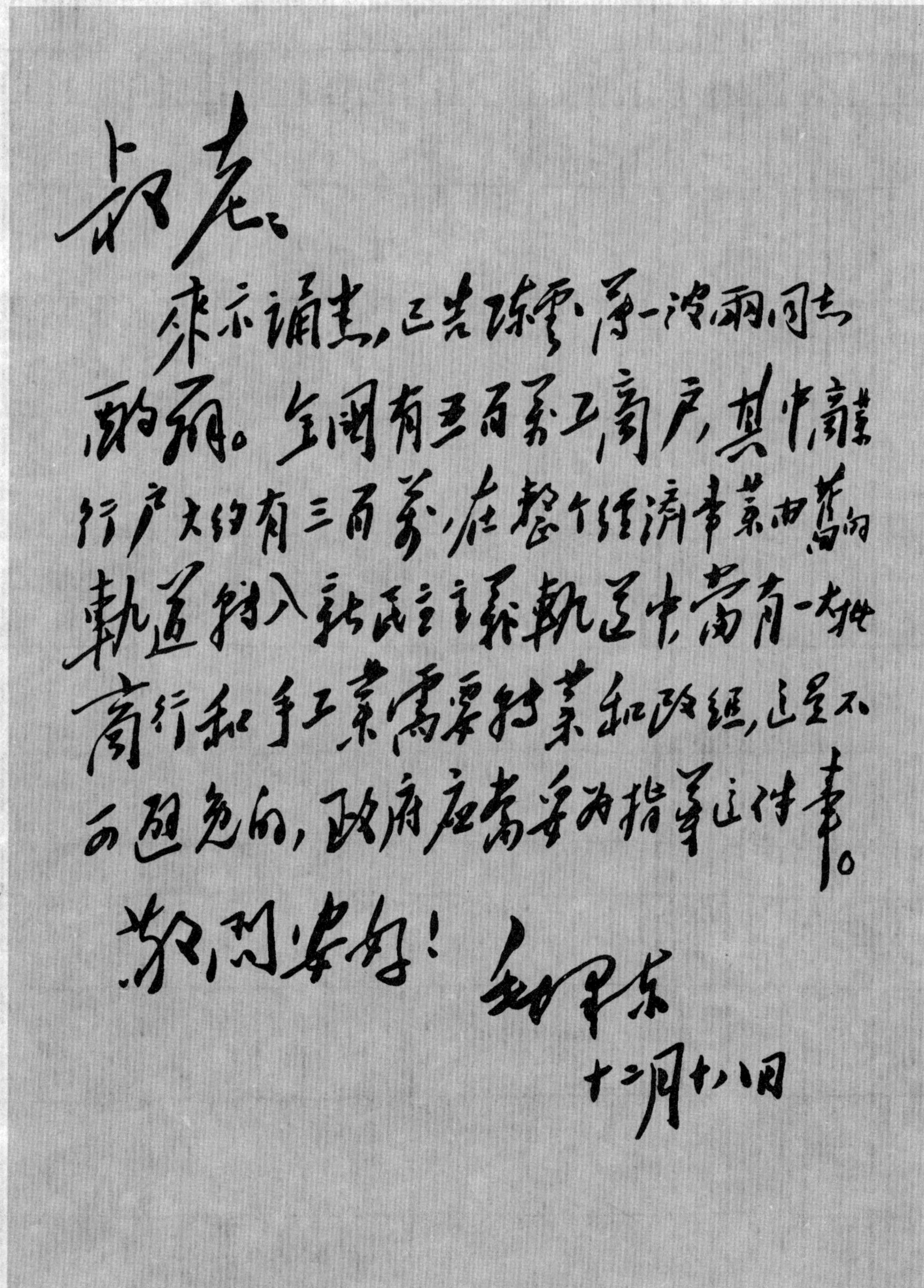

叔老：

来示诵悉，已告陈云、薄一波两同志酌办。全国有五百万工商户，其中商业行户大约有三百万，在整个经济事业由旧的轨道转入新民主主义轨道中，当有一大批商行和手工业需要转业和改组，这是不可避免的，政府应当妥为指导这件事。

敬问安好！

毛泽东

十二月十八日

第四时期·书信

致周世钊

一九五〇年十二月二十九日

惇元兄：

嘱写的字给你写了，不知可用否？

临行一信，长沙一信，都收到，很感谢！所说各事都同意，可以做（有些只要逐步地做）。师范教育会议，待与马先生一谈，大略是可以的罢。

晏睡的毛病正在改，实行了半个月，按照太阳办事，不按月亮办事了。但近日又翻过来，新年后当再改正。多休息和注意吃东西，也正在做。总之如你所论，将这看作大事，不看作小事，就有希望改正了。祝您及你［您］的同事们工作顺利，新年快乐。

毛泽东

十二月廿九日

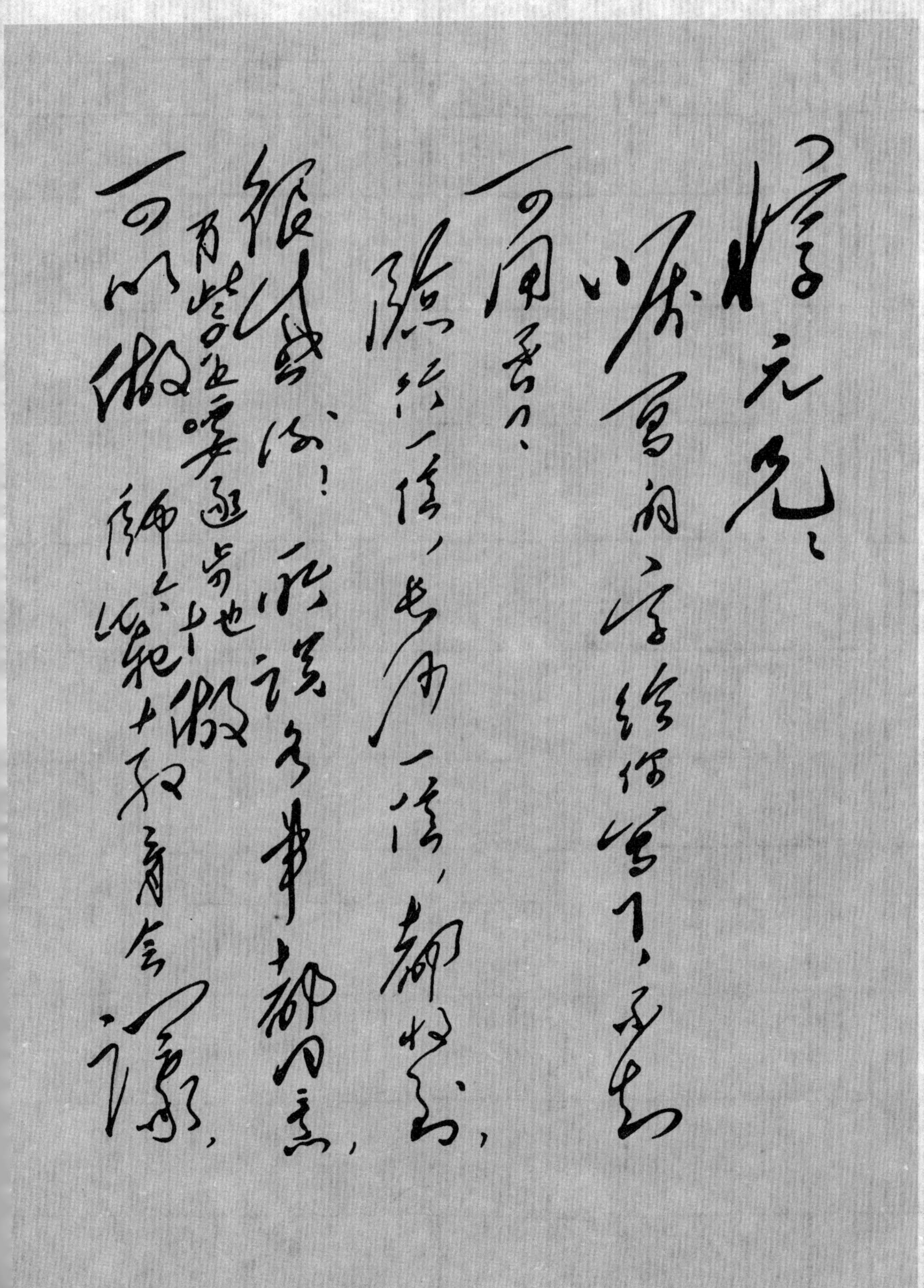

惇元兄：

嘱写的字给你写了，不知可用否？

临行一信，长沙一信，都收到，很感谢！所说各事都同意，可以做（有些只要逐步地做），师范教育会议，

第四时期·书信

待吳禹先生一讀，大家是可以
商量。
另[illegible]腰的毛病正在改，以[illegible]
[illegible]十个月，按照太[illegible][illegible]療[illegible]，[illegible]
[illegible][illegible][illegible]事了。但近日又[illegible][illegible]
事，我[illegible][illegible][illegible]再改正。
又

休息和注意吃東西，也正在做。
擬之如何論，將近需作大
半年，不為小事，就[illegible]
希望改正了。
祝您及保[illegible]
事例工作順利，
新年快樂。
毛澤東
十二月九日

致徐悲鸿

一九五一年一月十四日

悲鸿先生：

一〔十〕月十三日给我的信并附石永懋先生所为书二本均已收到。同意先生的意见应对石先生予以照顾。最好在先生所办的学校予以位置，如不可能则请持此信向中央文教委员会接洽酌定解决办法。

此复，顺致敬意

毛泽东

一月十四日

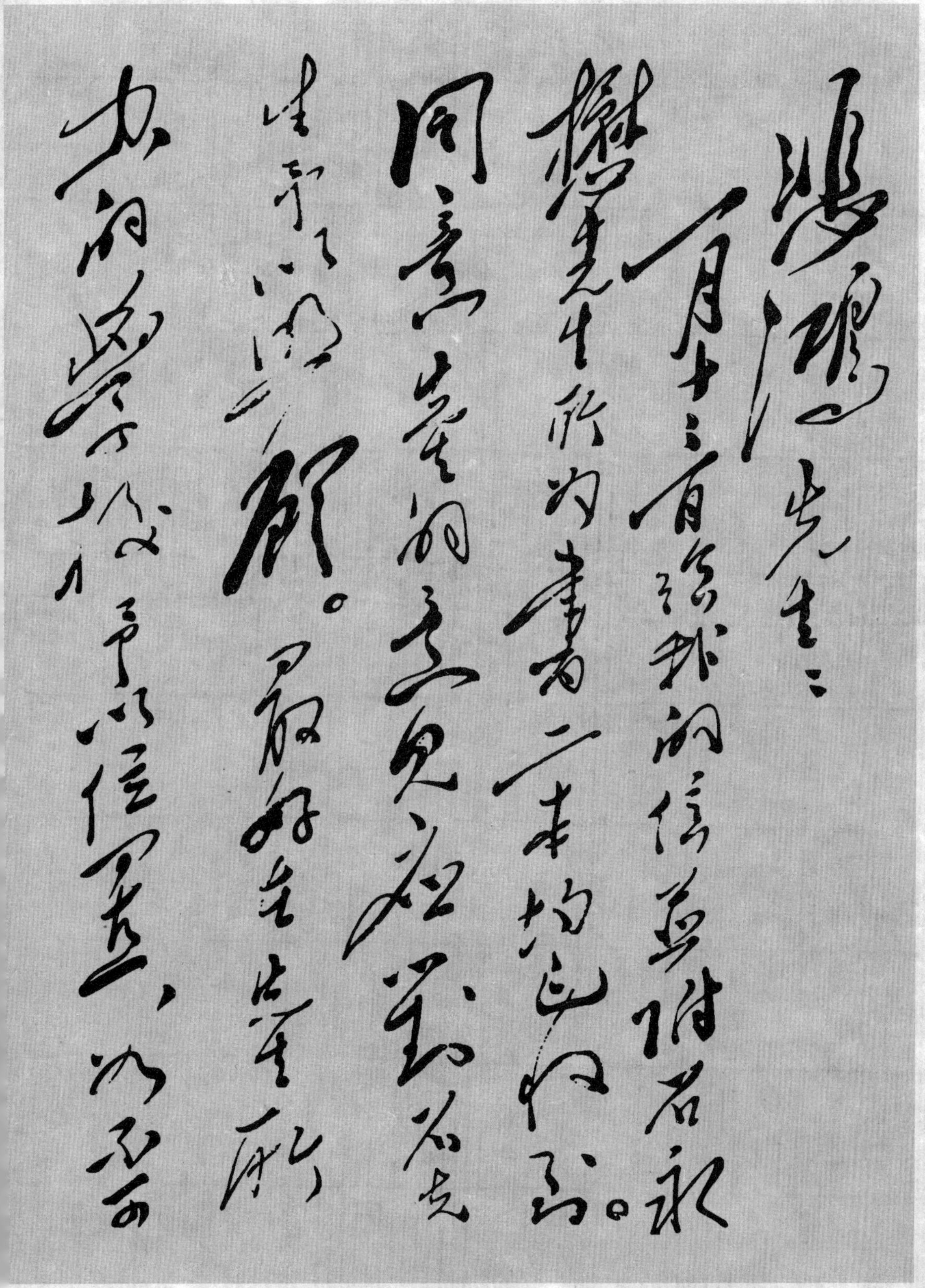

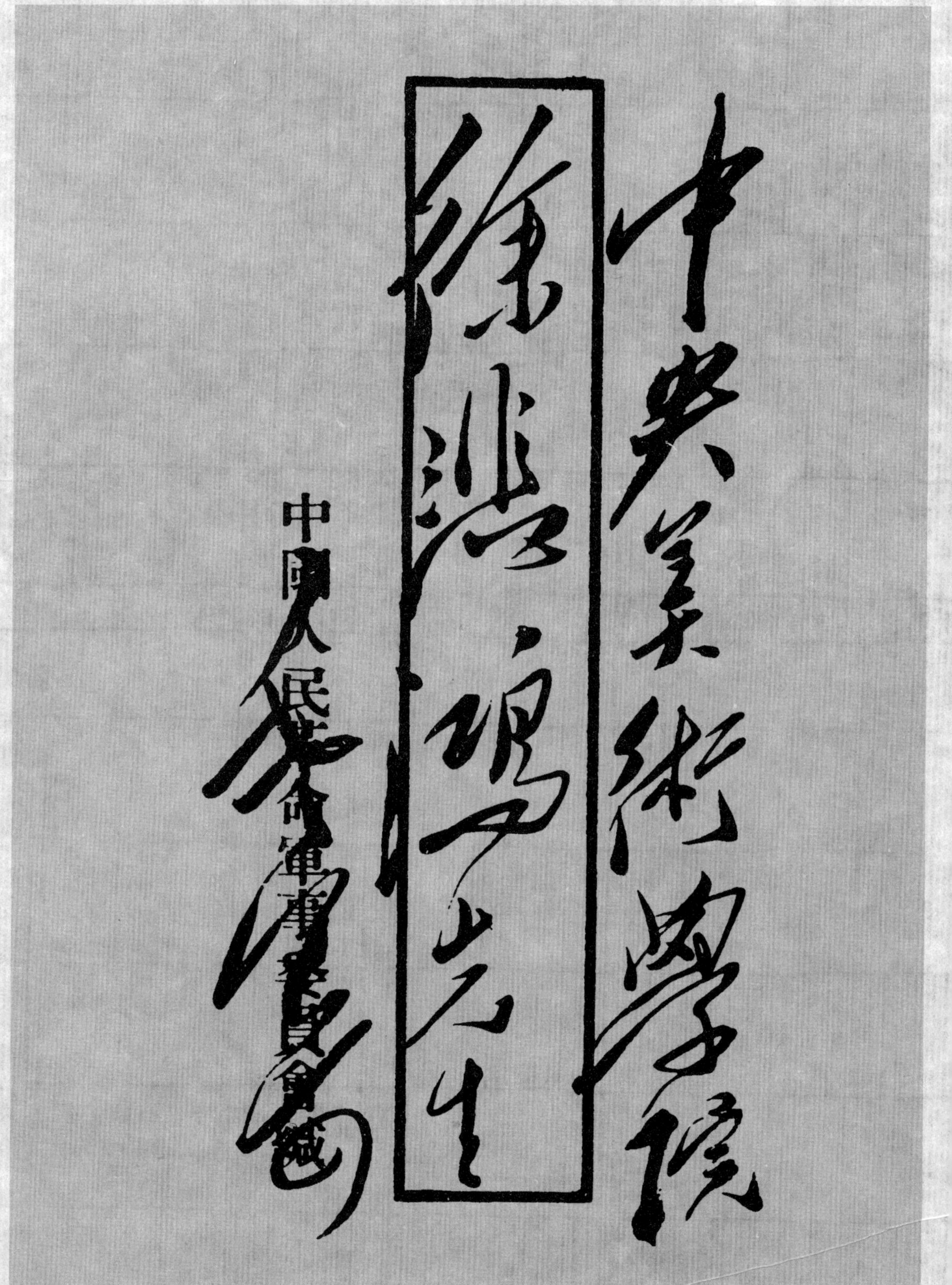

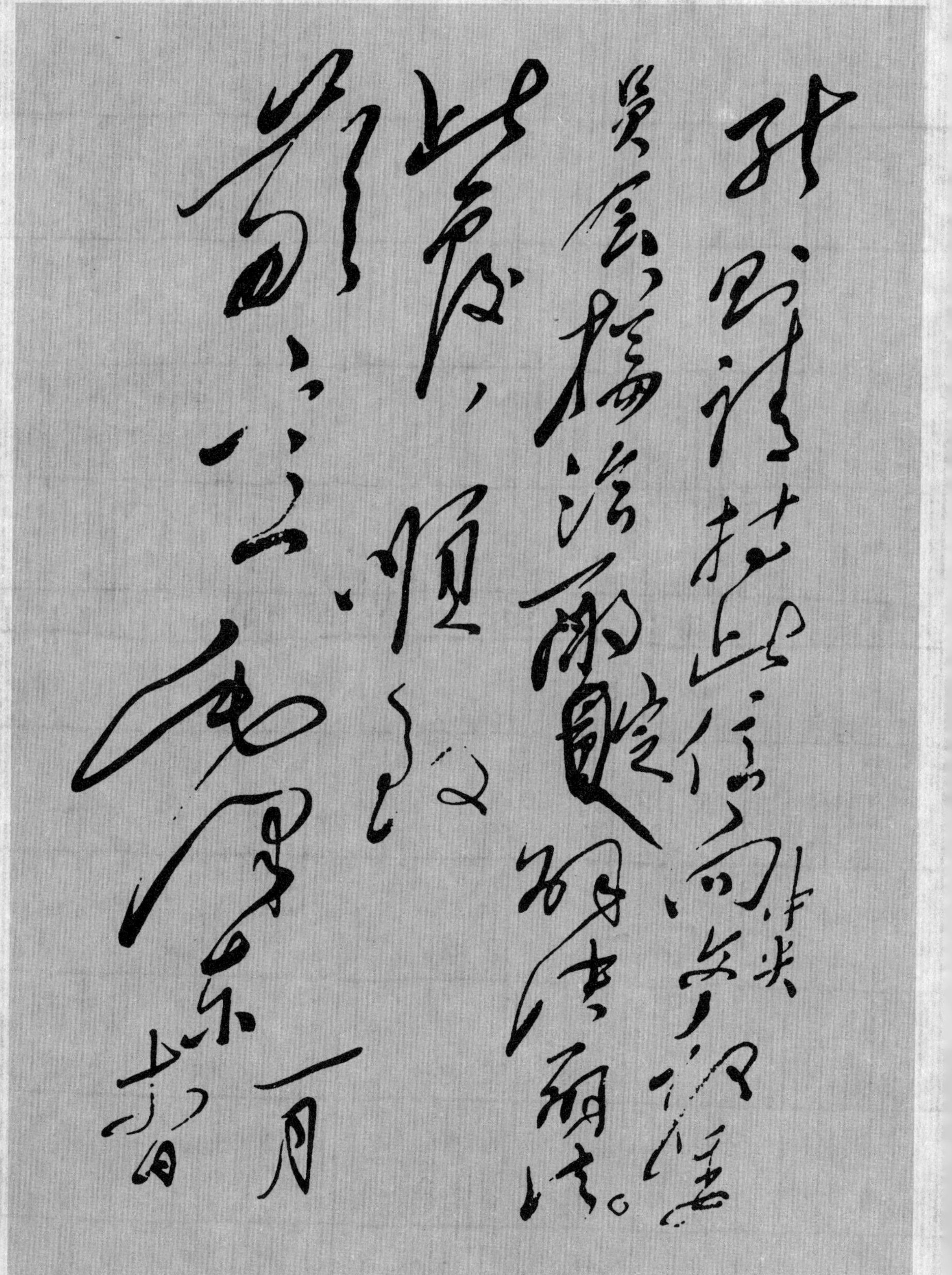

第四时期·书信

致李思安

一九五一年一月十四日

思安先生：

两次来信，均已收到，甚为欣慰。同意你来北京，如果你愿意和蒋竹如同学他们一道进革命大学学习一时期则可以进该校；否则另想工作办法。来时可持此信向中共中央统一战线部李维汉部长接洽入学或工作问题。此复，顺致敬意！

毛泽东

一月十四日

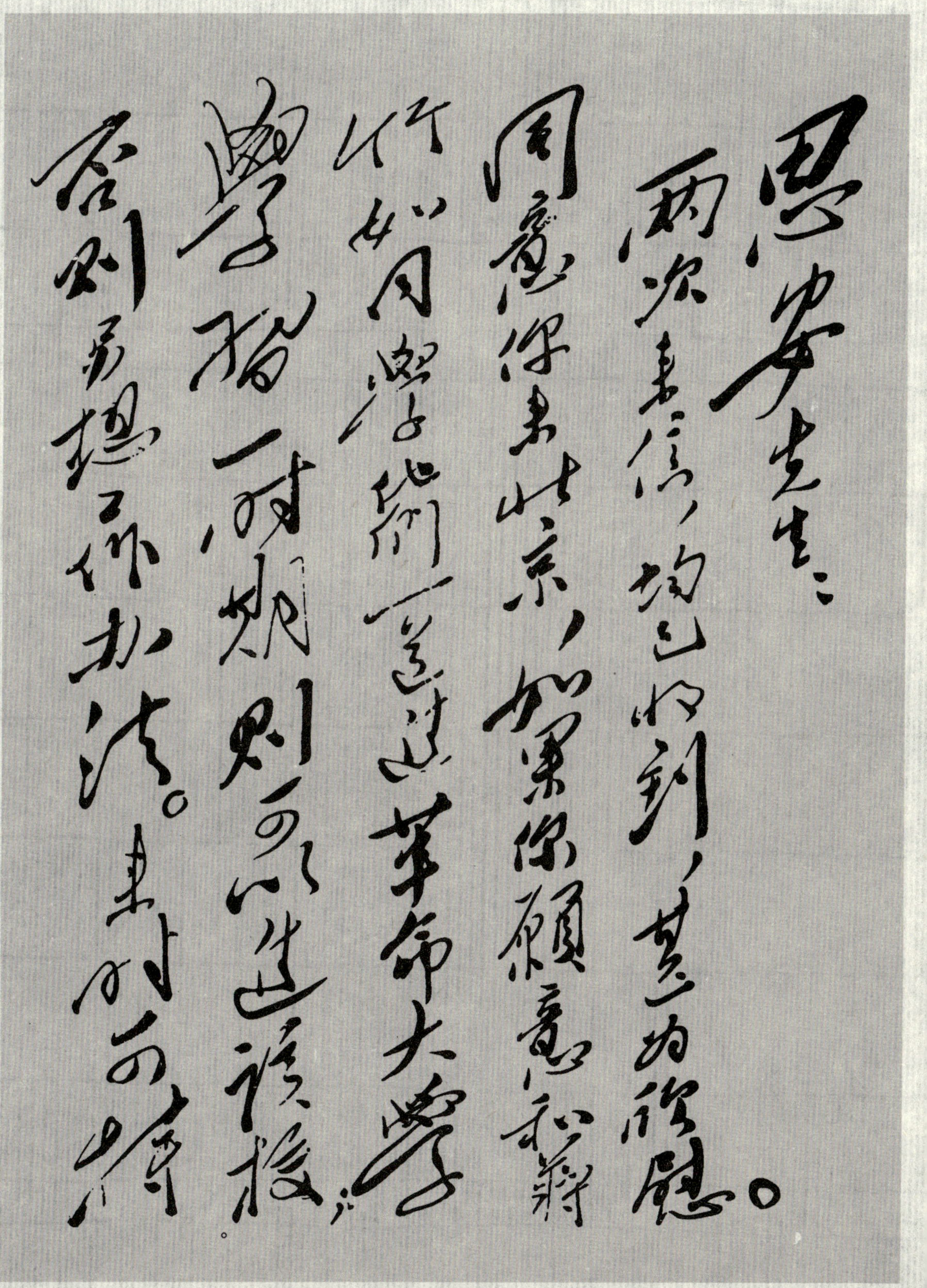

思安先生：兩次來信，均已收到，甚為欣慰。同意你來北京，如果你願意和蔣竹如同學他們一道進革命大學學習一時期，則可以進該校；否則另想工作辦法。來時可持

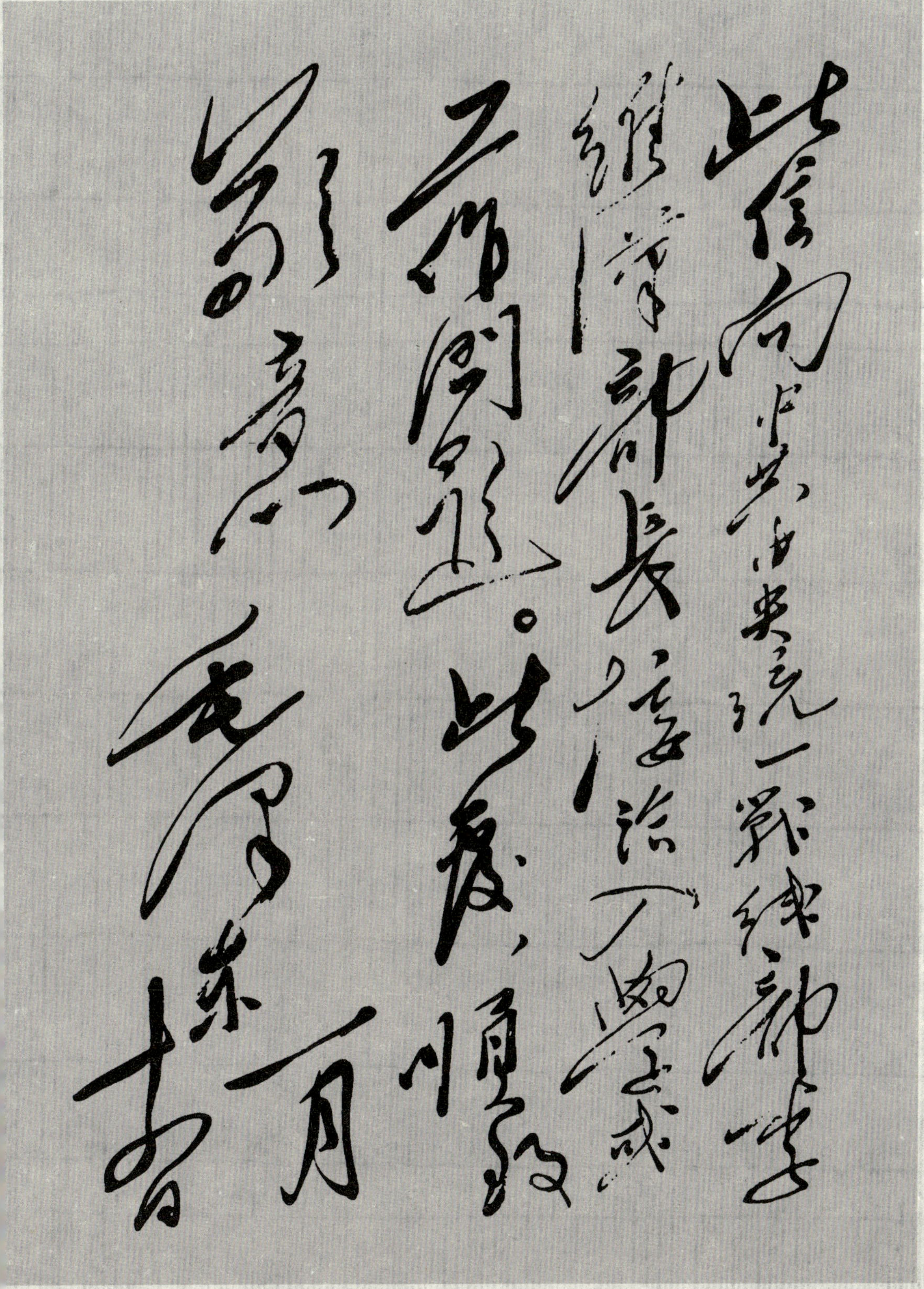

此信向中共中央統一戰線部李維漢部長接洽入學或工作問題。此復，順致敬意

毛澤東

一月十四日

致张澜

一九五一年一月二十二日

表方先生：

西南局书记邓小平同志给我的报告一件，送上请察阅（可要您的秘书念给您听），可以看出西南工作的一般情况。阅后请予掷还。先生身体好吗？甚为系念。

顺致

敬意。

毛泽东

一月廿二日

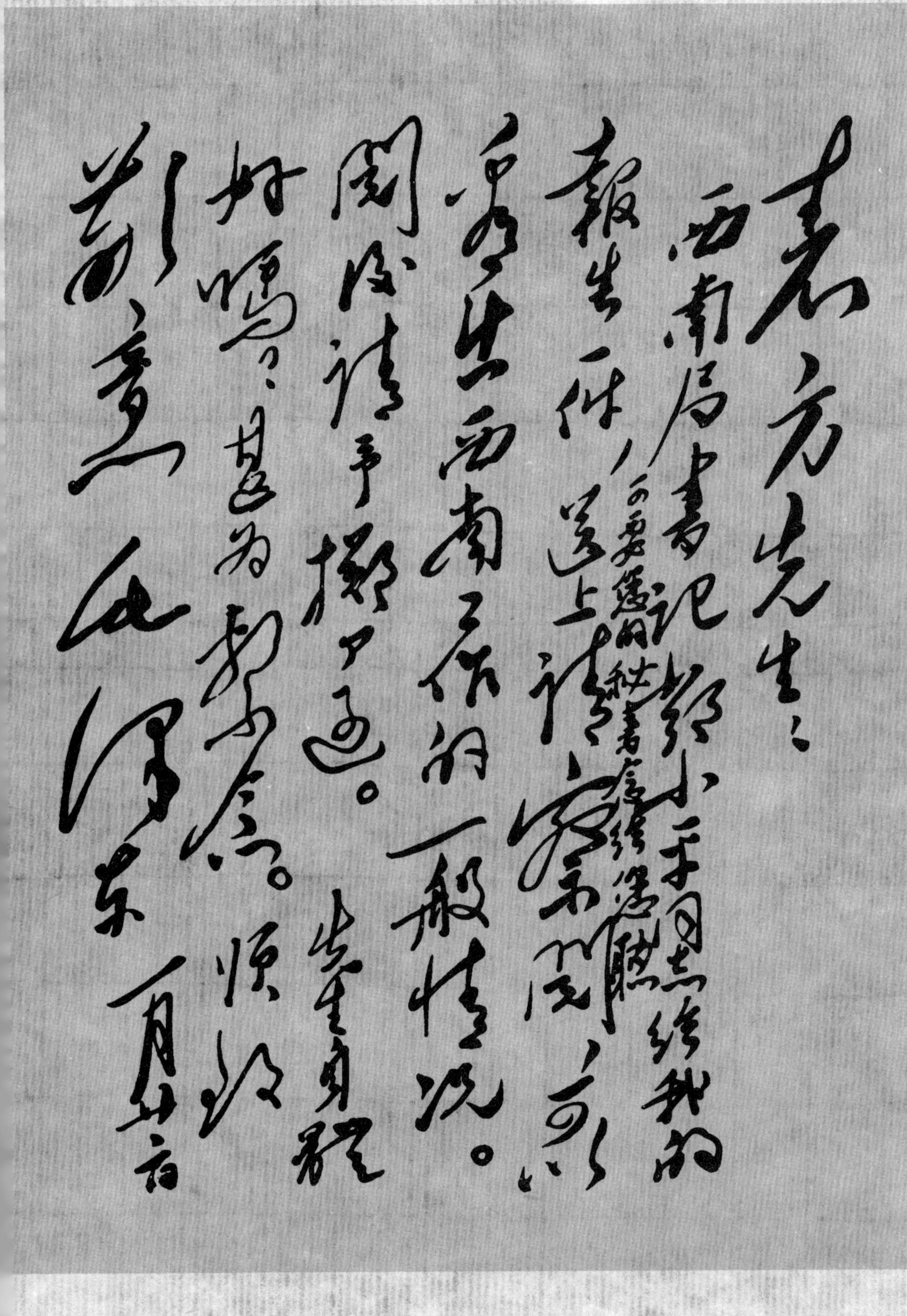

第四时期·书信

致胡乔木

一九五一年三月二十九日

乔木同志：

三月二十八日《光明日报》载吴景超的文章，《参加土改工作的心得》写得很好，请令《人民日报》予以转载，并令新华社广播各地。又：三月廿八日《人民日报》左下角一条新闻《北京人民广播电台播送讨论镇压反革命的录音》，亦请用文字广播。惟其中有几句是讲三月廿八日要求听众做什么的，广播稿应改写一下，写成一条北京的新闻。

毛泽东

三月廿九日

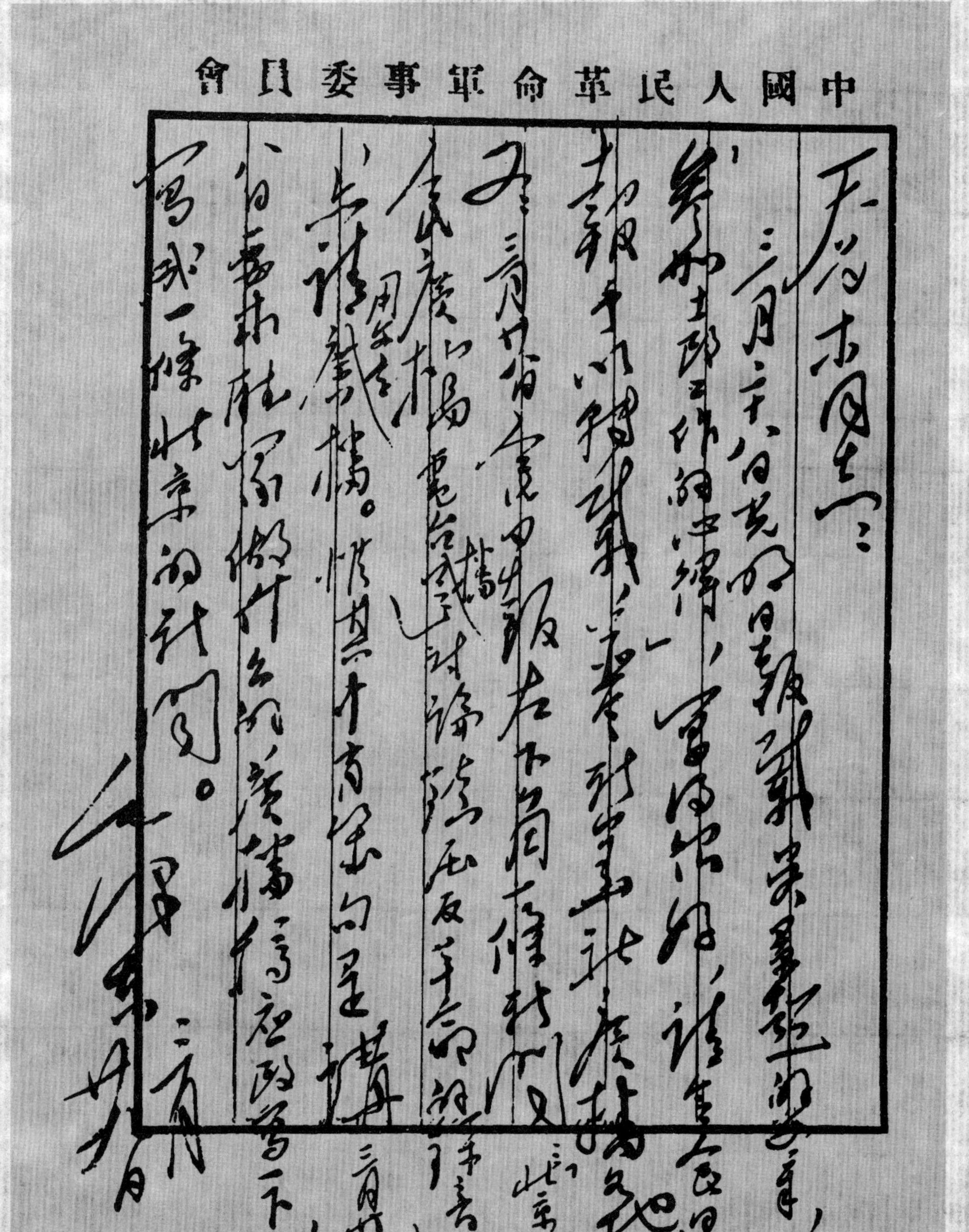

致彭友胜

一九五一年三月三十一日

友胜先生：

三月十四日来信收到，甚为高兴。你的信写得太客气了，不要这样客气。你被划为贫农成分，如果是由群众同意了的，那是很好的。工作的问题，如果你在乡下还勉强过得去，以待在乡下为好，或者暂时在乡下待住一时期也好，因为出外面怕难于找得适宜的工作位置。如果确实十分困难，则可持此信到长沙找湖南省人民政府副主席程星龄先生，向他请示有无可以助你之处。不一定能有结果，因程先生或其他同志都和你不相

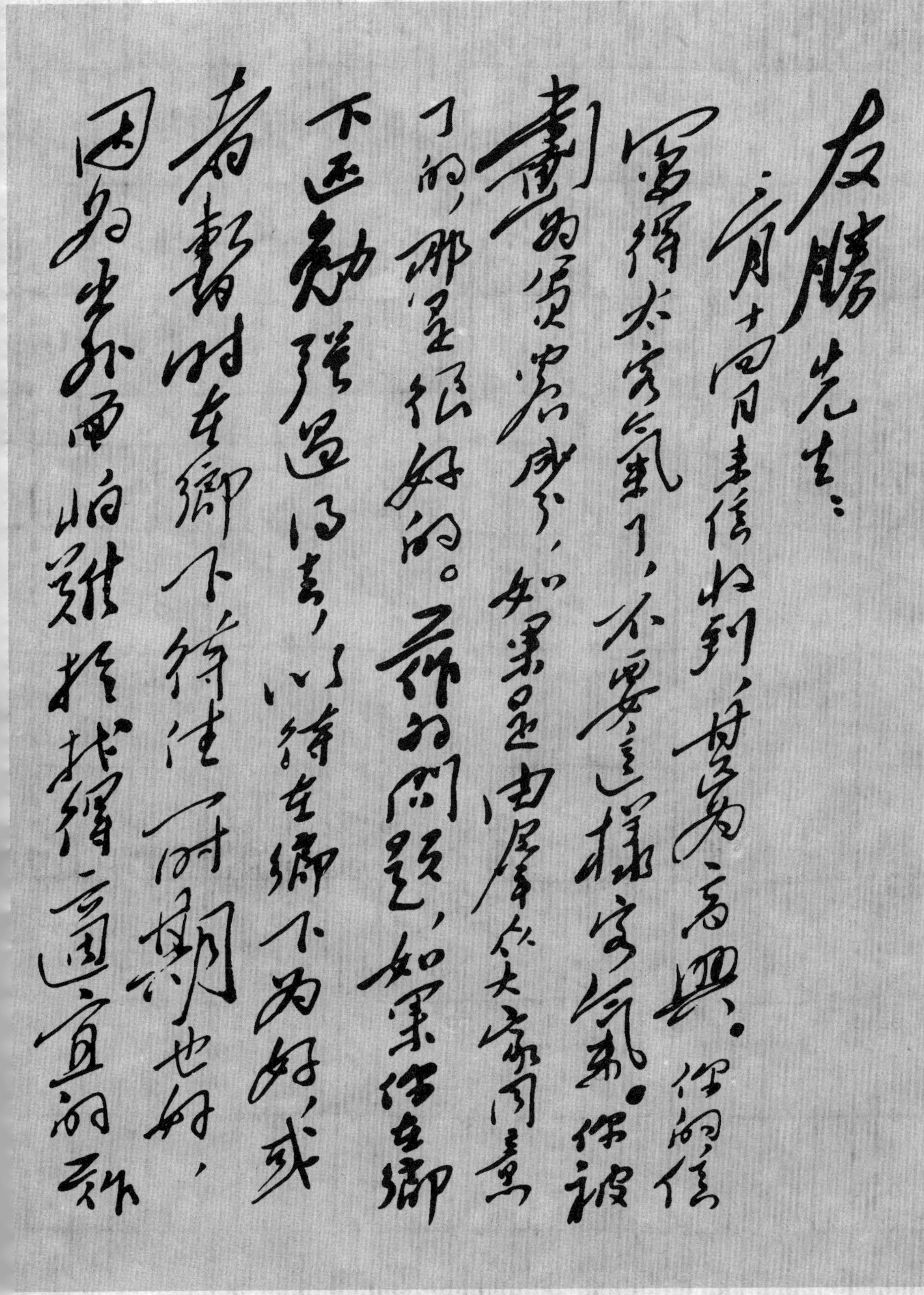

熟，不知道你的历史和近来的情况。连我也是如此，不便向他们提出确定的意见。如果你自己愿意走动一下，可以去试一试。去时，可将你在辛亥革命时在湖南军队中工作过并和我同事（你当副目，我当列兵）一点向他作报告，再则将你的历史向他讲清楚。

此复，顺致

敬意。

毛泽东

三月卅一日

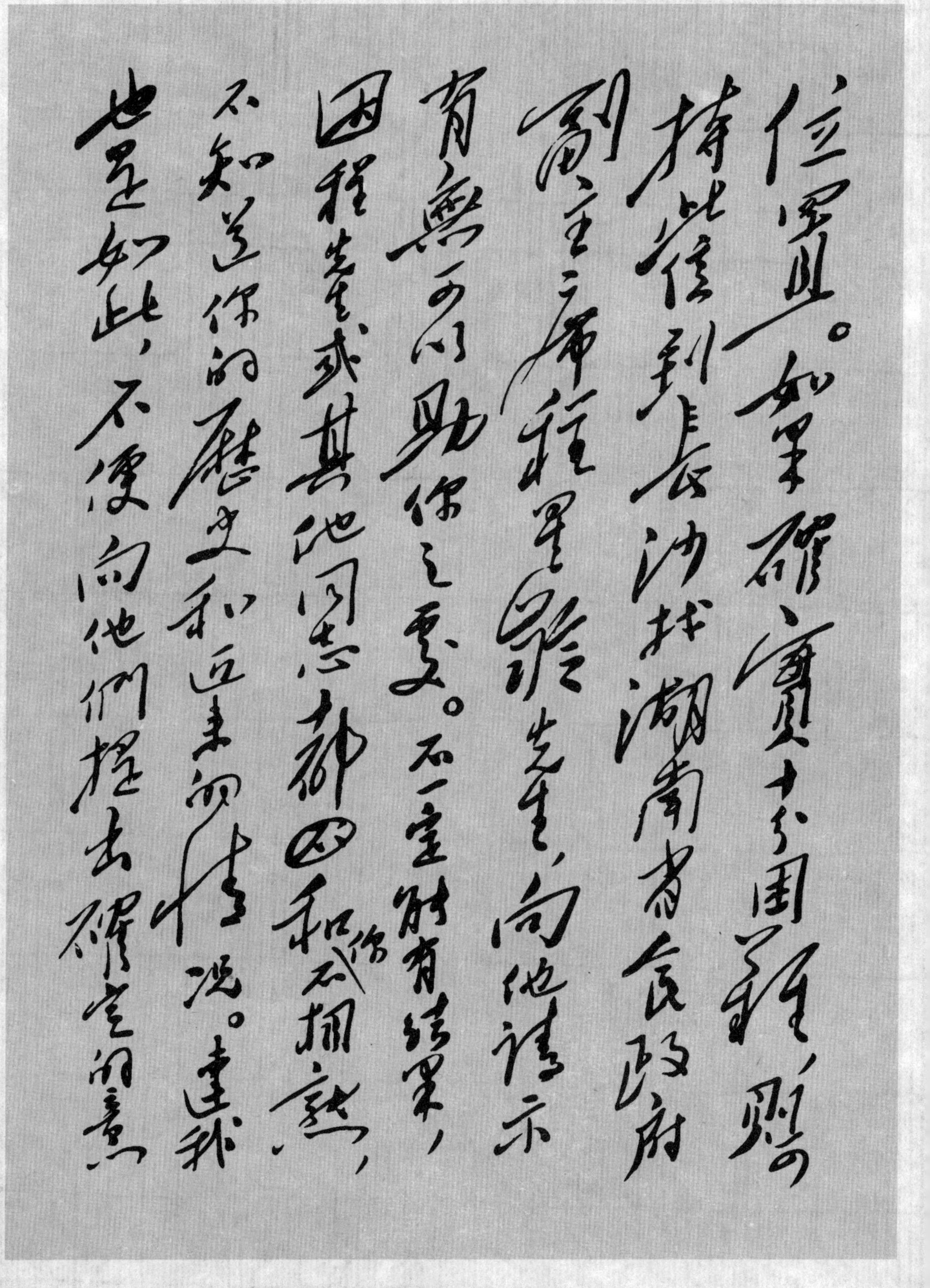

位置。如果確實十分困難，則請持此信到長沙找湖南省人民政府副主席程星齡先生，向他請示有無可以助你之處。不一定能有結果，因程星齡其他同志都和你不相熟，不知道你的歷史和近來的情況。連我也是如此，不便向他們提出確定的意

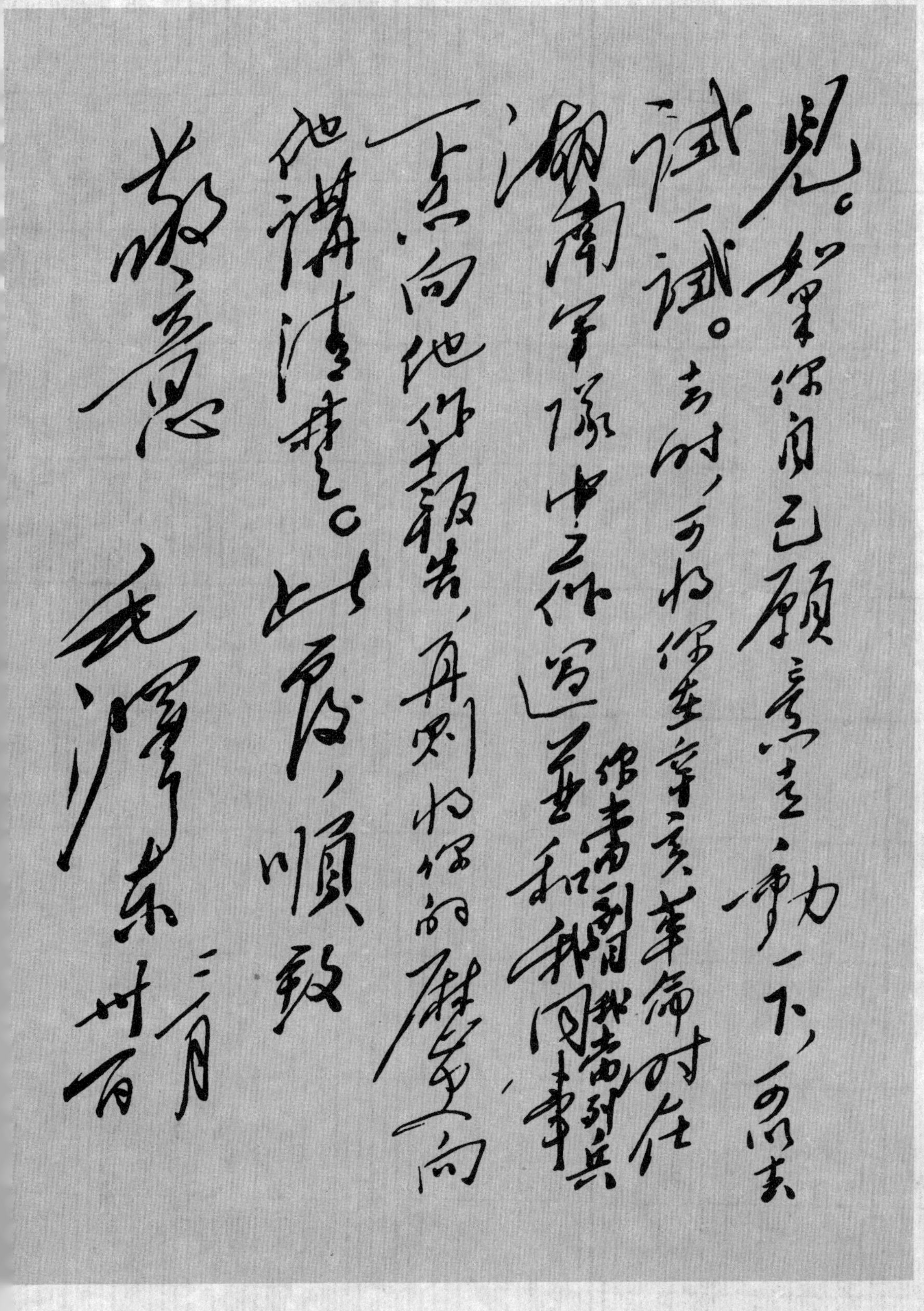

見。如果你自己願意走動一下，可以去試一試。去時，可將你在辛亥革命時在湖南軍隊中工作過並和我同事（你當副目，我當列兵）一點向他作報告，再則將你的歷史向他講清楚。此復，順致

敬意

毛澤東

三月卅一日

致王首道

一九五一年年六月十四日

首道同志：

毛泽覃同志的岳母老太太年已六十，住在湘潭韶山我的家里已有十余年，同当地人民的关系甚好，是一个好老人。她的女儿周文楠同志在沈阳法院工作，现回家去看老太太。老太太前有去东北依其女儿之意，但尚未作决定。如老太太去东北，请你考虑是否可以给以旅费的帮助。如可能，（在通例上说得过去的话）则帮助之，如不可能，则要她仍住现地不动，请与文楠同志商酌办理。

毛泽东

六月十四日

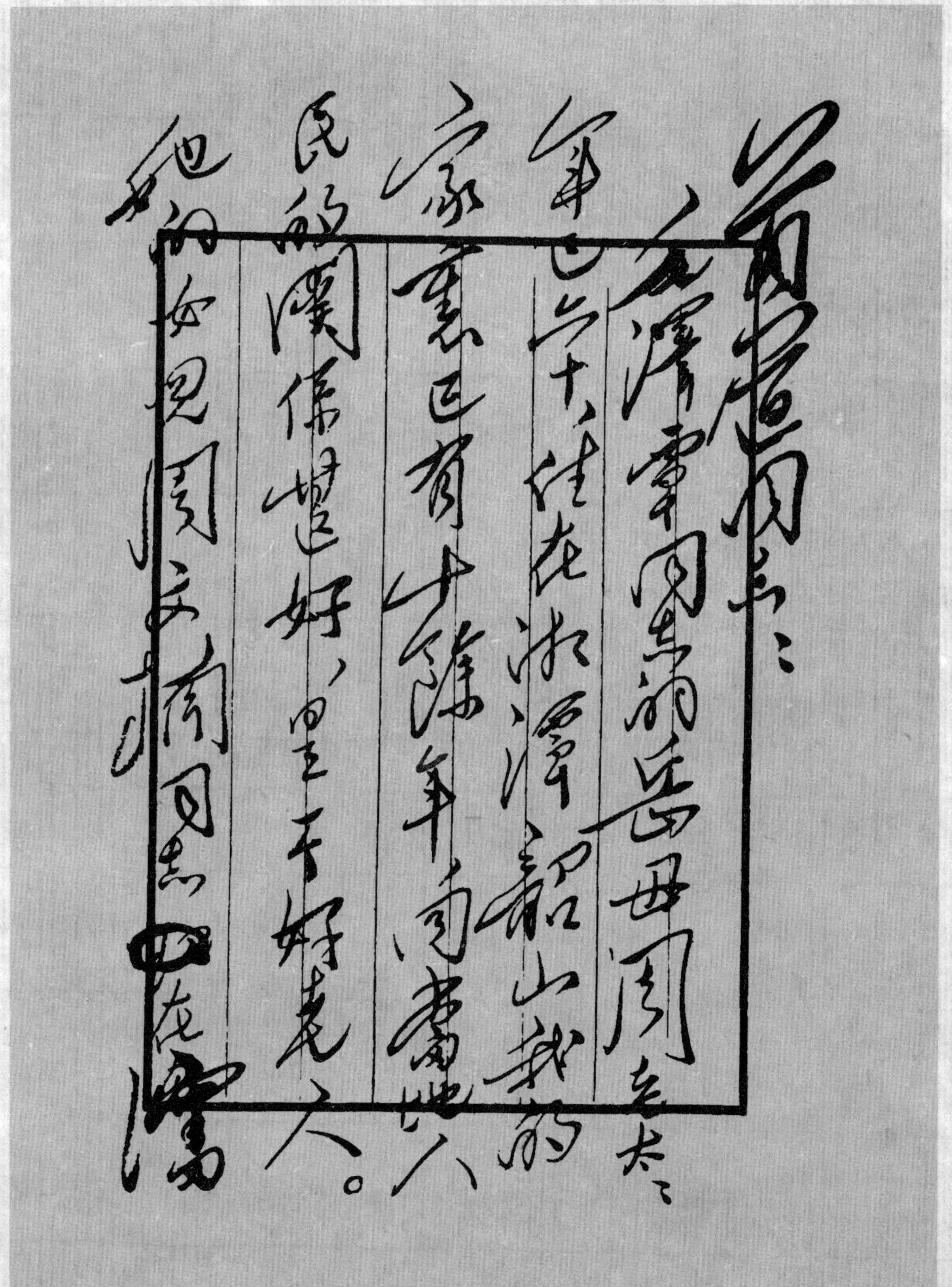

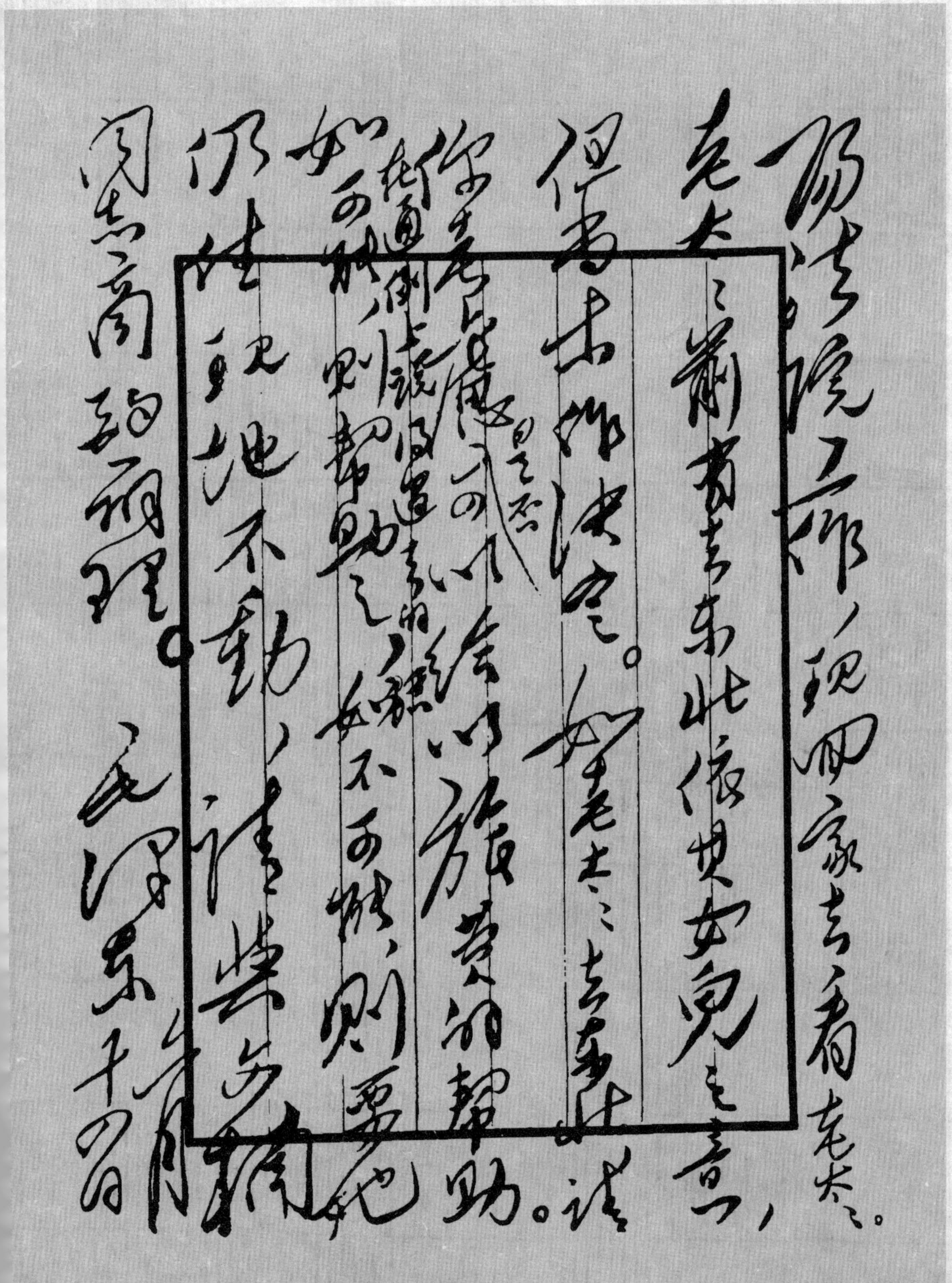

致李烛尘

一九五一年六月二十三日

烛尘先生：

六月十三日给我的信收到了。您的提议很好。惟时机值得考虑，似以等待一个时期再去进行为宜。此复，

顺致

敬意。

毛泽东

六月廿三日

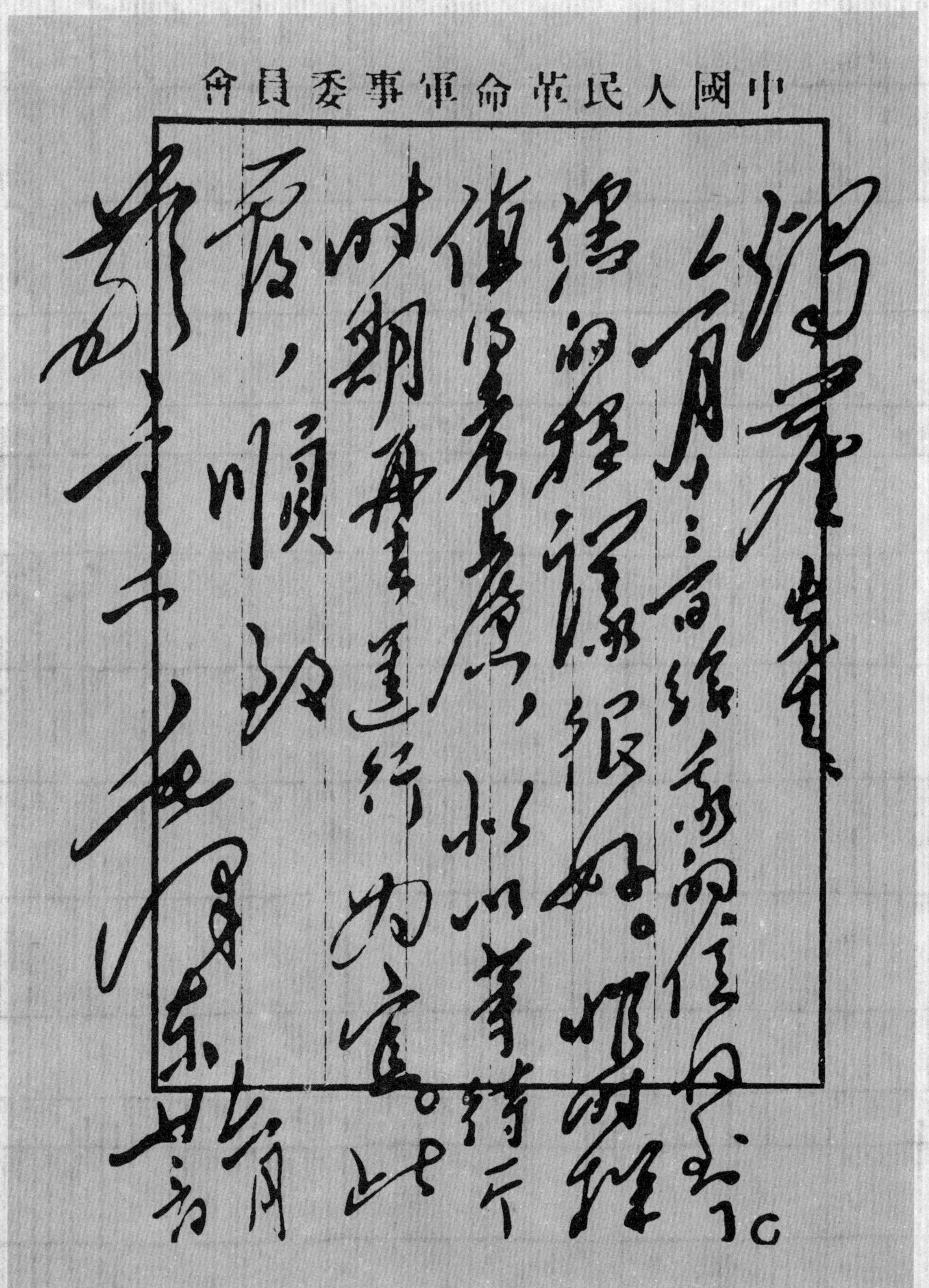

第四时期·书信

致张元济

一九五一年七月三十日

菊生先生：

去年十二月三十日，今年四月十五日和五月廿六日三次惠书并附大作及书一函，均收到了，谨谢厚意。积雪西陲一诗甚好。由于签订了协定，我们的队伍不久可以到拉萨了。尊恙有起色，甚以为慰。此复，敬祝

康吉。

毛泽东

一九五一年七月三十日

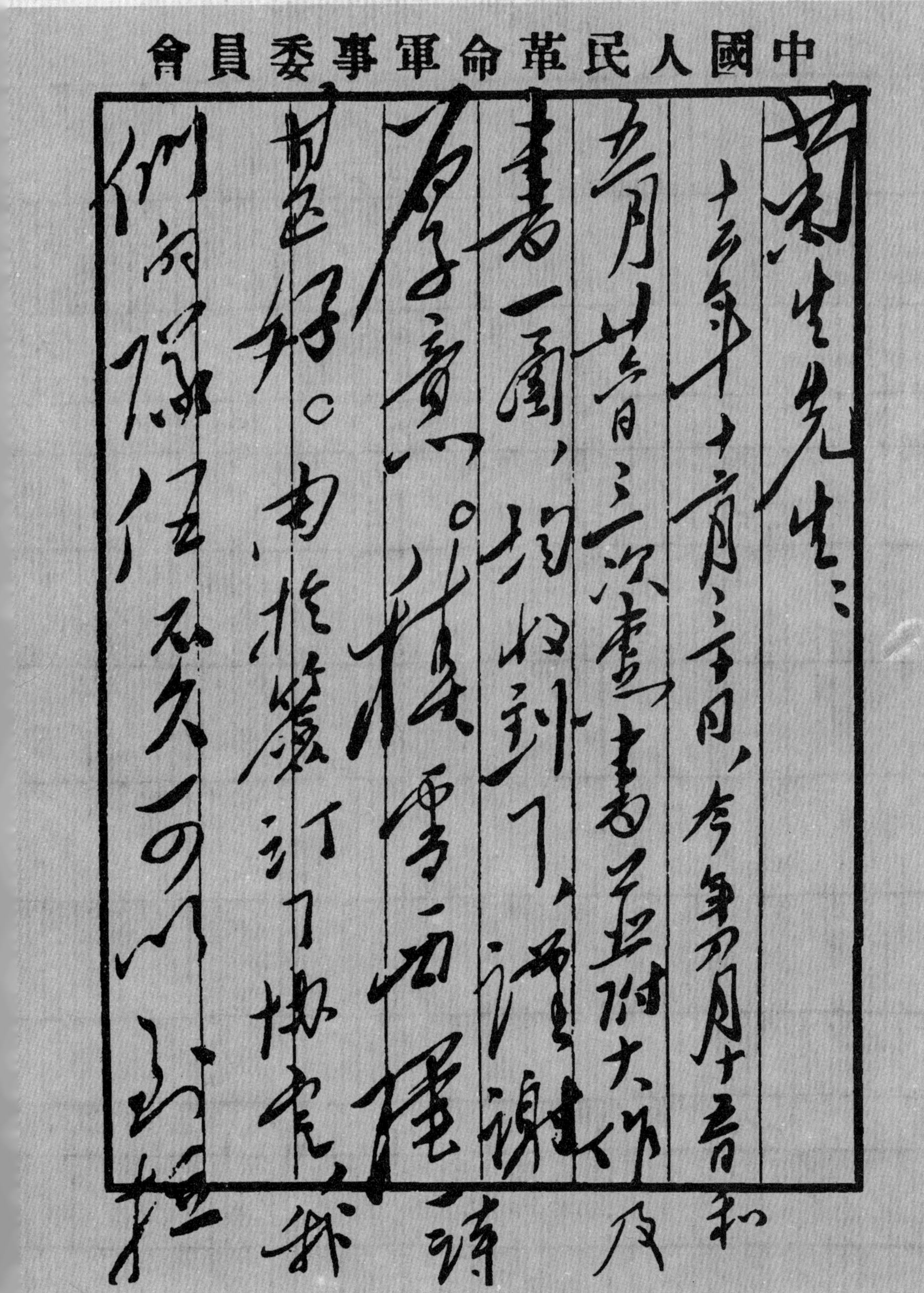

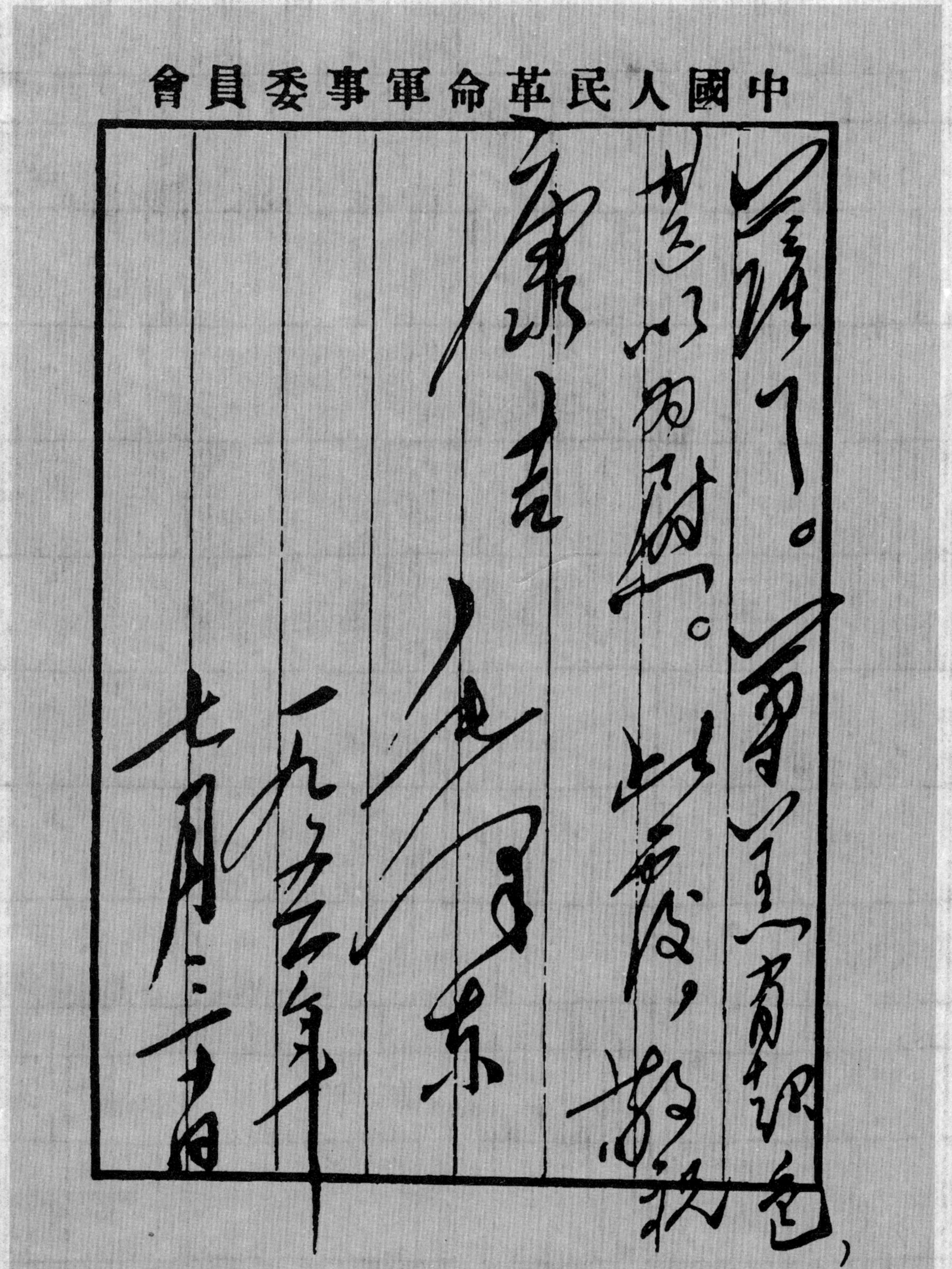

中國人民革命軍事委員會

[illegible]了。[illegible]

甚以為然。此覆，敬祝

康吉

毛澤東

一九五一年

七月三十日

致郑振铎

一九五一年十二月三日

振铎先生：

有姚虞琴先生经陈叔通先生转赠给我一件王船山手迹，据云此种手迹甚为稀有，今送至兄处，请为保存为盼！

顺祝

健吉！

毛泽东

十二月三日

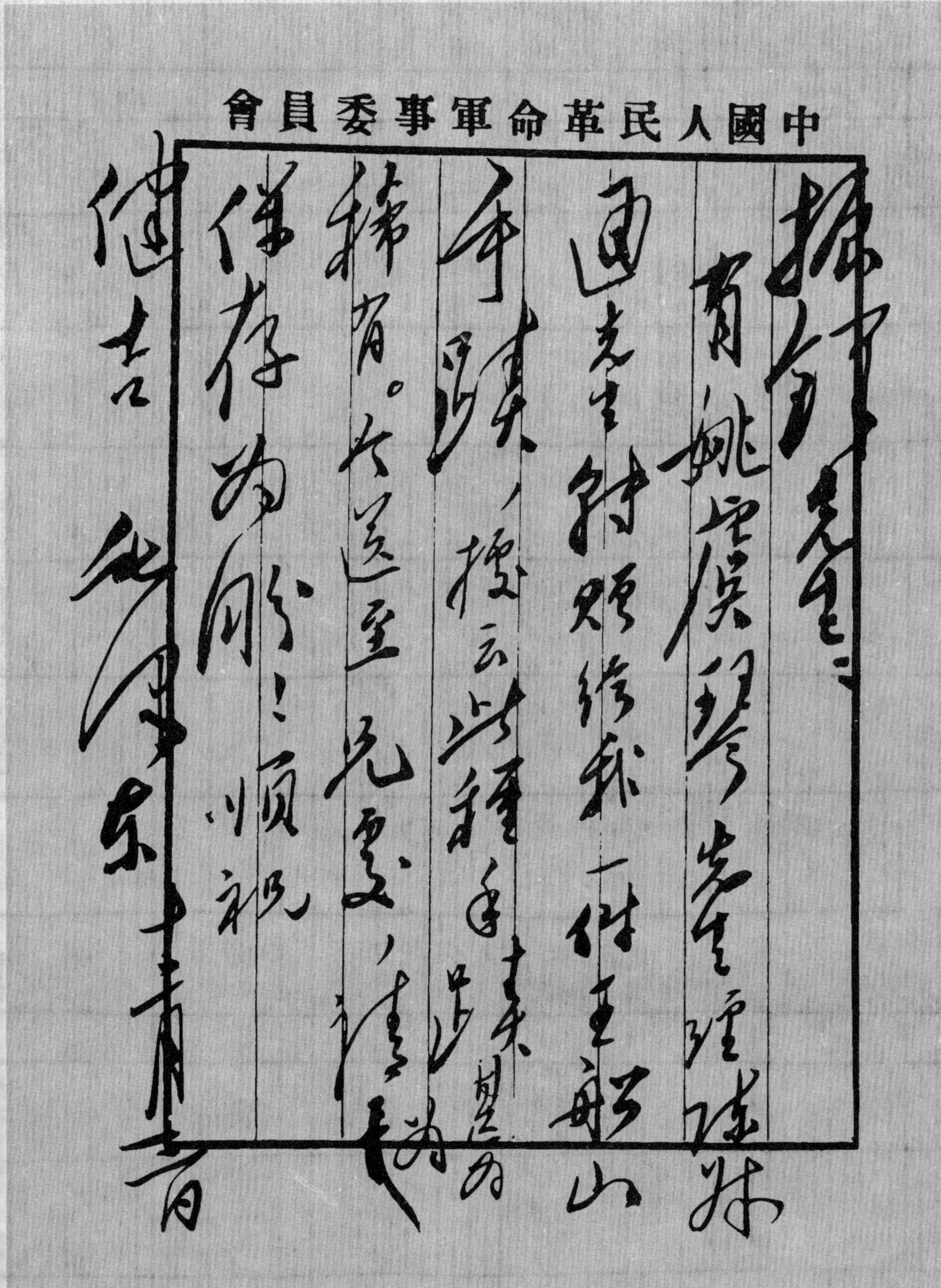

中國人民革命軍事委員會

振鐸先生：

有姚虞琴先生經陳叔通先生轉贈給我一件王船山手跡，據云此種手跡甚為稀有，今送至兄處，請為保存為盼！順祝

健吉！

毛澤東 十二月三日

致程潜

一九五二年三月十一日

颂云先生：

三月六日惠书收到。在联席会议上的发言，使我明了江湖利病所在，极为有益。此复。顺致

敬意。

毛泽东

三月十一日

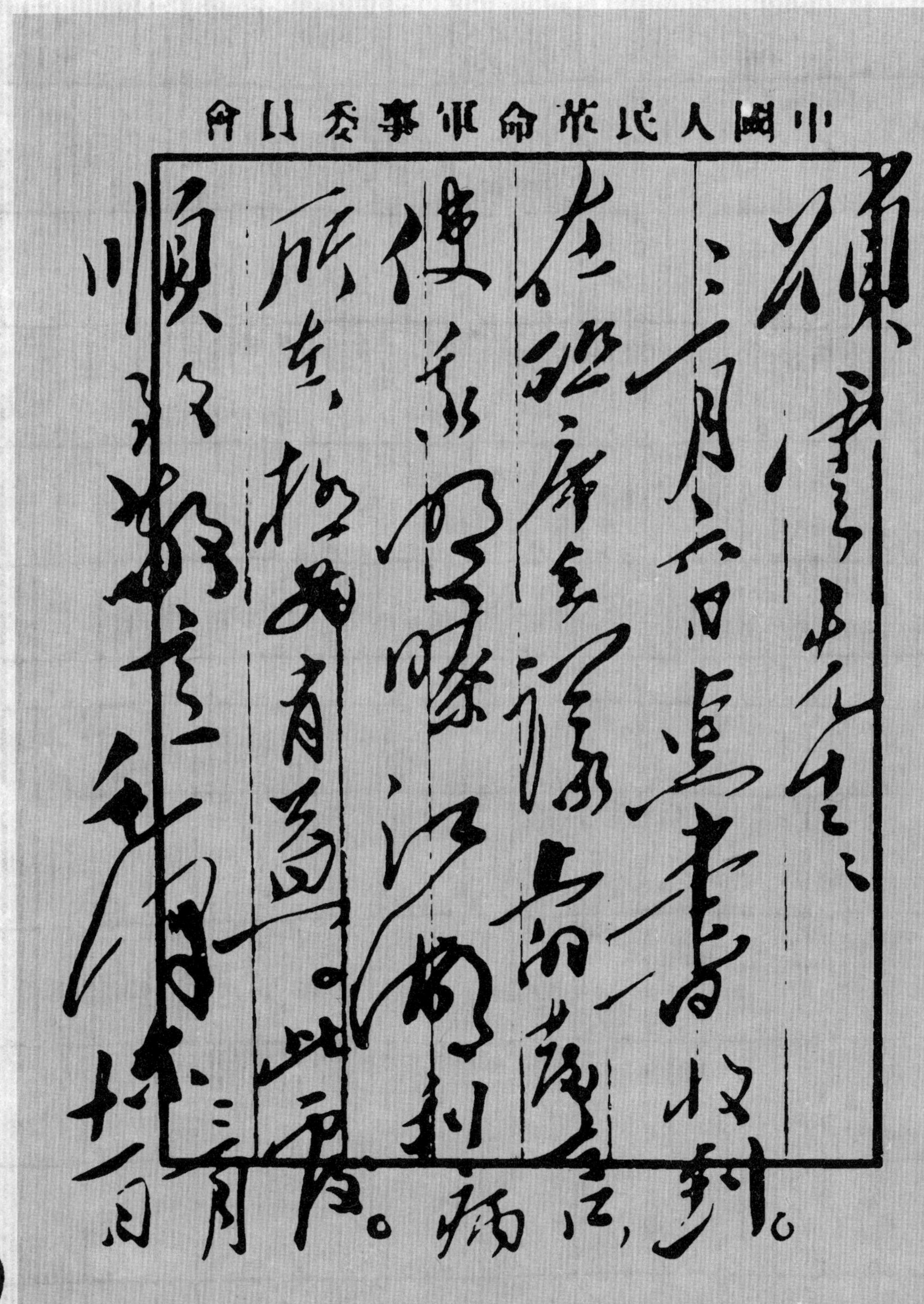
中國人民革命軍事委員會
颂云先生：三月六日惠书收到。在联席会议上的发言，使我明了江湖利病所在，极为有益。此复。顺致敬意。毛泽东 三月十一日

第四时期·书信

致陈嘉庚

一九五二年五月十六日

陈委员：

惠书早已收到，迟复为歉！遵嘱写了『集美解放纪念碑』七字，未知合用否？先生近日身体如何，时以为念！顺致敬意。

毛泽东

一九五二年五月十六日

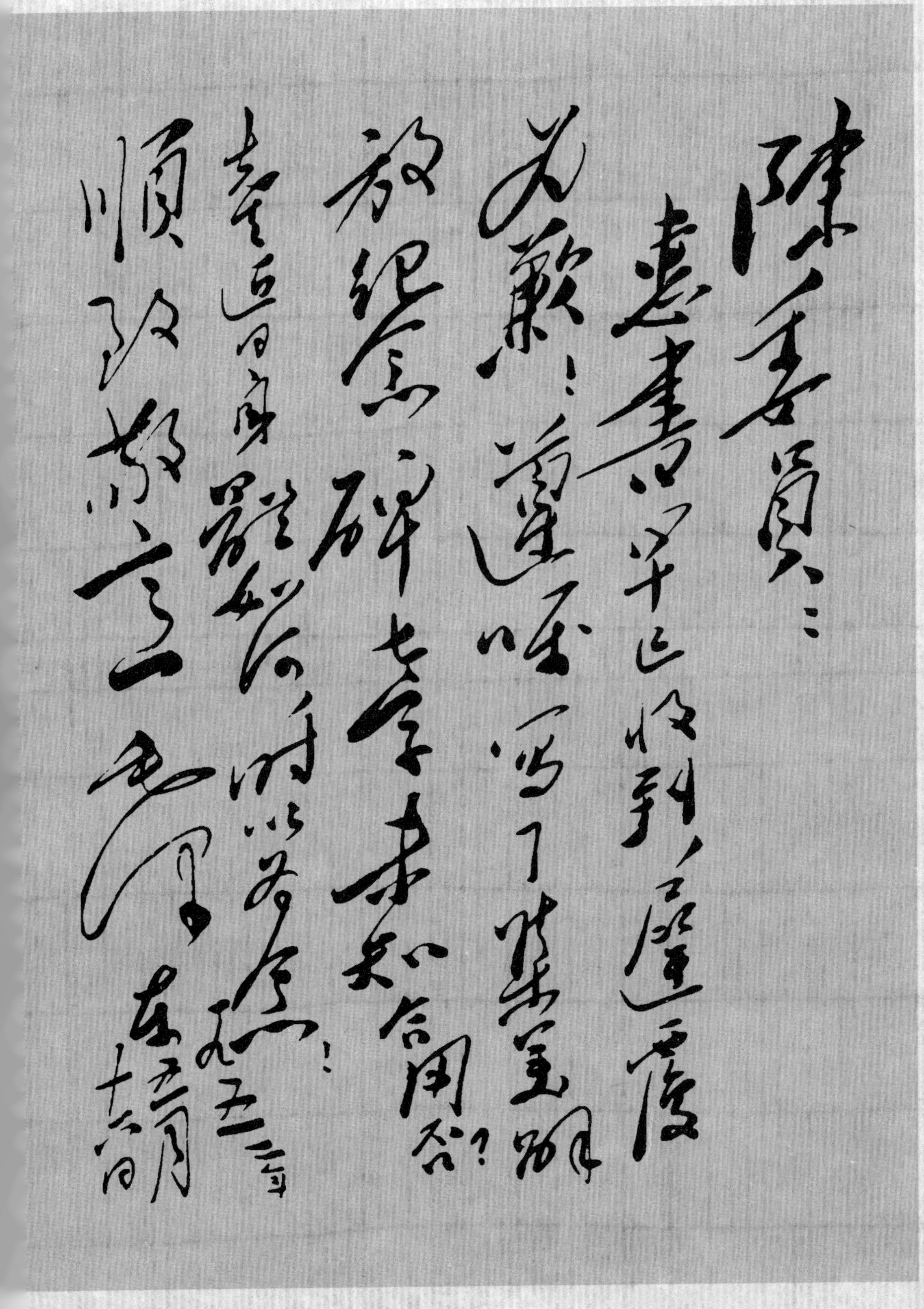
陈委员：惠书早已收到，迟复为歉！遵嘱写了『集美解放纪念碑』七字，未知合用否？先生近日身体如何，时以为念！顺致敬意。毛泽东 一九五二年五月十六日

致毛宇居

一九五二年八月二十一日

宇居兄：

来信收到。李漱清老先生及邹普勋兄前曾表示，希望来京一游。我认为可以同意，借此了解乡间情况。但请你向他们二位说清楚：（一）须他们自己下决心，出远门难免有风险；（二）到京住一至两个月即还家乡。如他们同意这两点，则可于阳历九月间动身北来。到长沙湖南省委统一战线部刘道衡部长处接洽，领取来京路费，办理乘车事宜。介绍信一件，请予转致李邹二位。其余要来京者，今年不便招待。

顺候近安。

毛泽东

一九五二年八月廿一日

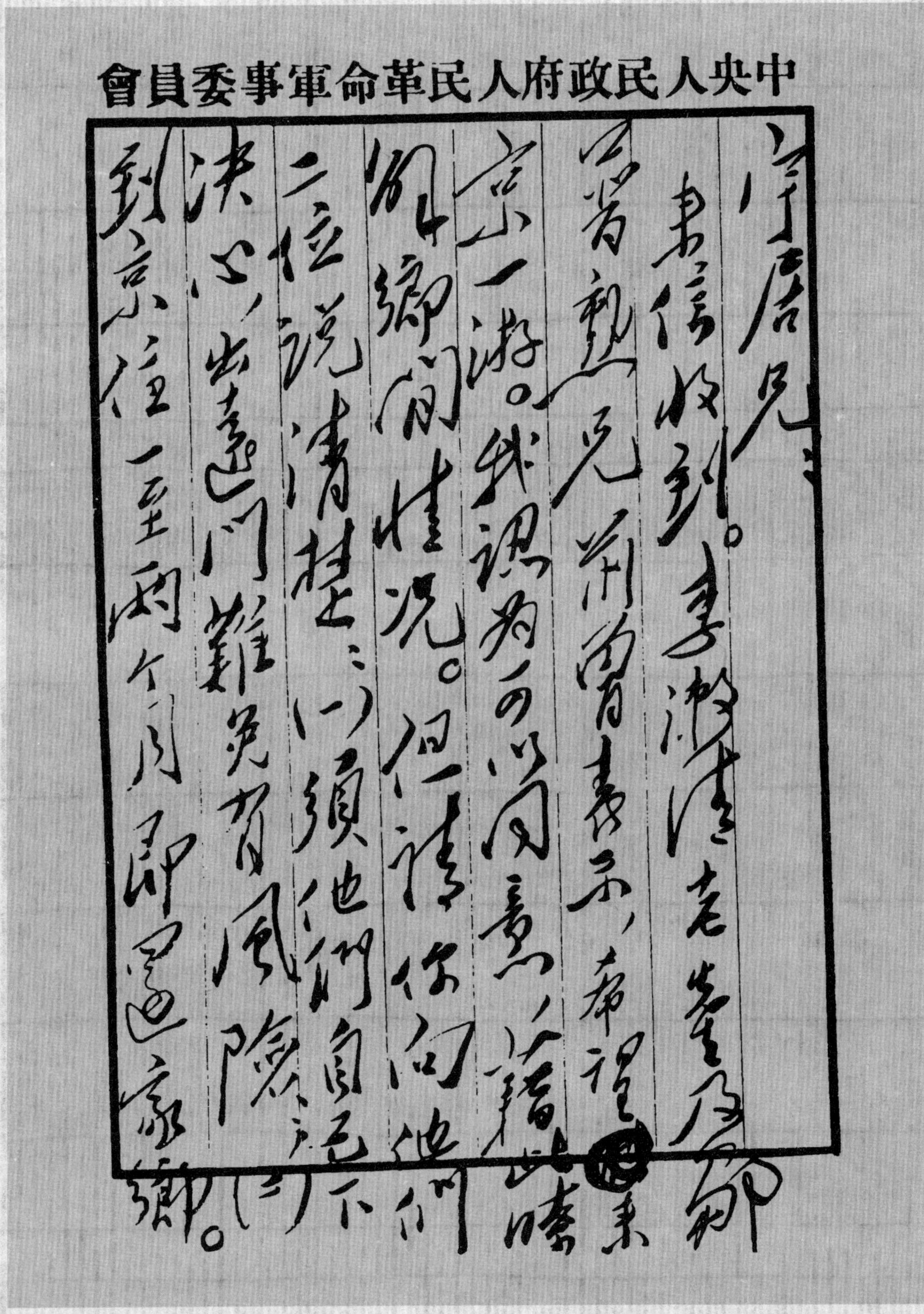

中央人民政府人民革命軍事委員會

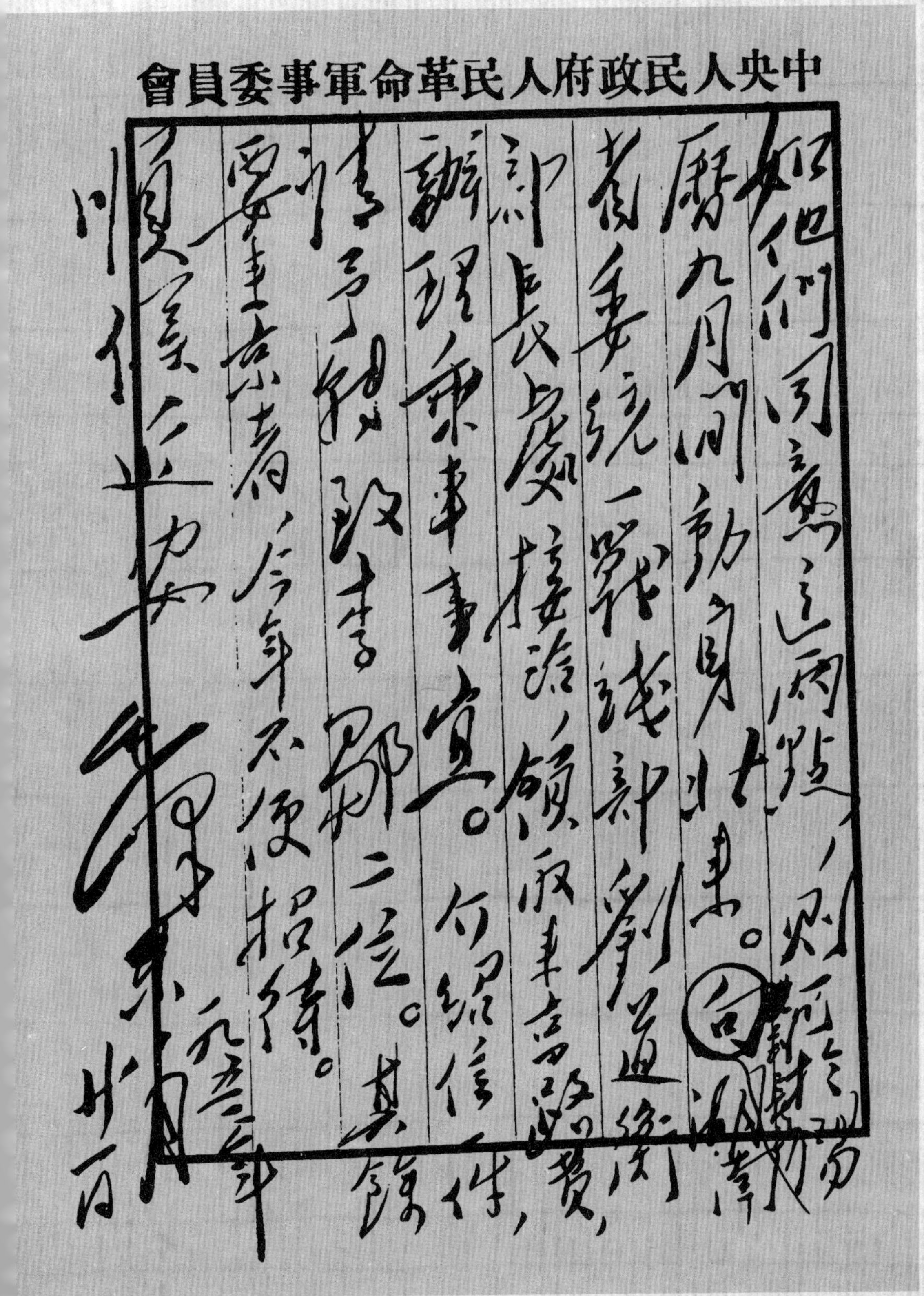

中央人民政府人民革命軍事委員會

致李达

一九五二年九月十七日

鹤鸣兄：

九月十一日的信收到。以前几信也都收到了。『爱晚亭』三字已照写如另纸。

《矛盾论》第四章第十段第三行『无论什么矛盾，也无论在什么时候，矛盾着的诸方面，其发展是不平衡的』，这里『也无论在什么时候』八字应删，在选集的第一卷第二版时，已将这八个字删去。你写解说时，请加注意为盼！顺候

教安。

毛泽东

一九五二年九月十七日

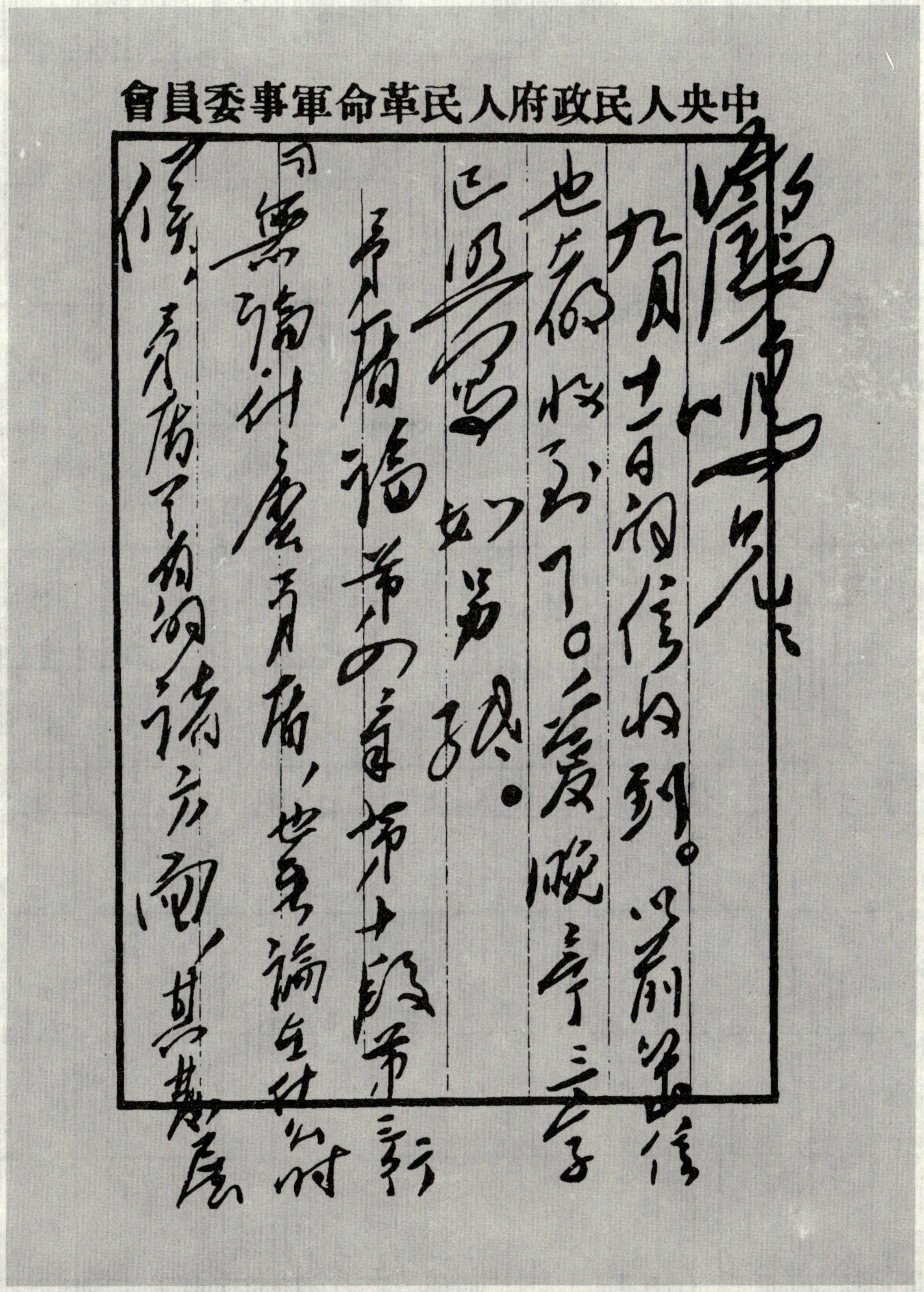

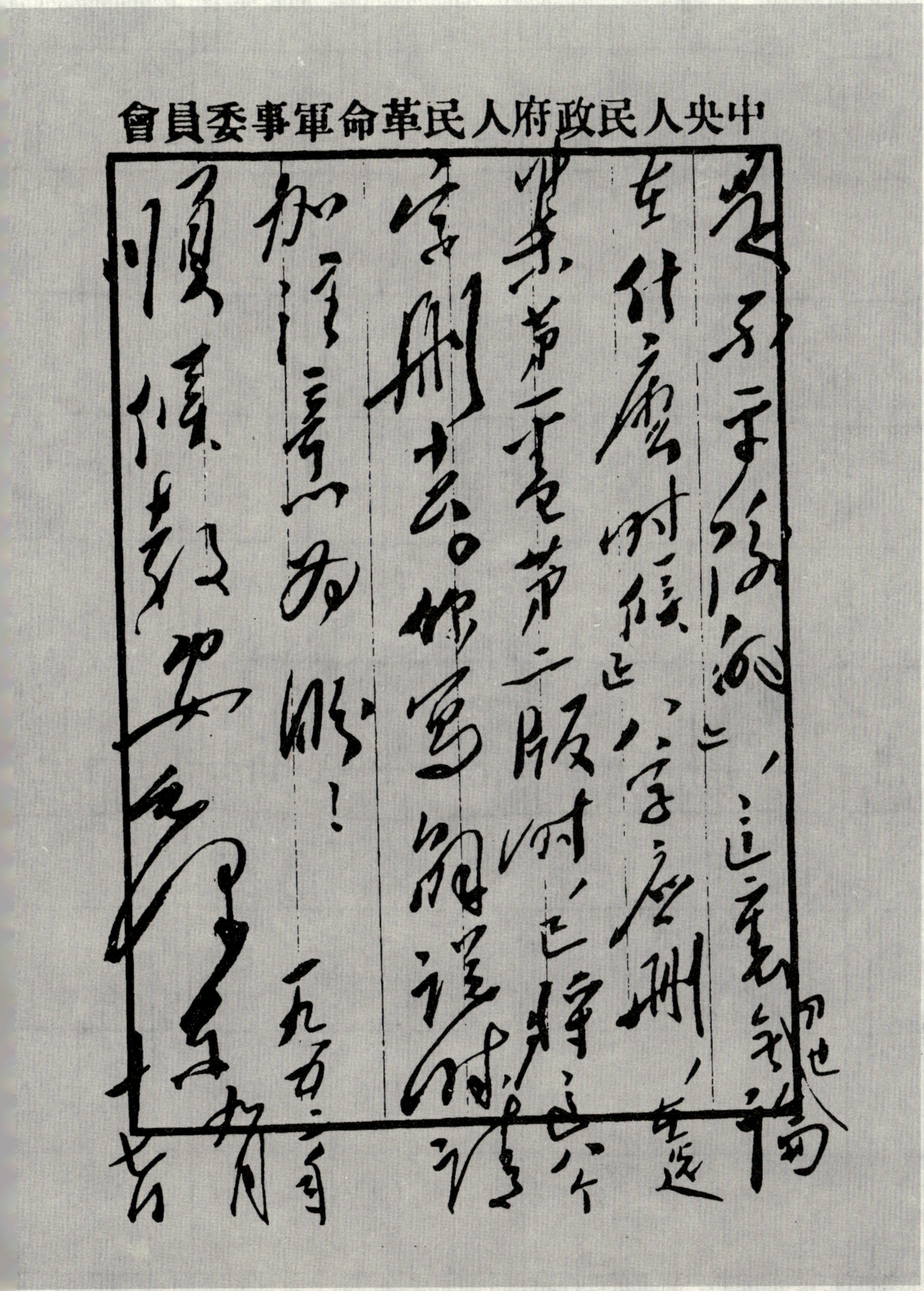

致齐白石

一九五二年十月五日

白石先生：

承赠《普天同庆》绘画一轴，业已收到，甚为感谢！并向共同创作者徐石雪、于非闇、汪慎生、胡佩衡、溥毅斋、溥雪斋、关松房诸先生致谢意。

毛泽东

一九五二年十月五日

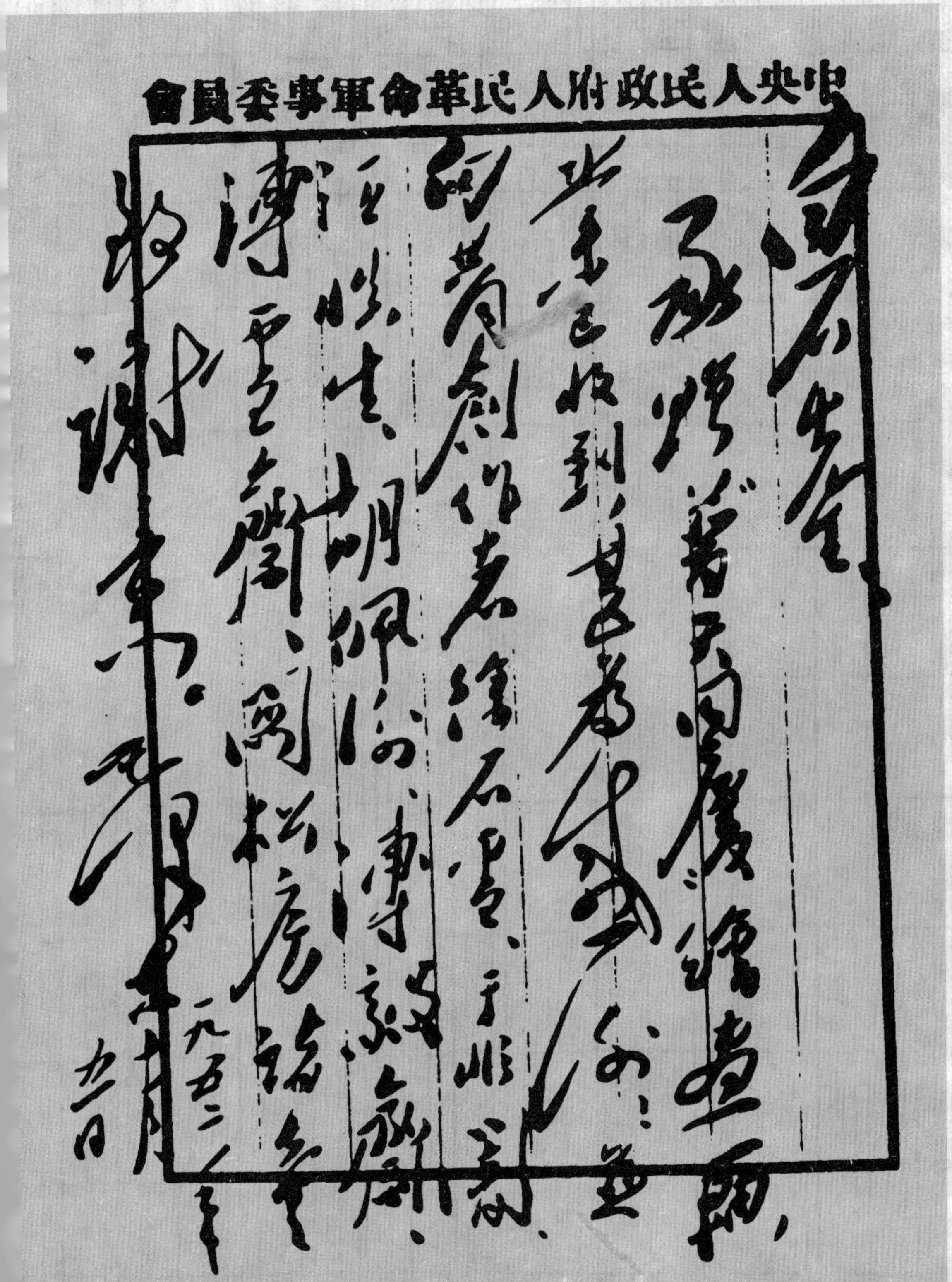

中央人民政府人民革命軍事委員會

白石先生：承贈普天同慶繪畫一軸，業已收到，甚為感謝！並向共同創作者徐石雪、于非闇、汪慎生、胡佩衡、溥毅齋、溥雪齋、關松房諸先生致謝意。

毛澤東

一九五二年十月五日

送交

齊白石先生

中國人民革命軍事委員會緘